BIBLIOTHEK DES MALIK-VERLAGS

HERAUSGEGEBEN VON WIELAND HERZFELDE

NEUER MALIK VERLAG / KIEL

CIP-Titelaufnahme der Deutschen Bibliothek

Sinclair, Upton:
Auf Vorposten: Erinnerungen / Upton Sinclair.
[Autorisierte Übers. aus d. amerikan. Orig.
von Balder Olden]. – [Nachdr. d. Ausg.]
Berlin, Malik-Verl., 1934. – Kiel:
Neuer Malik-Verl., 1989
(Bibliothek des Malik-Verlags)
ISBN 3-89029-046-9

Titel der Originalausgabe: American outpost

Gesamtherstellung: Clausen & Bosse, Leck
Printed in Germany
ISBN 3-89029-046-9

UPTON SINCLAIR / AUF VORPOSTEN

UPTON SINCLAIR

GESAMMELTE WERKE

IN EINZELAUSGABEN

1

DER SUMPF

2

HUNDERT PROZENT

3

JIMMIE HIGGINS

4

LEIDWEG DER LIEBE

5

SAMUEL, DER SUCHENDE

6

MAN NENNT MICH ZIMMERMANN

7

KÖNIG KOHLE

8

PETROLEUM

9

DIE GOLDNE KETTE

10

DER SÜNDENLOHN

11

BOSTON

12

DAS GELD SCHREIBT

13

SO MACHT MAN DOLLARS

14

ALKOHOL

Ergänzungsband

AUF VORPOSTEN

U P T O N   S I N C L A I R

A U F   V O R P O S T E N

E r i n n e r u n g e n

1.—5. T a u s e n d

M A L I K - V E R L A G

Titel des amerikanischen Originals:

A M E R I C A N   O U T P O S T

a book of reminiscences

In der vorliegenden Übersetzung wurden einige in der
Original-Ausgabe enthaltene Gedichte und darauf
bezügliche Textstellen weggelassen

Autorisierte Übersetzung
aus dem amerikanischen Original von
B A L D E R   O L D E N

Direktion z. Zt. Prag I

Druck von Heinr. Mercy Sohn, Prag

1.—5. Tausend, Februar 1934

Printed in Tschechoslovakia

INHALT

Seit vielen Jahren erreichen mich Aufforderungen – besonders aus dem Ausland –, die Geschichte meines Lebens zu schreiben. Ich hielt das immer für die Aufgabe eines alten Mannes; aber wie es so geht, nachdem ich mich eine Zeitlang schwer überarbeitet habe, fühle ich mich im Augenblick wirklich alt und sehne mich nach einer leichten und angenehmen Beschäftigung.

So versetze ich mich selbst in die Lage eines Veteranen aus vielen Feldzügen, der den Nachwuchs um seine Knie schart. Er weiß wohl, dies junge Volk kann seine Angst und Qual aus den längst vergangenen Tagen nicht miterleben; es gehört einer neuen Generation an, die unterhalten und erfreut werden will. Deshalb wählt er einen heiteren, leichtherzigen Ton.

Sollte dicser Ton irgendeinen Graubart verstimmen – nun, es gibt vierzig ernsthafte Bücher aus meiner Feder, die er lesen kann.

KINDERZEIT

1

Die erste Erinnerung meines Lebens ist von meiner Mutter immer bestritten worden, denn ich war damals erst achtzehn Monate alt, und sie behauptet, aus diesem Alter behalte man nichts im Gedächtnis. Aber sie ist da, sie steht fest in meinem Geist: ein Zimmer, in dem man mich unter der Obhut einer Verwandten gelassen hatte, während meine Eltern eine Reise machten. Ich sehe eine kleine, alte Dame, schwarz gekleidet, in einem Zimmer mit verhängten Fenstern; ich weiß, wo das Bett steht, wo der Petroleumkocher steht, auf dem die Mahlzeiten zubereitet werden, und ich erinnere mich der Erregung, mit der ich die neue Umgebung erforschte. Es ist ganz sicher, daß Kinder viel mehr wissen, als wir glauben; höre ich verliebte Eltern ihre entzückenden Lieblinge preisen, dann fahre ich zusammen, denn ich weiß, wie die Lieblinge jedes Wort in sich trinken. Meine ganze Kindheit hindurch habe ich immer gedacht: „Wie lächerlich sind diese Erwachsenen! Und wie leicht ist es, sie zu überlisten!“

Ich war noch ein Knirps, als mir eines Tages meine Mutter sagte, ich dürfte keinen Lappen in den Ausguß werfen. „Papier verschwindet, aber ein Lappen nicht." Ich nahm diese Weisheit auf, und später, als ich einmal meine Tante Florence besuchte, bemerkte ich mit großer Wichtigkeit „Papier darf man in den Ausguß werfen, denn das verschwindet, aber Lappen darfst du nicht hineinwerfen, das verstopft." Auf dem Gesicht dieser süßen und lieben Verwandten malte sich Erstaunen, gemischt mit Freude. Das war mein erster Vorgeschmack von Ruhm.

Wir lebten damals in Baltimore, in Pensions- und Hotelzimmern. Wir bewohnten immer nur einen Raum, ich schlief auf einem Sofa oder quer über das Fußende im Bett meiner Eltern; soweit ich mich erinnere, war dieser Platz mir nicht unbequem. Ein Abenteuer prägte sich mir ein; mitten in der Nacht wurde das Gaslicht plötzlich angesteckt, ich stand auf, rieb meine Augen und nahm dann teil an einer aufregenden Wanzenjagd. Sie kamen, wenn es dunkel war, hervor und flüchteten rasend in ihre Verstecke, sobald sie Licht sahen; so mußte man sie eiligst zerquetschen. Um Sensationen wie diese zu erleben, reisen reiche, erwachsene Kinder mit kostspieligen „Safaris" ins dunkelste Afrika. Je mehr Wanzen wir töteten, um so weniger blieben übrig, um uns während des Restes der Nacht zu quälen. Am nächsten Morgen pflegte dann die Wirtin zu erscheinen, und es wurden ihr die Leichen, in der Waschschüssel oder auf Nadeln gespießt, vorgeführt; dann wurde das Bett auseinandergenommen und mit einer Hühnerfeder Sublimat in die Ritzen geschmiert.

2

Meine Stellung im Leben war ganz einzigartig, und erst in späteren Jahren verstand ich sie. Wenn ich bei der Mutter meines Vaters ankam, um ihr einen Besuch zu machen, einer gebrechlichen, alten Dame in schwarzen Kleidern, gab es zwar oft nur trockenes Brot mit Hering als Sonntagsnachtmahl, aber das wurde mit vollendeter Sorgfalt aufgetischt, und auf den Tisch herab blickte ein prächtiges Ölporträt meines Großvaters in Marineuniform, mit demselben Raubvogelschnabel, den ich durchs Leben trage, und den ich meinem Sohne weitergegeben habe. Großvater Sinclair war Kapitän in der Kriegsflotte gewesen, dasselbe war vor ihm sein Vater gewesen, alle Vorfahren hatten seit Urzeiten in der britischen Marine kommandiert. Die Familie hatte in Virginia gelebt, dort hatte es Landgüter und Sklaven gegeben. Die Sklaven waren freigelassen worden, das Heimathaus war niedergebrannt, das Haupt der Familie hatte man im letzten Jahr des Bürgerkrieges in einem See ertränkt. Seine Nachkommen, vier Söhne und zwei Töchter, lebten in drückender Armut, aber jeden Augenblick ihres Lebens erfüllte sie das Bewußtsein, Menschen von großer Würde und Wichtigkeit zu sein ... In den Hauptstädten Europas gibt es heute Hunderttausende russischer Emigranten von ganz der gleichen seelischen Verfassung, die als Geschirrwäscher und Eintänzer durchs Leben gehen, aber ihre Häupter hoch zu den Wolken erheben.

Für mich waren die Vorfahren immer etwas Langweiliges, denn mich interessierte die Zukunft viel mehr als das Vergangene. Alles, was ich von ihnen wußte, waren ein paar Anekdoten, die meine Mutter mir erzählt hatte. Neuerdings schrieb mir mein Freund Albert Mordell, Mitarbeiter einer historischen Zeitschrift: „Das Leben Deiner Vorväter ist eine Geschichte der amerikanischen Flotte.“ Es machte ihm Spaß, festzustellen, daß ein notorischer „Roter“ so angesehene Vorfahren aufwies, und jetzt arbeitet er an einem Buch „Die kriegerischen Sinclairs“.

3

Mein Vater war der jüngste Sohn des Kapitäns Arthur Sinclair und wuchs in Norfolk auf. In jenen Tagen vor dem Krieg und nach dem Krieg ‚soffen‘ alle Gentlemen der südlichen Staaten. Mein Vater wurde Kaufmann, er vertrieb Whisky, und das machte es für ihn leicht und sogar notwendig, sich dem herrschenden Brauch zu unterwerfen. Später wurde er eine „Verkaufskanone“ in Strohhüten, dann in Herrenkonfektion; aber er kam nie wieder los vom Alkohol, denn jedes Geschäft begann mit einer Einladung und schloß mit einer zweiten. Whisky in seinen vielfachen Formen – „Toddy“, „heißer Skotch“, „Punch“, „Whisky Soda“ – war die bemerkenswerteste Erscheinung meiner Knabenjahre. Überall sah und roch ich ihn, hörte von ihm sprechen, wohin ich mich auch wandte; aber nie habe ich ihn gekostet.

Der Grund dafür war meine Mutter, deren ganzes Eheleben durch Alkohol vergiftet worden war, und die mir jeden Tag seine Schrecken ausmalte. Mein guter und großherziger Vater brauchte dreißig oder vierzig Jahre, um sich mit diesem Gift zu töten, und ich beobachtete diesen Prozeß Woche um Woche, manchmal Stunde um Stunde. Das hinterließ in meiner kindlichen Seele einen unverwischbaren Eindruck, und das ist der Grund, weshalb ich Prohibitionist geworden bin, zum Mißfallen meiner „zwangsfeindlichen", „freidenkenden" Freunde.

Es war nicht so, daß mein Vater außerstande gewesen wäre, Geld zu verdienen, er konnte es nur nicht festhalten. Kam er mit ein paar Banknoten in der Tasche nach Hause, dann hing das Heil seiner Frau und seines kleinen Sohnes davon ab, daß dieser Schatz beschlagnahmt werden konnte. Meine Mutter nahm die Gewohnheit an, nachts seine Taschen zu durchsuchen; er wußte ja nie, wieviel Geld er nach Hause gebracht hatte. Der Vater pflegte abends sein Geld zu verstecken, am anderen Morgen hatte er das Versteck vergessen, und dann wurde unter den Matratzen und Teppichen gesucht, in den Bettüberzügen, an allen unmöglichen Orten. Fand die Frau es zuerst, dann hatte der Mann das Nachsehen.

Wenn er nicht unter dem Einfluß des Teufels Alkohol stand, dann war der kleine Warentambour ein zärtlicher Familienvater; so wurden die dreißig Jahre, während deren ich ihn beobachtete, eine endlose moralische Pein. Mit Tränen in den Augen versprach er immer wieder Besserung; er ersann tausend Listen, um seinen grausamen Meister zu betrügen. Nicht einen Tropfen wollte er trinken vor sechs Uhr abends! Wenn er die Kunden einlud, wollte er selbst Limonade oder Ingwerbier trinken. Aber, Gott sei's geklagt, es wurde Bier daraus, denn er durfte doch „kein Aufsehen machen"; und eine Woche oder einen Monat später rochen wir statt Bier wieder Whisky aus seinem Atem, und dann fing es wieder an mit Tränen, mit Zank und Streit. In den meisten Häusern von Maryland und Virginia, die ich kannte, ging es ganz genau so her. Der älteste Bruder meines Vaters starb als Säufer in einem Soldatenheim. Meine älteste Erinnerung an das Haus meines mütterlichen Großvaters besteht darin, daß ich durch einen Krach im Treppenhaus aus dem Schlaf gerissen wurde, und als ich mich erregt über das Geländer beugte, sah ich meinen Großvater, einen Methodistenpfarrer, im Kampf mit seinem erwachsenen Sohn, den er verhindern wollte, betrunken auszugehen. Mein lieber alter Onkel Harry, mächtig von Wuchs und immer voll Lachen, ein Sportsmann und bei aller Welt beliebt, – mit vierzig Jahren ungefähr, schoß er sich im Centralpark zu New York eine Kugel durch den Kopf. Inzwischen erlebte weit drunten in Mississippi das Mädchen, das heute meine Frau ist, ganz dasselbe Schicksal mit einem geliebten Onkel, – während ihrer ganzen Kinderzeit kämpfte er gegen den „König Alkohol", und endlich machte er seinem Elend ein Ende, indem er eine Überdosis von Laudanum schluckte. So wuchsen wir beide auf, umgeben von der – den Schreibern und Lesern von Märchengeschichten so teuren – „holden Romantik des alten Südens".

4

Menschliche Wesen sind, was das Leben aus ihnen macht, und es gibt keinen Gegenstand des Studiums, der ähnlich fesselnd wäre wie der Ursprung geistiger und moralischer Eigenschaften. Die Trunksucht meines Vaters erzeugte in mir nicht nur den Glauben an Prohibition, sondern auch andere Eigentümlichkeiten. Sie veranlaßte mich, meiner Mutter in allen Dingen zu folgen, und so entstand in mir eine große Verehrung für die Frauen; so kam es, daß ich bei der ersten Kundgebung für das Frauenstimmrecht in New York mitmarschierte, gleich hinter dem schneeweißen Paradepferd von Inez Milholland. Meine Mutter trank keinen Kaffee, nicht einmal Tee; so machte ich, als ich später in England war, alle Damen unglücklich, bei denen ich eingeladen war. Abgesehen von alten Negerfrauen mit Pfeifen, hatte man in Baltimore nie eine rauchende Dame gekannt, und deshalb rauchte auch ich nicht, bis auf ein einziges Mal. Als ich acht Jahre alt war, gab ein großer Junge auf der Straße mir eine Zigarette, und ich fing an zu dampfen; aber ein anderer Junge sagte mir, der Polizist würde mich verhaften, und da warf ich eilig die Zigarette weg, rannte davon und versteckte mich in einer Allee, und von diesem Schrecken habe ich mich nie wieder erholt. Das hat mir im Verlauf von fünfundvierzig Jahren eine Menge Geld und, wie ich glaube, auch Gesundheit erspart.

Die elende Umgebung, in der zu leben ich gezwungen war, machte mich zum Träumer. Ich flüchtete in die Literatur. Von Musik wußte ich eigentlich gar nichts;

meine Mutter, die als junge Dame erzogen worden war, konnte ein paar „Pièecen“ auf dem Piano spielen. Aber wir hatten selten ein Piano, und so hörte ich an Musik nur Kirchenchoräle oder die Gassenhauer, die mein kleiner, dicker Vater summte, während er sich mit einem großen Messer rasierte. Meine Mutter hatte vor langer Zeit ein wenig gemalt; ich erinnere mich an eine Schneelandschaft in Öl, die sie mit einer Art Flitter überstreute, um den Schnee funkeln zu machen. Ich selbst erlernte diese wundervolle Kunst nie.
Meine Mutter las mir Bücher vor, und alles, was ich hörte, behielt ich. Als ich fünf Jahre alt war, unterrichtete ich mich selbst im Lesen, bevor noch irgendein Mensch gemerkt hatte, was da geschah. Ich fragte, was dieser oder jener Buchstabe bedeute, dann ging ich fort und prägte ihn mir ein, übte seinen Klang, und sehr bald war ich imstande, für mich selbst zu sorgen. Von meinen zahlreichen Onkels, Tanten und Vettern erbat ich mir immer nur Bücher als Weihnachtsgeschenk; und heute, fast ein halbes Jahrhundert später, finde ich in meinem Kopf noch die Spuren ihrer Gaben. Wenn irgendein Mensch, der Sinn für Forschung hat, in der Weihnachtsliteratur der frühen achtziger Jahre herumsucht, wird er einen herrlichen dicken Band finden, mit vielen Illustrationen und fröhlichen Reimen, dessen Titel ungefähr lautet „Eine seltsame Familie“. An diesem Buch habe ich lesen gelernt, und oft fragte ich meine Mutter, ob sie selbst irgendwelche so „seltsame“ Menschen kenne; zum Beispiel den kleinen Jungen, der so entsetzlich artig war, daß er nicht einmal nieste, ehe er Erlaubnis dazu bekom-

men hatte. Einmal passierte es ihm aber doch, daß er plötzlich niesen mußte, und da erschrak die ganze Gesellschaft, daß allen die Haare zu Berge standen.

Während zwischen meinem Vater und meiner Mutter der Zank kein Ende nahm, reiste ich mit Gulliver nach Liliput oder mit Robinson auf seine Insel, oder ich weilte mit dem tapferen Schneiderlein, das sieben auf einen Streich tötete, in seiner Werkstatt. Ich besaß Grimm und Andersen und die Biblischen Geschichten und vieles andere mehr. Es kam vor, daß ich bei einer Teegesellschaft vermißt wurde, und daß man mich endlich hinter dem Sofa mit einem Buch fand. Im Hause meines Onkels Bland war ein Konversationslexikon, und mein guter Onkel war höchst erstaunt, als er mich eines Tages in den Abschnitt über Schießpulver vertieft fand. Ich war allerdings sehr stolz, daß mein Lerneifer bewundert wurde, – aber ich hatte tatsächlich den Wunsch, etwas über Schießpulver zu erfahren.

Die Leser meiner Romane wissen, daß ich ein Lieblingsthema habe, den Kontrast zwischen den sozialen Klassen; sie finden da Vertreter beider Welten, der reichen und der armen, und die Verwicklung ist so angelegt, daß der Leser von der einen zur anderen geführt wird. Die Erklärung für dieses literarische Phänomen liegt darin, daß mein Leben von den ältesten Tagen her, an die ich mich erinnern kann, eine einzige Kette von Aschenbrödel-Verwandlungen war. Die eine Nacht schlief ich auf einem von Ungeziefer bevölkerten Sofa in einem Absteigequartier, die nächste Nacht unter seidenen Decken in einem vornehmen Haus. Bei uns gab es immer nur ein Problem: ob mein Vater das Haushaltsgeld für die Woche besaß. Hatte er es nicht, dann fuhr meine Mutter zu ihrem Vater, – der Vater war Eisenbahnbeamter. Kein Großkophta oder Aladin aus der Märchenwelt ist so häufig zwischen Hütte und Palast hin und her gewandert wie ich.

5

Als „Die Metropole" veröffentlicht wurde, im Jahre 1908, sagten die Neuyorker Kritiker, es sei ein dürftiger Roman, und zwar deshalb, weil der Verfasser die sogenannte „Gesellschaft" nicht kenne. Tatsächlich war das Gegenteil der Grund: der Verfasser kannte die „Gesellschaft" zu gut, um seinen Ekel vor ihr zu unterdrücken. Wenn ich versuche, dies zu beweisen, gerate ich natürlich in den Verdacht des Snobismus; es ist kein Zeichen von gutem Geschmack, wenn man feststellt, daß man eine gesellschaftliche Position hat. Andererseits ist es auch kein Zeichen von gutem Geschmack, von seinem betrunkenen Vater und den Wanzen seiner Kinderbettstelle zu erzählen; so hebt vielleicht eine Entgleisung die andere auf. Was ich hier unternommen habe, ist die Erklärung eines Charakters und einer literarischen Lebensleistung, und die kann ich nur durchführen, wenn ich dem Leser beide Seiten meines Doppellebens lebendig mache: die Wanzen und den Schnaps auf der einen, den Snobismus auf der anderen Seite.

Mein Großvater mütterlicherseits war John S. Harden, Hauptkassierer bei der West-Maryland-Eisenbahn. Ich erinnere mich, wie er in seinem Amtszimmer saß und Leinwandsäcke voll von Gold- und Silbermünzen vor sich liegen hatte, die in Lohntüten verteilt wurden. Ich erinnere mich auch, daß der Präsident seiner Eisenbahngesellschaft nur eine Straße von uns wohnte, und wie ich eines seiner Parterrefenster mit einem Ball einwarf; zur Strafe mußte ich zu ihm gehen, mein Verbrechen beichten und das Geld zum Ersatz des Schadens überbringen.

Großvater Harden war eine Säule der Methodistenkirche; die galt nicht als „elegant"; trotzdem erschienen die Spitzen der Baltimorer Geschäftswelt bei seinen Schildkrötensoupers, und ich erinnere mich lebhaft an diese Kreaturen – ich meine die Schildkröten –, die in seinem Küchengarten umherkrochen. Ich sehe es auch noch vor mir, wie ein Neger sie mit einer schweren Gabel am Kopf aufspießte und dann die Köpfe mit einem Fleischermesser abschlug. Anscheinend war es einem Methodisten nicht verboten, Schildkrötenragout mit Sherry anzurichten; auch Kognak schien erlaubt, wenn er nur in Fruchttorte oder Plumpudding aufgesaugt war.

Ich sehe den alten Herrn mit seinem langen, rötlichen Bart noch immer vor mir, wie er endlose Mengen von Hühnern, Enten, Truthähnen und Schinken tranchiert; aber ich kann mich nicht an ein einziges Wort erinnern, das er sprach. Der Grund, warum ich sein Tranchieren nicht vergessen kann, ist wahrscheinlich der: in einer Familie von zwölf oder mehr Personen war ich der Jüngste, und deshalb der Letzte, der bei den Mahlzeiten seine Portion bekam.

Noch besser erinnere ich mich an meine Großmutter mütterlicherseits, eine handfeste, lustige alte Dame, die wundervolle Ingwerbäckereien machte, Klavier spielte und kleine Liedchen sang, zu denen ich als Kind tanzte. Ihr Mädchenname war Mary Ayers, irgendjemand bekam ihren Familienstammbaum zu sehen und entdeckte, daß sie auf verschiedene Schlösser in Irland Ansprüche zu stellen hatte. Die Familie setzte sich mit den irischen Verwandten in Verbindung, Briefe wurden ausgetauscht mit dem Resultat, daß einer der jüngeren Söhne zu uns auswanderte – ein Landjunker, eins achtzig groß oder noch größer, pausbäckig und ein breites Platt sprechend. Da er in Baltimore keine Stellung fand, ließ unser irischer Junker sich in die Neuyorker Polizei aufnehmen, – eine schreckliche Erniedrigung für die Familie. Meine Mutter, die ein wenig boshaft war, wartete nur auf den Augenblick, daß ihre vornehmen Nichten und Neffen eine Gesellschaft gaben, um dann höchst unschuldig zu fragen: „Da fällt mir ein, wie geht es eigentlich unserem Vetter, wißt ihr, dem, der Polizist in New York ist?"
Die ältere Schwester meiner Mutter heiratete John R. Bland, einen Nachkommen des virginischen Staatsmanns John Randolph. Dieser Onkel Bland, wie ich ihn nannte, gründete die „Vereinigte staatliche Treuhandgesellschaft", wurde ihr Präsident und einer der reichsten Männer von Baltimore. Nicht lang vor seinem Tod las ich einen Artikel in einem Bauernwochenblatt, in dem er wegen seiner diktatorischen Maßnahmen heftig angegriffen wurde. Als ich später meinen Wohnsitz nach

Pasadena verlegt hatte, machte er eine Reise durch die Provinz, um die Agenten seiner Kompagnie kennen zu lernen; er gab denen von Südkalifornien einen Festabend, es müssen mindestens zweihundert Personen gewesen sein, die den größten Speisesaal unseres größten Hotels füllten. Sein Schwippschwiegerneffe war eingeladen, an diesem Fest teilzunehmen und die Reden anzuhören, – aber ganz gewiß nicht, um selbst gehört zu werden!

Zum letzten Male sah ich meinen Onkel in Baltimore im Jahre 1923; er hörte, daß ich Mencken zum Essen eingeladen hatte, und bestand darauf, daß wir beide zu ihm kamen. Mencken wird erzählen, daß wir einen großen Tag erlebten; ich machte bei den Cocktails nicht mit, aber ich notierte mir eine Anekdote, die ich in meinem Roman „Petroleum“ aufnahm: der alte Herr hatte sich unter seinem Landhaus einen Keller gebaut, um seinen Vorrat an Schnäpsen zu verstecken, und eines Tages fand er den Keller ausgeplündert.

Während einer Epoche meiner Kindheit lebte ich Monate lang im Hause dieses Verwandten, während der Weihnachts- und Osterferien. Onkel Blands Tochter heiratete einen Erben von vielen Millionen, während ihrer Jungmädchenzeit gab es täglich Tanz und Gesellschaft, Schildkrötensoupers, Punsch, Kostümfeste, Klatsch, kurz: alles was man „Gesellschaft“ nennt. Etwas früher war die jüngere Schwester meiner Mutter in die Gesellschaft eingeführt und verheiratet worden; einmal um Mitternacht weckte sie meine Mutter und fragte: „Sag' mir, Priscie, soll ich ihn heiraten?“ Zur Freude meiner romantisch gestimmten Leser will ich erzählen, daß sie es tat und bis zu seinem Tode glücklich mit ihrem Gatten lebte.

Meine Verwandten waren eng befreundet mit dem Redakteur der Rubrik „Aus der Gesellschaft“ einer führenden Zeitung von Baltimore; es war, wohlgemerkt, ein Mann aus „guter Familie“, kein gewöhnlicher Reporter. Er hieß Dr. Taylor, wahrscheinlich war er zugleich Arzt und Journalist. Ich sehe ihn vor mir, zierlich, blond und hübsch, mit einer Busennadel, die eine weiße Blume in einem Kranz von Purpurblüten zeigte; er war einer jener seltsamen, halb weiblichen Männer, die man als geschlechtslos hinnimmt, die von Damen im Negligé empfangen werden, beim Kleideranprobieren Ratschläge geben und passende Hüte entwerfen. Ununterbrochen ließ er ein Schnellfeuer von Geschwätz über jeden los, der in der Stadt irgendetwas war. Ich, ein Kind zwischen fünf und fünfzehn Jahren, sitze in einer Ecke und präge mir jede Einzelheit ein, wessen Großvater Gemüsehändler gewesen, und wessen Kusine mit einem Geiger durchgebrannt war, – diese ganze Atmosphäre von Stolz und Hochmut, von Wertbewußtsein, das nur auf materiellen Besitz gegründet ist, der sich durch zwei Generationen oder mehr erhalten hat, je länger um so vornehmer. Warum, weiß ich nicht, aber ich weiß, daß ich all dies von meinen jüngsten Tagen an mit leidenschaftlicher Wut haßte.

6

Die Familienangehörigen meines Vaters waren auch keineswegs damit zufrieden, von Schwarzbrot und Hering zu leben. Die ältere Schwester meines Vaters hatte hübsche Töchter, und eine von ihnen heiratete auf einen Landsitz in Maryland. In den Tagen, als „Der Sumpf" erschienen war, besuchte ich diese Kusine, als ich nach Washington fuhr, um Roosevelt zu sehen. Sie war jetzt eine reizende Witwe, erfolglos umworben von Senator Beveridge. Später heiratete sie den General Barnett, der das Marinekorps der Vereinigten Staaten in Frankreich kommandierte. So entstand eine soziale Komödie, die ich gar nicht zu ändern brauchte, um den Stoff für einen meiner Romane zu haben. Ich will sie hier erzählen, obwohl ich zu diesem Zweck meiner Geschichte dreißig Jahre vorauseilen muß.

Es war nach dem Krieg, als der weiße Terror auf seiner Höhe stand. Eine der Städte, von denen die amerikanische Legion Besitz ergriffen hatte, war Santa Barbara in Kalifornien. Ich war so töricht, mich zu einer Ansprache in dieser Stadt einladen zu lassen. Mit meiner Frau und einigen Freunden fuhr ich im Auto hin, aber bei unserer Ankunft erfuhren wir, daß die Befehlshaber der Legion mir das Reden in Santa Barbara verboten hatten.

Um so sicher wie irgend möglich zu sein, stiegen wir im elegantesten Hotel ab, dem Arlington, das kurze Zeit danach durch ein Erdbeben zerstört wurde. Als wir die Halle betraten, war das erste Bild, das sich unseren ängstlichen Augen bot, ein militärischer Gent-

leman in voller Kriegsbemalung: glänzende Stulpenstiefel, Lederzeug, Achselklappen und Orden. Ich kenne die technischen Bezeichnungen all dieser Dinge nicht, aber da war alles, was Eindruck machen und erschrecken konnte. „Er wartet auf dich!“ flüsterte meine Frau. Und so war es auch; da war kein Zweifel, sein hartes, militärisches Auge war auf meine zitternde Gestalt gerichtet. Es ist ein Familienstreit zwischen uns, ob ich tatsächlich versuchte, mich hinter eine der breiten Säulen der Hotelhalle zu verstecken; meine Frau schwört, daß es so war, und ich habe kein Recht, ihre Ehe-Anekdoten zu zerstören.
Der Kriegsmann verschwand, und ein paar Minuten später kam ein Page. „Sind Sie Herr Sinclair?“ Ich bekannte mich schuldig und erfuhr: „Eine Dame wünscht Sie im Empfangszimmer zu sprechen.“ „Ist es ein Hinterhalt?“ dachte ich, denn ich war gewarnt worden, nirgendhin allein zu gehen; es gingen Gerüchte, daß der Ku-Klux-Klan hinter mir her sei, ebenso wie die Legion. (Das stellte sich später als unwahr heraus; bald darauf wurde ich eingeladen, dem Klan beizutreten.)
Im Empfangszimmer saß eine Dame, keine andere als meine Kusine Lelia, ein bißchen rundlich geworden, aber so hübsch wie eine Dame nur sein kann, wenn Natur und Kunst zusammenwirken. Wir freuten uns sehr, einander wiederzusehen! Was hatten wir uns nicht alles zu erzählen, nach sechzehn Jahren! „Du mußt meinen Alten kennen lernen“, sagte sie und führte mich in die Halle. Wer sollte mein „Alter“ schon sein, wenn nicht der trotzig blickende General! Er verbarg höflich, wie

peinlich es ihm war, einen revolutionären Schwiegervetter zu haben, und wir plauderten aufs angenehmste über das Wetter in Südkalifornien.
Plötzlich erinnerte der General seine Frau daran, daß der Militärbetrieb der USA.-Regierung seine Ankunft in San Franzisko erforderte; sie mußten in dieser Nacht einige dreihundertfünfzig Meilen zurücklegen. Aber die südländische Schönheit schüttelte ihr stolzes Haupt (man sieht, daß ich die Sprache der edlen Welt beherrsche) und sagte: „Ich habe meinen Vetter seit sechzehn Jahren nicht gesehen." So schritt der General, schäumend vor Ungeduld, zwei Stunden lang in der Halle auf und ab, während Lelia mit meiner Frau und mit meiner sozialistischen Leibgarde schwatzte. Ob ich mich noch erinnerte, wie ich einst mit Käthe tollte, ein Kissen auf ihren Kopf legte und mich darauf setzte, – und ihr Gesicht, als man mich wegriß, schon ganz blau war? Ja, ich erinnerte mich. Käthe war an einen Zivilingenieur verheiratet, Walter war krank – und so weiter.
Zuletzt sah ich meine Kindheitsgespielin in einem Militärauto von vielen Pferdekräften davonfahren, mit einem Chauffeur in Khaki und einer Wache an seiner Seite, beide mit weißen Pistolentaschen am Gürtel, höchst imposant. Das war gutes Lokalkolorit für einen Romancier – und zugleich war es ein Knockout für die Kommandeure der amerikanischen Legion in Santa Barbara. Da ich ein Schwiegervetter der höchsten Kommandeurs in diesem militärischen Distrikt war, konnte man mir nicht verbieten, öffentlich zu sprechen, und zwar für die Überführung der kalifornischen Wasserkräfte in öffentlichen Besitz.

7

Um auf meine Kindertage zurückzukommen, – die Sommer verbrachte ich im Landhaus der Familie Bland oder mit meiner Mutter auf Sommerfrische in Virginia. Mein Vater war meist „auf Tour", und ich erinnere mich seiner Briefe, aus denen ich die Namen fast aller Städte von Texas lernte und die Vorzüge der führenden Hotels. Wenn mein Vater „soff", lebten wir in einem billigen Pensionszimmer, wenn er seine Eide hielt, wohnten wir in einem der feinen Hotels. Unter meinen frühesten Eindrücken aus diesen Hotels ist ein Maskenball, zu dem meine Mutter mich als Bäckerjungen angezogen hatte, mit einem weißen Kragen und langen Hosen und einer runden Mütze. Das war soweit ganz gut, aber ich sollte außerdem ein Holzbrett tragen mit Broten darauf, und das zerstörte meinen Auftritt. Eine andere Geschichte wurde mir kürzlich von einem der Opfer erzählt, dem ich durch Zufall begegnete. Ich hatte Keuchhusten, und es war den anderen Kindern verboten, mit mir zu spielen; das schien mir ungerecht, deshalb jagte ich sie und hustete ihnen in die Gesichter, so daß ich bald darauf Genossen im Leid hatte. Ich muß aber hinzusetzen, daß dieser frühe Versuch „unmittelbarer Aktion" meiner heutigen Philosophie nicht entspricht.

Ich erinnere mich an eine der Virginia-Pensionen. Ich wollte gern eine zweite Portion gebratenes Huhn haben, der kleine Neger, der bei Tisch aufwartete, pflegte zurückzukommen und zu erklären: „Huhn is nich mehr". Kein Hungerprotest konnte ihm irgendein anderes Wort entreißen als „Is nich mehr Mista Upton, is nich mehr". In einer anderen Pension pflegte man, wenn „Ham and Eggs" auf dem Speisezettel stand, zu fragen: „Willst du Schinken oder ein Ei?" Oder ich ging fischen und hatte Glück, brachte einen Fisch nach Hause und dachte, heute werde ich einmal genug zu essen bekommen; aber sie kochten meinen Fisch und servierten ihn für die ganze Pension. Ich erinnere mich an einen schrecklichen Platz, der als „Jett's Haus" bekannt war. Wir fuhren alle Tage in einem wackligen Kremser dorthin. Die Mitglieder dieses Haushalts waren fahle Gespenster, und wir stellten fest, daß sie Morphinisten oder Kokainisten waren. Es gab dort auch einen idiotischen Jungen, der im Garten arbeitete und wie ein Hund von einem Zinnteller fraß.

In jenem Sommer war meine Tante Lucy bei uns, und die jungen Kavaliere des Landes kamen am Sonntag Nachmittag zu Besuch, vergeblich hoffend, diese Baltimore-Schönheit mit langem, goldenem Haar werde in dem ländlichen Virginia bleiben. Sie banden ihre schäumenden Reitpferde an einen Haken im Garten, und ich, ein Abenteurer von acht oder zehn Jahren, band sie los und probierte sie eines nach dem andern aus. Ich ritt eine Stute zur Schwemme, ihr Füllen lief nach, und ließ sie beide tränken; dann ritt ich zurück, und bis zu dieser Stunde erinnere ich mich der Expedition, die mir entgegen kam: der Besitzer der Stute, meine Mutter und meine Tante, viele Besucher und Gäste, außerdem Gutsknechte, die mit Heugabeln und Stricken bewaffnet waren. Es muß wohl ein Dutzend Menschen gewesen sein, alle erwarteten eine Tragödie, denn die Stute war als besonders wild bekannt. Aber ich hatte keine Angst und ebenso wenig die Stute. Aus dieser Erfahrung und einigen anderen glaube ich, daß es ratsam ist, ohne Angst durchs Leben zu gehen. Man kann plötzlich umkommen, aber bis dahin ist es besser für die Nerven.

8

Als ich acht oder neun Jahre war, bekam mein Vater eine Stellung bei einer Neuyorker Firma, und so zogen wir für den Winter nordwärts. Damit stieß ich zu dem Stamm der Großstadt-Nomaden – einem Produkt der neuen Zeit –, deren Devise lautet: „Es ist billiger, umzuziehen, als Miete zu zahlen". Ich erinnere mich an ein geräuschvolles Pensionshaus am Irvingplatz, an ein verlassenes Hotel im Osten, an kleine „Appartements" im Westen, 65. Straße, 92. Straße, 126. Straße. Jeder neue Platz war Heimat, jede neue Nachbarschaft voll Wunder und Geheimnis. Die Second Avenue war besonders aufregend, weil aus den Avenuen A und B „Horden" herauskamen, in Kriegsmalerei wie Sioux oder Apachen, und gut gekleidete kleine Jungens vor ihnen fliehen mußten, als ginge es ums Leben.

Unser längster Aufenthalt – mehrere Winter, die durch Reisen nach Baltimore unterbrochen waren, – war in einem „Familienhotel", dem Weisigerhaus im Westen, 19. Straße, an dessen Stelle heute ein großes Verwaltungsgebäude steht. Dieses Hotel war entstanden, indem man vier Wohnungen zusammengezogen hatte und aus dem Wohnzimmer des einen ein Sekretariat gemacht hatte. Der Name klingt nach Jerusalem, aber er war virginisch. Oberst Weisiger war Veteran aus dem Bürgerkrieg, und die halbe zusammengebrochene Aristokratie der alten Südstaaten bildete seine Kundschaft; es muß eine traurige Arbeit gewesen sein, wenn er allwöchentlich versuchte, seine Rechnungen einzukassieren.

Im Weisigerhaus lernte ich viel von dem Wesen der Menschen; ich war Zuschauer bei Komödien und Tragödien, bei Eifersucht, Kummer und Haß. Da waren der dürre Oberst Paul aus Südkarolina und der kleine Oberst Cardoza aus Virginien und der dicke Major Waterman aus Kentucky. Auch einen Grafen Mickiewicz aus Polen gab es da, einen mächtigen, gefühlvollen Gentleman mit rotem Bart und dröhnender Stimme. Was aus dem kleinen Ralph Mickiewicz geworden ist, den ich über die Treppen unserer vier Häuser zu jagen pflegte – sechzehn Treppenabsätze im ganzen, welch herrlicher Sportplatz! – weiß ich nicht. Wir erschlugen Fliegen auf den Glatzen der Obersten und Majore, wir bettelten um Teegebäck in der Küche, wir rissen die kleinen Mädchen, die im Gesellschaftszimmer mit Puppen spielten, an ihren Rattenschwänzchen. Eins dieser kleinen Mädchen, mit dem ich fast immer stritt, war bestimmt, heranzuwachsen und meine erste Frau zu werden, – unser Eheleben entsprach ganz unserer Kinderzeit.

Oberst Weisiger war groß und stattlich, mit einer roten Nase wie der heilige Nikolaus; er war der Richter höchster Instanz bei allen Streitigkeiten. Sein Sohn war sechs Fuß und zwei Zoll hoch, ruhig und zurückhaltend.

Frau Weisiger war sanft und gütig, sie hatte eine Schwester, „Miss Tee", die das Teegebäck herzustellen pflegte – dies Wortspiel ist Gottes, nicht mein Werk. Taylor Tibbs, ein großer, dunkler Mann, ergänzte die Familie, er lief zweimal täglich um die Ecke zur Kneipe, um des Obersten Bierration zu holen. Im Neuyorker Dialekt sagte man dafür „den Löwen beruhigen", ich beschrieb Taylor Tibbs und seine Tätigkeit in „Alkohol". Während ich die Korrekturen dieses Kapitels lese, habe ich im Metro-Goldwyn-Maier-Atelier zu tun und sehe dort Taylor Tibbs in einem Tonfilm, der nach meinem Roman gedreht wird.

9

In jenen Tagen war ich eines der Naturwunder, die in den Massenquartieren der Großstadt zu Millionen heranwachsen: tobend, brüllend, triumphierend, gänzlich unbewußt, wie elend ihr Los ist. Ich war der verkörperte Lebenswille, und ich kann nicht begreifen, wie irgendein Mensch im Hause mich ertrug; aber trotzdem, sie hatten mich alle gern, alle bis auf einen oder zwei, die „gemein" waren.

Meine junge Mutter ging manchmal ins Theater und ließ mich, warm eingewickelt, im Bett, unter der Obhut von ein paar alten Damen. Ich pflegte artig zu liegen, bis ich einen Pfiff hörte, dann stahl ich mich hinaus, bekleidet mit einem schneeweißen Flanellnachthemd, rutschte die Treppengeländer hinunter und landete in den Armen der jungen Männer des Hauses. Wie wurde da getobt, durch das ganze Haus! Bald sprang ich auf nackten Füßen, bald ritt ich stolz auf kräftigen Schultern! Nie wurden wir dieses Tobens müde; manchmal setzten sie mich im Schreibzimmer auf den Tisch und erzählten mir Witze, gaben mir Rätsel auf, lehrten mich Lieder – es war das Jahr Mac Gintys, des Helden der Gassenhauer.

Runter gings mit Mac Ginty auf den Boden der See.
Er war wohl sehr betrunken,
Daß er so schnell versunken,
Und trug seinen besten Anzug, o weh!

Die jungen Männer nahmen mich mit, um den Umzug von Barnum und Bailey's Zirkus zu sehen, der am Abend vor der Eröffnung über den Broadway ging. Der junge Herr Lee – wo steckt er wohl heute? – trug mich einen ganzen Abend auf seinen Schultern, nur um meinen Jubel zu hören, wenn ich die Elefanten sah und die schimmernden Damen in Flitter und Trikots. Ich erinnere mich an einen Streich, den sie mir an einem dieser Umzugsabende spielten; gleich nach Tisch hatten sie mir einen Vierteldollar versprochen, wenn ich es fertig brächte, fünf volle Minuten absolut still zu sein, und sie setzten mich auf den großen Tisch im Schreibzimmer, damit alle Welt Zeuge der Wette sei. Zwei Minuten vergingen, und ich war so still wie ein Mäuschen –, bis einer der jungen Männer hereingestürzt kam und schrie: „Der Umzug! Er geht vorüber!" Da sprang ich natürlich auf, mit lautem Geheul.

Als Folie zu dieser Geschichte will ich die tiefste Erniedrigung meines ganzen Lebens berichten. Erwachsene ahnen nicht, wie stark Kinder empfinden, und wie tiefe Eindrücke man in ihre zarten Seelen prägt.

Meine Eltern hatten einen Tischgast, und ich wurde an einen anderen Tisch gesetzt; dort saß ich mit dem alten Major Waterman und zwei jungen Damen. Der ehrwürdige Kriegsmann begann eine Geschichte zu erzählen, die er am selben Tag erlebt hatte. „Ich ging so auf der Straße für mich hin, und da treffe ich Jones. ‚Komm herein und trink eins mit mir‘, sagte er, und ich antworte ‚nein, danke‘...“

Nie im Leben werde ich erfahren, wie diese Begegnung ausging. „Aber, Major Waterman!“ brach ich aus; und dann folgte ein betretenes Schweigen. Angst füllte mein Herz, als der alte Gentleman seine wässrigen Augen auf mich richtete. „Was bedeutet das, Sir? Erkläre mir, was das bedeutet.“

Wenn wir in einer Welt lebten, in der Männer und Frauen einander die Wahrheit sagen, hätte ich sehr bestimmt angeben können, was ich meinte. Ich würde gesagt haben: „Ihre Backen sind blaurot, auf Ihrer Nase sind dunkelrote Flecken, und es ist sehr schwer zu glauben, daß Sie jemals irgendeine Einladung zum Trinken abgelehnt hätten.“ Aber dies ist keine Welt, in der man solche Worte sagen kann; alles, was ich tun konnte, war, wie ein hypnotisiertes Kaninchen dazusitzen, während der alte Gentleman auf mich eindrang: „Ich verlange eine Antwort, Sir! Was soll diese Bemerkung?“ Eine meiner Schwächen ist noch heute die Neigung, erst zu sprechen und dann nachzudenken; aber die Erinnerung an Major Waterman hilft mir, mich etwas zu bessern.

10

Der Aufstieg Amerikas spiegelte sich etappenweise in meinem erwachenden Geist. Ich sah politische Umzüge – ich erinnere mich des Jahres, in dem Harrison Cleveland besiegte, an unsere Fackelzüge, mit denen wir glaubten, einen Triumph der Demokratie zu feiern. Die Fackelträger mußten in der letzten Minute ihren Kriegsruf ändern. „Vier, vier, vier Jahre noch!“ hatten sie ursprünglich rufen wollen. Daraus mußten sie vier Monate machen. Es war 1888, und ich war damals zehn Jahre.

Eine andere historische Begebenheit, derer ich mich erinnere: Corbett besiegte den Liebling des Volkes, John L. Sullivan. Corbett wurde „Gentleman Jim“ genannt, und ich erzählte meiner Mutter von dem neuen Helden. Die stolze Dame aus den Südstaaten sagte: „Natürlich bedeutet das, daß er für Preisboxer ein Gentleman ist.“ Aber ich versicherte ihr: „Nein, nein, er ist ein wirklicher Gentleman, alle Zeitungen sagen das.“ Das war 1892, ich war vierzehn und glaubte immer noch, was in den Zeitungen steht.

Damals gab es eine spanische Tänzerin namens Carmen Cita und ein Musikcafé Coster und Bial; ich kam nie in solche Lokale, aber ich hörte davon sprechen. Es gab ein Buch mit dem Titel „Trilby“, und die Damen wurden rot, wenn sie davon sprechen hörten. Ich habe es erst viel später gelesen, aber ich wußte, daß es etwas mit Tänzerinnen zu tun hatte, denn danach nannte mein Vater sie immer „Trilbys“. Es gab Geistliche, die New York als Lasterstätte bezeichneten, und Zeitungen, die

die Geistlichen anklagten. Ich hörte, wie mein Vater „Tammany" leidenschaftlich verteidigte, dessen Politik auf die Formel hinauslief: „Lieber einen Neger wählen als einen Republikaner!"

Ich erinnere mich an einen anderen seiner Aussprüche – ich muß ihn wohl hundertmal gehört haben –, Inspektor Byrnes sei der größte Polizeichef der Welt. Heute weiß ich, daß Inspektor Byrnes das Detektivinstitut von New York nach folgendem Plan leitete: ortsansässige Taschendiebe, Einbrecher und Spitzel durften unter zwei Bedingungen ihrem Beruf nachgehen, – sie mußten sich außerhalb von Wallstreet in dem Viertel der Fifth Avenue halten, und außerdem mußten sie Byrnes alle auswärtigen Gauner namhaft machen, die in die City einzudringen versuchten. Eine andere Ansicht meines Vaters – und die beruhte auf Erfahrung – war, daß man nie mit einem Neuyorker Polizisten streiten dürfe, weil man dann Gefahr lief, eins über den Schädel zu bekommen. Daran hat sich in den letzten vierzig Jahren nichts geändert.

Inwiefern sind Blue-Point-Austern nach Größe und Geschmack verschieden von Lynnhaven-Bucht-Austern? Ist es unmöglich, ein anständig gekochtes Essen nördlich von Baltimore zu bekommen? Worin besteht die Überlegenheit von Patentlederschuhen gegenüber Kalbslederschuhen? Wodurch schlug Robert E. Lee alle anderen Generäle der Geschichte? Enthält Whisky, der in Holzfässern gelagert hat, noch Fusel? Werden die Strohhüte nächste Saison ein breiteres oder ein schmaleres Band haben? Wo haben die Vanderbilts die Fünfzigtausend-Dollar-Marmorplatte gekauft, die vor ihrem Palast in der Fifth Avenue das Pflaster bildet? Von solchen Problemen war das Hirn meines kleinen, dicken, kindlichen Vaters und das seiner Freunde erfüllt. Er war in der Kleidung so wählerisch wie im Essen und besonders stolz auf seine kleinen Hände und Füße – die waren aristokratisch; er pflegte entzückt auf seine winzigen Schuhe herabzusehen und über seinen gut gebügelten Anzug zu streichen. Er besaß viele Worte, um den Stil von Schuhen, Westen, Hüten und Handschuhe zu bezeichnen; sie waren „nobel", sie waren „charmant", sie waren „chik", – mit solchen Reden versuchte er, die Ware einem Kunden anzudrehen.

Von diesen wichtigen Personen hörte ich viel, aber ich kann mich nicht erinnern, je einen gesehen zu haben. Es waren Juden oder Provinzler, und die sozialen Grenzen waren eng gezogen; nie, auch nicht in seiner tiefsten Tiefe von Suff und Erniedrigung, hätte mein Vater es sich träumen lassen, seine aristokratische Südstaatenfrau auszuspielen, um seinen Kunden zu imponieren. Ebenso wenig hätte er seinen kleinen Sohn ausgespielt, der bestimmt war, wie die Vorfahren Marineoffizier zu werden. „Die gesellschaftliche Stellung eines Marineoffiziers ist die höchste der Welt", betonte mein Vater. „Er kann überall erscheinen, absolut überall; er kann mit gekrönten Häuptern wie mit seinesgleichen verkehren." Inzwischen war sein kleiner Sohn in eine ferne Welt von Büchern hineingewachsen; er las Dinge, von denen der Vater nie gehört hatte. „Was liest du da?" pflegte er zu fragen, und der Sohn antwortete nicht übertrieben liebenswürdig: „Ein Buch." Der Vater gewöhnte sich an diese Antwort. „Er liest ein Buch!" pflegte er mit übertriebener Geringschätzung zu sagen. Der Abgrund zwischen uns beiden wurde breiter und sollte sich nie mehr schließen.

11

Ich wurde zehn Jahre alt, ehe ich in die Schule ging. Der Grund dafür war, daß der Doktor meiner Mutter erklärt hatte, mein Verstand entwickle sich schneller als mein Körper, und ich sollte gar keinen Unterricht haben. Als ich dann endlich in die Volksschule kam, stellte ich meine Lehrer vor ein seltsames Problem: ich wußte alles, nur rechnen konnte ich nicht. Dieser Zweig des Wissens, so wesentlich er für eine kommerzielle Zivilisation ist, hatte bei mir das Schicksal von Alkohol, Tabak, Tee und Kaffee geteilt; meine Mutter hatte nichts damit zu tun, also auch ich nicht.

Die Lehrer setzten mich in die unterste Klasse, damit ich dividieren lernte; sie versprachen, ich würde versetzt werden, sobald ich in diesem Fach nachgekommen wäre. Ich fühlte mich gedemütigt, unter Kindern zu sitzen, die jünger waren als ich, deshalb warf ich mich aufs Arbeiten, kam nach weniger als einem Monat ins Progymnasium und absolvierte in weniger als zwei Jahren acht Progymnasialkurse. So war ich mit zwölf Jahren reif für die Städtische Hochschule. Sie wurde Hochschule genannt, aber ich will gleich erklären, daß es in Wirklichkeit nur eine Mittelschule war.

Unglücklicherweise nahm die „Hochschule" keine Schüler unter vierzehn Jahren an, so blieb mir nichts übrig, als das letzte Jahr Progymnasium noch einmal zu absolvieren. Meine Klassenkameraden waren die kleinen Strolche aus dem East-End. Für einen hochmütigen Jungen aus den Südstaaten, bestimmt für die höchsten gesellschaftlichen Kreise, war dies ein tolles Abenteuer, – aber ich bezeichne es heute als die größte Wohltat, die mir erwiesen werden konnte. Das Jahr unter den „Strolchen" half mir, mich von dem lächerlichen Snobismus frei zu machen, der sonst mein Leben bestimmt hätte.
Für die kleinen Strolche aus New York Ost war ich natürlich eine ebenso merkwürdige Erscheinung wie sie für mich. Ich sprach ein Englisch, das sie den Gecken der Fifth Avenue zuschrieben, die in Zylinderhüten und Lederhandschuhen gingen. Sie nannten mich „Chappy" und führten mich in die Geheimnisse eines furchtbaren Spieles ein, das sie „Hei Hop Bums" nannten; man beendete es nicht auf den Füßen, sondern auf den Hinterbacken, man warf die Beine in die Luft und kam mit einem schrecklichen Knall auf das harte Pflaster zu sitzen. Vielen Menschen, die als Knaben dieses Spiel übten, müssen die Ärzte heute Wandernieren operieren. –
Ein Merkmal unserer Schule war der Festsaal, in den wir klassenweise zu den Klängen eines Pianos einzogen, das von einer großen dunklen Dame mit keimendem Schnurrbart gespielt wurde. Wir sangen patriotische Lieder und hörten Rezitationen im Vorortdialekt. Im Jahre 1928 versuchte dieser Dialekt, ins Weiße Haus einzudringen, und das übrige Amerika hörte ihn zum

ersten Male. „Ihr Herre un Dame, des oin Ding müsset Ihr wisse, deß nix im ganze Land so verdreckt isch, wie die Bedingunge in unserer Kommun." Ich saß in meinem Arbeitszimmer in Kalifornien, hörte Al Smith in St. Louis und Denver sprechen, und plötzlich war ich wieder im East-End, – die kleinen Strolche warfen ihre Hintern in die Luft und knallten dumpf auf das harte Pflaster.

12

Nun war ich ein richtig immatrikulierter „Fuchs" des City-Colleges von New York, das zu dem „Städtischen freien Unterrichtssystem" gehörte; es war nicht besonders gut, aber hinreichend für den Sohn eines Geschäftsreisenden in Strohhüten, der periodisch dem Suff verfiel. Es war eine Kombination von höherer Schule und College und verlieh seinen Absolventen nach einem Lehrgang von fünf Jahren den Titel eines Baccalaureus. Ich war ein dünnes Bürschchen in kurzen Hosen und einer gestrickten Jacke, laut und voller Schabernack, ohne die leiseste Spur jener Würde, die zur Stellung eines College-Schülers eigentlich gehörte.

Das College war in einem alten Ziegelbau untergebracht. Im Falle eines Feuers war es eine ausgesprochene Falle, aber das wußte ich nicht, und glücklicherweise brauchte ich es auch nicht zu erfahren. In seinen vier oder fünf Stockwerken saßen annähernd tausend „Studenten", wir marschierten im Trupp aus einem Klassenzimmer in das andere und lernten mechanisch, was unsere gelangweilten Professoren vortrugen. Ich begann mit Latein,

Algebra und Geometrie, Physik, Zeichnen und einem Kursus, der „Englisch" genannt wurde. Er stellte die schrecklichste Qual dar, die ich je zu bestehen hatte. Wir hatten da eine Liste von Redewendungen, die Irrtümer enthielten, wir gingen diese Liste durch und korrigierten sie einen nach dem andern. Für die meisten Schüler meiner Klasse mag dieser Kursus nötig gewesen sein, weil sie Einwanderer oder Söhne von Einwanderern waren. Für mich war er überflüssig, aber der armselige Professor wollte seine Überlegenheit zeigen und stellte mir Fallen, indem er mich gerade dann aufrief, wenn meine Gedanken weithin entflohen waren.

Der Professor für Chemie und Physik war Ogden Doremus, ein in der Öffentlichkeit wohlbekannter Name, denn er fungierte in Mordprozessen als vereidigter Sachverständiger. Er hatte einen schneeweißen Schnurrbart, war einarmig und von heftigem Temperament. Als Assistent stand ihm sein Sohn zur Seite, den er stets „Charlie" ansprach, was uns amüsierte, denn „Charlie" war ein großer Mann mit wehendem schwarzem Bart. Es gelang mir schon zu Beginn des Kurses, dem alten Gelehrten auf die Nerven zu gehen, indem ich die physikalischen Wunder des Universums ohne die gebührende Ehrfurcht zur Kenntnis nahm. Der alte Gentleman pflegte uns auseinanderzusetzen, wir dürften aus wissenschaftlicher Verantwortlichkeit nichts auf seine Autorität hin glauben, sondern wir müßten darauf bestehen, alles selbst zu erproben. Bald darauf wies er eine kleine Dose mit weißem Puder vor und bemerkte: „Diese Phiole, meine Herren, enthält Arsenik, und eine kleine

Dosis davon würde genügen, alle Mitglieder dieses Kursus umzubringen." Ich sagte: „Das müssen wir ausprobieren, Herr Professor!"
Eigentlich hätte er in das allgemeine Lachen einstimmen können. Aber das tat er nicht, er nannte mich einen unverschämten Burschen, sagte mir voraus, ich würde in seinem Fach durchfallen, und dann wolle er dafür sorgen, daß ich nicht in die nächste Klasse versetzt würde. Das regte meinen Sportgeist an, ich faßte den Entschluß, bei ihm durchzufallen, aber in allen anderen Fächern so gute Noten zu erhalten, daß ich trotzdem nicht sitzen blieb. Es gelang mir auch.
Der Hauptraum des Gebäudes war ein großer Hörsaal, in dem wir jeden Morgen Religionsgeschichte hatten. Der Professor las eine Stelle aus der Bibel, und drei von uns hielten Vorträge in englischer Sprache, geleitet durch einen Professor der Redekunst. Er hatte unsere Manuskripte vorher mit mystischen Symbolen durchsetzt: „rh", „lh", „bh". Das erste bedeutete eine Bewegung mit der rechten, das zweite eine Bewegung mit der linken Hand und das dritte eine Geste mit beiden Händen, je nachdem, ob das Auditorium angerufen wurde, oder ob der Redner sich in besonderer Notlage an die Gottheit selbst wandte. Auf einer erhöhten Bank, die Gesichter zu den versammelten Studenten gewandt, saß unsere ehrenwerte Fakultät, ältliche Herren mit Backenbärten, die sich tapfer beherrschten, kein Zeichen von Langerweile zu geben. Unser Versammlungsleiter war ein weißbärtiger Bürgerkriegs-Veteran, General Wabb. Als ich an die Reihe kam, einen Vortrag zu

halten, machte ich daraus mein Debut als revolutionärer Agitator, indem ich eine Lobrede auf den Lieblingshelden meines Vaters hielt, Robert E. Lee. Diese Granate erwies sich als Blindgänger, denn General Wabb, der zu seiner Zeit eine Brigade gegen Lee kommandiert hatte, bemerkte mild, es sei eine gute Arbeit, und Lee sei ein großer Mann gewesen. Ich stellte fest, daß Soldaten ihren Beruf rein handwerkmäßig auffassen und nur auf dem Schlachtfelde streitbar sind.

13

Damals, als ich im College zu studieren begann, bewohnten wir eine Drei- oder Vierzimmerwohnung im Westen. Die Mutter kochte, Vater pflegte eine Schürze über seinen kleinen, runden Wanst zu binden und die Teller zu waschen. War das Wetter gut, dann fuhr ich auf dem Rad ins College; war es stürmisch, dann fuhr ich mit der Straßenbahn und ging zuletzt quer durch die Stadt. Mein Frühstück trug ich in einer kleinen Zinnbüchse an einer Schnur. Zwei Butterbrote, ein Stück Kuchen, einen Apfel oder eine Banane. In all dem war nichts von dem anmaßenden Auftreten, das wir als „Collegeleben" kennen. Wenn der hochmütige Student der Oberklasse mit dem korrekten Anzug und den angelsächsischen Zügen offen zu mir gesagt hätte: „Wir wollen uns zurückhalten von dem Pöbel, der den größeren Teil unserer Schüler bildet", hätte ich ihm geantwortet: „Unter dem Pöbel interessieren mich einige, du aber gar nicht."

Etwa zwei Drittel meiner Klassenkameraden waren Juden. Ich hatte nie zuvor Juden gekannt, aber hier waren ihrer so viele, daß man sie als selbstverständlich nahm. Ich weiß nicht bestimmt, ob ich wußte, wer Jude war; ich weiß das selten, wenn ich Leute kennen lerne. Die Juden haben so lange in Zentraleuropa gelebt und sich mit der Bevölkerung so vermischt, daß eine Grenzlinie schwer zu ziehen ist. Ich, als sozialistischer Schriftsteller, fand die Hälfte meiner Freunde und viele meiner Leser unter den Juden.

Zu jener Zeit hätte ich Karriere machen können. Terry Sinclair, ein alter „Beau“ aus New York, der bei reichen Leuten verkehrte und einigen Einfluß hatte, überbrachte seinem lustigen, jungen Neffen die Aufforderung, in die Anapolis-Marineakademie einzutreten. Das galt als mein angeborenes Recht, aber ich verzichtete. Ich hatte es mir in den Kopf gesetzt, Rechtsanwalt zu werden, aus der naiven Überzeugung heraus, als Jurist könnte ich eine angesehene Existenz mit meiner Leidenschaft für Bücher verbinden. Unter dieser Idee stand ich während der College-Zeit, bis ich auf die Columbia-Universität kam und Gelegenheit hatte, die Studenten der Rechte zu beobachten.

14

An den Sonn- und Feiertagen trieb ich mich auf den Straßen herum, mein Hauptspielplatz war der Centralpark. Im Lauf der Jahre lernte ich diesen Park so genau kennen, daß heute noch jede Windung seiner Wege eine Geschichte für mich hat. Auf seinen Grasflächen lernte ich Tennis spielen; ich lief Rollschuh auf seinen Wegen und Schlittschuh auf seinen Seen. Wenn die Fahne mit dem roten Ball über dem „Schlößchen" hochgezogen wurde, zum Zeichen, daß der Eislauf frei war, schlugen die Herzen der Jugend meilenweit rundum vor Glück. Wir spielten Hase und Hund, Räuber und Soldat, es machte uns nichts aus, den ganzen Weg rund um den Park, das heißt eine Strecke von sieben Meilen, in einem Lauf zurückzulegen.

Das obere Westviertel bestand damals hauptsächlich aus leeren Bauplätzen mit Hütten und Schuppen, und wenn man den Witzblättern glauben will, fraßen die Ziegen dort leere Konservenbüchsen.

Es wurde gesprengt und gebaut, und die italienischen Arbeiter, die diese harte, oft gefährliche Arbeit taten, waren das natürliche Opfer von uns jungen Ur-Einwohnern. Wir bewarfen sie von den Dächern der Mietskasernen mit Schneebällen, und wenn kein Schnee lag, benutzten wir Wäscheklammern. Wenn sie uns verfluchten, kreischten wir vor Freude. Ich erinnere mich noch der Schimpfworte oder dessen, was wir für Schimpfworte hielten: „Aberagotz!" und „Chingasol!" Haben diese Laute für einen Italiener irgendeinen Sinn, dann müssen sie etwas Schreckliches, vielleicht gar nicht Druckfähiges bedeuten. Wenn diese „Katzelmacher" uns jagten, flohen wir in einer wunderbar prickelnden Angst.

Manchmal überfielen wir Gemüseläden an der Avenue, raubten ein paar Kartoffeln und brieten sie dann in

Holzfeuern auf den freien Bauplätzen. Mir war anfangs ein bißchen übel dabei zumute, aber die anderen Jungens erklärten mir, das sei nicht Diebstahl, sondern nur „Klauen", und die Händler seien daran gewöhnt. So war es für mich sehr leicht, zu verstehen, wie in unseren Großstädten junge Verbrecher entstehen. Genau so bewußt und zielsicher, wie wir Alkohol aus einer Maische von Getreide herstellen, so erzeugen wir auch das Verbrechen als Ganzes. Und genau so gut, wie wir die Alkoholgewinnung einstellen würden, wenn wir keine Maische mehr ansetzten, könnten wir das Verbrechen einstellen, indem wir Ausbeutung und ökonomische Ungleichheit abschaffen würden. Aber das ist Propaganda, und ich habe mir vorgenommen, mich auf meine Erinnerungen zu beschränken. Ich will also lieber eine Geschichte erzählen, die illustriert, welche Haltung die Polizei gegenüber diesen keimenden Verbrechern einnahm. Als reifer Mann sammelte ich Material über New York, einmal schlenderte ich mit einem älteren Polizeihauptmann durchs East-End. Es war zur Zeit einer Verwaltungs-Reform, die Bewegung für Volkssport hatte einen Sportplatz mit Rundlauf, Trapezen und Barren geschaffen. Die jungen Leute aus den Proletarier-Vierteln übten ihre Muskeln, nachdem sie einen ganzen Tag Lastwagen beladen hatten. „Was ist das für eine gute Erholung!" sagte ich zu dem Offizier. Der ältliche Zyniker schnaubte grimmig: „Fassaden-Kletterei! Einbrecher-Hochschule!"

Nietzsche lehrt, die Gefahr zu suchen, und dieser Richtschnur folgte ich, ohne von ihm gehört zu haben. Das

Automobil war noch nicht erfunden, aber es gab elektrische Bahnen und große, zweispännige Omnibusse, und mein Gedächtnis ist voll von schrecklichen Erinnerungen, die mich heute noch zusammenfahren lassen. Einmal, auf der Fahrt ins College, geriet mein Vorderrad in die nasse Straßenbahnschiene, und ich flog direkt vor einen ankommenden Wagen auf die Erde. Flink wie eine Katze rollte ich mich aus dem Weg, aber der Wagen überfuhr meinen Hut, und eine danebenstehende Dame wurde ohnmächtig. Ein anderes Mal, als ich über die Asphaltstraße auf Rollschuhen raste, flog ich zwischen die Vorderräder und die Hinterräder eines Eilwagens in voller Fahrt und mußte meine Beine zurückreißen, ehe die Hinterräder sie faßten. Als ich siebzehn war, kam ich zu der Überzeugung, die Vorsehung wünsche, mich zu einem besonderen Zweck auf dieser Welt zu erhalten, denn damals konnte ich schon vierzehn Fälle zählen, in denen ich auf Haaresbreite dem Tod entronnen war. Während eines Sturmes war ich von einem Pier gefallen. Ich war durch eine Sturmflut in die See hinausgerissen worden. Ich war aus dem dritten Stockwerk des Weisigerhauses durch die Feuerwehr mit einer Rettungsleiter heruntergeholt worden.

Heute, mit vierundfünfzig Jahren, weiß ich weniger über die Absichten der Vorsehung, als ich mit siebzehn wußte, und wenn ich mir einen Vers auf all dies machen will, ist es der: Jahr um Jahr werden in der großen Metropole viele Hunderttausend kleine Menschen aufgezogen, sie werden über die Straßen verstreut, um ihre Körper und ihren Geist zu entwickeln, und ganz allgemein gesagt, sind diejenigen, die von den Straßenbahnwagen, den Autos und Lastwagen erwischt werden, weniger schnell in ihren Fluchtreaktionen als die anderen. Was aber Genie, Schönheit, Würde und wirkliche geistige Leistung anbetrifft, so glaube ich kaum, daß sie viel Aussicht haben, das ungesunde Tohuwabohu des Großstadtlebens zu überdauern. Wenn ich Eigenschaften solcher Art in menschlichen Wesen züchten wollte, würde ich sie ganz bestimmt in eine andere Umgebung versetzen. Vielleicht war es das, was die Vorsehung von mir erwartete, dieser Plan und seine Ausführung. Auf jeden Fall, es wurde meine Aufgabe, ich versuche mich daran, und darin besteht meine endgültige Reaktion auf die große Metropole des Mammons.

JUGEND

1

Die Kinderzeit dauerte lang, die Jugend begann spät in meinem Leben. Ich wurde angewiesen, die Probleme des Geschlechts auf jede mögliche Weise zu vermeiden. Diese Lehre wurde mir im altmodischen Stil beigebracht, und vielleicht unterrichtete mich meine Mutter nur zu gut darin.

Das erste Mal hörte ich über das Thema Geschlecht sprechen, als ich mit vier oder fünf Jahren auf der Straße mit einem kleinen weißen Jungen und einem Negermädchen spielte. Sie war das Kind eines Türhüters. Die beiden wisperten über irgendetwas Geheimnisvolles und Aufregendes; zwei Menschen, die jenseits unserer Straße wohnten, hatten gerade geheiratet, und irgendetwas geschah zwischen ihnen, worüber gekichert wurde. Da ich über alles Bescheid wissen wollte, versuchte ich, dieses „etwas" herauszubekommen, aber vielleicht wußten meine Spielkameraden selbst nicht, worüber sie wisperten, jedenfalls erzählten sie mir nichts. Ich behielt nur den mächtigen Eindruck von etwas Fremdem.

Es war ein paar Jahre später, als ich die wesentlichen

Tatsachen herausbrachte. Ich verlebte einen Sommer auf dem Land mit einem jungen Vetter, der ein oder zwei Jahre älter war als ich, wir beobachteten die Tiere, und fragten die Knechte aus. Aber vom Vater oder der Mutter hörte ich nie ein einziges Wort der Aufklärung oder des Rates; höchstens die Weisung, diesen Dingen wie etwas Schrecklichem auszuweichen. Ich erinnere mich, wie die ersten Symptome der Pubertät sich zu meinem großen Entsetzen in mir äußerten; meine Mutter und meine Großmutter bemerkten es, hilflos wie Hennen, die Enteneier ausgebrütet haben und jetzt sehen müssen, daß ihre Brut ins Wasser geht.

So unwahrscheinlich es klingen mag, ich war mindestens schon zwei Jahre im College, als ich zum ersten Male etwas über Prostitution hörte. Ganz anders erging es meinem Freund Sam G. Witt, dem sozialistischen Dichter von New York, der mir erzählt, daß er in einer Mietskaserne aufgewachsen ist, in der es ein Bordell gab. Mit fünf Jahren spielte er mit den anderen kleinen Buben und Mädchen Bordell, so wie andere Kinder Puppen spielen. Sie zankten sich, wer an der Reihe war, „Madame" zu sein! Ich erinnere mich, daß ich mit sechzehn Jahren angestrengt darüber nachdachte, ob es wirklich möglich sei, daß Frauen ihren Körper verkaufen. Ich entschied mich, es für unmöglich zu halten, und hielt an dieser Überzeugung fest, bis ich den Mut aufbrachte, einen meiner Klassenkameraden im College zu fragen.

Die Wahrheit, die ich nun endlich erfuhr, erschreckte mich tief und spielte eine große Rolle in dem Erwachen meiner politischen Revolution. Zwischen sechzehn und zwanzig erforschte ich die Lage in New York City und machte Entdeckungen, die für mich eine Umwälzung bedeuteten. Der Kneipwirt, der Schrecken meiner Kindheit gewesen, war nichts als Werkzeug und Opfer der großen Schnapsinteressenten: der Politiker und der Polizei. Die Zwillingssäulen der politischen Macht von Tammany Hall waren die Erpressung von Kneipwirten und der Verkauf von Frauen. So kam es, daß in meiner jungen Seele die Liebe zum Vater und zur Mutter umgewertet wurden in politische Empörung, und mit zwanzig Jahren stürmte ich los, ein junger Weltverbesserer, zur Schlacht gerüstet. Wahrlich, dieser Kampf sollte länger dauern, als ich damals ahnte!

2

Ein anderes Element meines Lebens, von dem ich zu sprechen habe, war die protestantische Bischofskirche von Amerika. Die Sinclairs hatten immer zu dieser Kirche gehört: mein Vater war nach einem bischöflichen Pfarrer, dem Reverend Upton Beall, genannt. Der Vater meiner Mutter war zwar ein Methodist und hielt den „Christlichen Herold", als kleiner Junge las ich darin all die Geschichten mit Bildern, in denen der Konflikt mit dem Bösen dargestellt wurde; aber meine Mutter und Tanten hatten sich wahrscheinlich gesagt, daß die Bischofskirche ihrer gesellschaftlichen Stellung besser entsprach. Kürzlich, auf der Suche nach Lokalkolorit, habe ich in Boston einen Gottesdienst in der Dreifaltigkeitskirche besucht; das war mein erster Gottesdienst seit über dreißig Jahren, aber ich konnte noch jedes Gebet auswendig und jeden Choral singen, und ich hätte sogar die Predigt halten können.

Wie arm wir auch waren, und wie verkommen die Räume, in denen wir lebten, wir verfehlten in New York nie, in die eleganteste Kirche zu gehen; das war unsere Art, an der gesellschaftlichen Stellung festzuhalten. Dann und wann machten wir eine besondere Fahrt zu der Kirche der Heiligen Jungfrau Maria, die „vornehm" war, mit vielen Kerzen, juwelenbesetzten Gewändern und Prozessionen. Ich trug immer enge neue Schuhe und enge Handschuhe, einen sauber gebürsteten, weichen Filzhut – lauter höchst unbequeme Dinge – zur Ehre Gottes. Ich war fromm, und meine Mutter, fest entschlossen, etwas besonderes aus mir zu machen, beschloß, daß ich Bischof werden sollte. Ich selbst dachte mehr daran, Rollwagenkutscher zu werden.

Wir zogen wieder zurück in das Weisigerhaus, und ich wurde in der Kirche, die gleich um die Ecke lag, konfirmiert; der junge Assistent des Pfarrers, Reverend William Wilmerding Moir, der Sohn eines reichen, alten, schottischen Kaufmannes, hatte, glaube ich, mehr Einfluß auf mich, als irgendein anderer Mensch. Mein unehrerbietiges Gedächtnis ruft mir den ersten Besuch in seinem Heim zurück, wo ich seine Mutter kennen lernte, die ganz so aussah und gekleidet war wie die Königin Viktoria, und einen wunderlichen alten Vater, der eine große, purpurrote Nase hatte, die, wie ich fürchtete, mit schottischem Whisky gefärbt war. Der Sohn nahm mich zur Seite und teilte mir folgendes mit: „Upton, wir werden Hühner zum Essen haben, mein Vater tranchiert immer, und wenn er dich fragt, ob du lieber weißes oder schwarzes Fleisch haben willst, dann sag genau, was du willst. Wenn du ihm antwortest, das sei gleichgültig, dann sagt er, du kannst warten, bis du dich entschlossen hast."

Will Moir war ein stilvoller junger Mann, der aus reiner Frömmigkeit und Liebe zu seinen Kollegen in den Kirchendienst getreten war. „Vergeistigung" ist augenblicklich nicht in Mode sondern wird gefährlich beargwöhnt, so will ich rasch sagen, daß er ein ganzer Kerl war: nicht gerade glänzend begabt, aber warmherzig, treu und zuverlässig. Er wurde mir eine Art Pflegevater, und trotz allem Spott, den ich in „Religion und Profit" über die Bischofskirche ausgegossen habe, werde ich nie vergessen, was er mir in einer kritischen Zeit meines Lebens bedeutet hat, und wie liebevoll er war. Mein Streit mit den Kirchen ist der Streit eines Liebenden; ich möchte sie nicht zerstören, aber auf eine Basis der Vernunft stellen, und ganz besonders möchte ich die Geldwechsler aus ihren Vorhöfen jagen.

Moir verlegte sich darauf, junge Männer in den Tugenden der Bischofskirche zu unterrichten, unter besonderer Betonung der Keuschheit. Fünfzig etwa hatte er immer zugleich unter seinen Flügeln. Einmal im Monat trafen wir uns in seinem Heim und sprachen über moralische Probleme; wir waren verpflichtet, ihm einmal monatlich zu schreiben und all unsere Nöte zu beichten. Waren wir arm, dann half er uns, Arbeit zu finden; waren wir geschlechtlich gefährdet, dann konnten wir zu ihm gehen und alles besprechen. Der Rat, den wir bekamen, war immer geradeaus und gesund; aber diese Art von Erziehung entspricht der modernen Zeit nicht und meine sophistischen Freunde lächeln, wenn sie davon hören. Das Problem: Selbstbeherrschung oder Selbstentwicklung ist sehr kompliziert, ich sehe auf beiden Wegen Vorteile und in jedem Extrem Gefahren. Ich bin froh, daß ich meine Zeit und meine Phantasie nicht dazu vergeudete, „Schnitzel zu jagen", wie dieser Sport bei uns genannt wurde; aber ich bin traurig, daß niemand mir Rat und Hilfe gab, bei der Aufgabe, ein Mädchen zu finden, ein Mädchen, mit dem ich vernünftig und froh zusammen gelebt hätte.

3

Ich wurde ein frommer, kleiner Diener der Bischofskirche, und mit vierzehn Jahren ging ich die ganze Fastenzeit über täglich zur Kirche. Ein Jahr lang unterrichtete ich in einer Sonntagsschule. Aber ich verlor das Interesse, weil ich nicht herausbringen konnte, wie die kleinen Betteljungens aus den Notstandsquartieren irgendwie besser werden sollten, indem sie die Geschichten vom Jonas und dem Walfisch oder Josua, der die Mauern von Jericho niederblies, auswendig lernten. Ich fing an, mein Denken an dem bischöflichen Plan des Weltalls zu üben, und eine Abkühlung kam in meine Begeisterung. War es wirklich möglich, daß alle Dinge, die ich während meiner Kinderzeit gelernt hatte, nichts anderes bedeuteten als hebräische Mythologie an Stelle der griechischen oder der germanischen? War es möglich, daß ich schon für diese Frage verdammt werden konnte? Würde ich den Mut finden, weiter voranzuschreiten und die Wahrheit zu suchen, selbst wenn ich dafür verdammt würde?

Diese Ängste trug ich Herrn Moir vor, den sie nicht allzusehr erregten; es schien, daß die geistlichen Erzieher an solche Krisen der Jugend gewöhnt waren. Er sagte mir, die Wundergeschichten seien nicht ernst zu nehmen; er wüßte selbst nicht, ob er an sie glaube; das einzige von Bedeutung sei die Auferstehung Jesu Christi und die Erlösung durch sein Blut. So war ich wieder für einige Zeit beruhigt –, bis ich mich dabei ertappte, daß ich selbst an der Wiederauferstehung Jesu Christi zweifelte. Alles in allem, was wußten wir davon? Gab es nicht in den Mythologien eine Reihe anderer zu Märtyrern gewordener Erlöser? Und wie konnte Jesu beides gewesen sein, Mensch und Gott zu gleicher Zeit? Psychologisch gesehen, hieß das nichts anderes, als daß er allwissend war und nicht alles wußte. War das nicht vollständiger Unsinn?

Auch das trug ich Herrn Moir vor, und er belud mich mit Bänden von Apologethik der Bischofskirche. Ich erinnere mich an die „Bamton-Vorträge“, einen jährlich erscheinenden Band grundlegender Vorträge, die in Oxford gehalten wurden. Ich studierte einige Bände durch, es war das schlimmste, was mir je begegnet ist; diese frommen Lehrer bemühten sich, den Standpunkt der Opposition zu umreißen, und damit stachelten sie so viele neue Zweifel auf, daß ich völlig verwirrt wurde.

Buchstäblich, durch diese offiziellen Verteidigungen der Christenlehre wurde ich erst recht zum Zweifler.
Ich erzählte meinem Freund, Herrn Moir, was geschehen war, aber noch immer lehnte er es ab, mit mir zu argumentieren; das sei eine allgemeine Erfahrung, und ich würde zurückkehren. Ich fühlte absolut, daß ich nie zurückkehren würde, aber seinetwegen war ich bereit, ihm seinen Glauben zu lassen. In der Sonntagsschule unterrichtete ich nicht mehr, aber ich blieb unter den schützenden Armen meines Freundes und erzählte ihm meine Nöte – bis zu dem Tag, als ich heiratete, denn die Heirat galt anscheinend als eine Art von Abschlußprüfung aus der Schule der Keuschheit. Mein Freund erlebte es nicht, mich als sozialistischen Agitator zu sehen; er erlag einer Blinddarmentzündung, die er zweifellos seiner Gewohnheit verdankte, während der Mahlzeiten ununterbrochen über Christentum zu sprechen und seinen Teller erst, wenn der Diener schon kam, um ihn zu wechseln, in ein oder zwei Minuten leer zu schlingen.
Eine Zeitlang galt mein Interesse mehr der Unitarischen Kirche.* Ich begegnete Minot I. Savage von der Kirche des Messias, und seine Argumente schienen mir die Stichfestigkeit in sich zu tragen, die ich in den Bamtom-Vorträgen vermißt hatte. Aber ich trat seiner Kirche nicht bei und habe nie wieder das Bedürfnis nach formaler Gläubigkeit empfunden; vom sechzehnten Jahr an hieß es für mich wirklich „Arbeiten ist Beten". In diesem Sinne habe ich ernst gebetet, und ich fand, daß darin das Geheimnis des Glückes liegt.

* Die nur eine Person der Gottheit annimmt. Der Übersetzer.

Ein interessanter Zug von Dr. Savage: er war der erste Intellektuelle meiner Bekanntschaft, der behauptete, einen Geist gesehen zu haben. Er hatte ihn nicht nur gesehen, sondern sich im Bett aufgesetzt und mit ihm gesprochen. Ich fand, das sei eine interessante Geschichte, und finde es noch. Ich bin das Entsetzen meiner orthodox-materialistischen Freunde, weil ich darauf bestehe, an die Möglichkeit so vieler seltsamer Dinge zu glauben. Meine materialistischen Freunde wissen, daß diese Dinge a priori unmöglich sind, während ich behaupte, daß überhaupt nichts a priori unmöglich ist. Alles ist eine Frage des Beweises, und ich bin bereit, mir jeden Beweis über jedes Ding auf Erden anzuhören.

Die Geschichte, wie ich sie behalten habe, war folgende: Savage hatte einen Freund, der (vor Erfindung der Telegraphie) nach Irland übersiedelt war; um Mitternacht wachte er auf und sah seinen Freund am Bett stehen. Der Freund erzählte ihm, daß er tot sei, aber Savage sollte nicht glauben, daß er die Qual des Ertrinkens durchgemacht habe; der Dampfer war an der Küste von Irland wrack geworden, und der Freund war durch eine, auf die linke Seite seines Schädels niederfallende Segelstange erschlagen worden, als er gerade versuchte, das Schiff zu verlassen. Savage schrieb diesen Traum nieder und ließ ihn durch Zeugen unterzeichnen, zwei oder drei Wochen später kam die Nachricht: das Schiff war verunglückt, und die Leiche seines Freundes war mit linksseitig zerschlagenem Schädel gefunden worden!

Wenn ein solcher Fall allein dastünde, würde es natürlich nichts bedeuten. Aber in Gurneys beiden Bänden „Phantastisches über das Leben“ findet man, sorgfältig dokumentiert, eintausend solcher Fälle. Eine andere Sammlung solcher Fälle hat Dr. Walker Franklin Prince von der Bostoner Gesellschaft für Psychologische Forschung als Band 14 dieser Gesellschaft herausgegeben. Ich finde nicht mehr, daß es schwer ist, an solche Phänomene zu glauben, seit meine Frau und ich in unserem eigenen Leben weitreichende Telepathie vielfach erprobt haben. Wen all das interessiert, der mag mein Buch „Mental-Radio“ lesen.

4

In meiner Klasse im College war ein jüdischer Mitschüler namens Simon Stern, den ich näher kennen lernte, weil unsere Wohnungen benachbart waren und wir oft zusammen nach Hause gingen. Simon schrieb eine Kurzgeschichte, – eines Tages kam er triumphierend in die Klasse und teilte uns mit, eine von einem hebräischen Waisenhaus herausgegebene Monatszeitschrift habe seine Geschichte angenommen. Ich bebte vor Erregung. Wenn Simon eine Geschichte schreiben konnte, warum sollte ich es nicht auch können? Das war die kleine Eichel, aus der ein Eichbaum wachsen sollte mit so vielen Ästen, daß er droht, überlastet zu werden.
Ich schrieb eine Geschichte über einen meiner Lieblingsvögel. Seit Jahren hatte ich die Gewohnheit, jeden Sommer ein paar junge Vögel aus dem Nest zu nehmen und sie aufzuziehen. Sie sahen in mir alles, was sie unter

„Eltern“ verstanden, und waren ein entzückendes Spielzeug. Jetzt verflocht ich einen dieser Vögel in eine Fabel, er diente dazu, die Unschuld eines farbigen Jungen zu beweisen, der einer Brandstiftung beschuldigt wurde. Ich schickte die Geschichte an die „Arche“, eine der beiden Munsey-Zeitschriften jener Tage, und die Geschichte wurde angenommen, Honorar fünfundzwanzig Dollar! Man kann sich vorstellen, daß ich an dem Tage, an dem dieser Brief eintraf, ein unerträglicher Bursche war; besonders für meinen Freund Simon Stern, der für seine Erzählung kein Honorar bekommen hatte.

In unseren Familienfinanzen war zufällig gerade damals tiefste Ebbe, und so verlegte ich mich darauf, die neue Goldmine auszubeuten. Ich fand verschiedene Zeitschriften, die zu bescheidenem Honorar Kindergeschichten suchten; bald darauf entdeckte ich auch, daß ich für die Witzblätter Anekdoten schreiben konnte. Mit Siebzehn waren Witze meine einzige Unterhaltsquelle. Ich lebte in jenem Winter im Westen, nahe dem Fluß, und mein Wochenhaushalt sah so aus: für eine Mansarde in einem Pensionshaus zahlte ich einen Dollar fünfundzwanzig; für zwei Mahlzeiten täglich in einem Speisehaus drei Dollars; für einen sauberen Kragen und anderen Luxus fünfundzwanzig Cents. Das scheint eine bescheidene Lebenshaltung, aber man muß bedenken, daß ich in dem kleinen Zimmer der College-Bibliothek unendliche Reichtümer besaß.

Die Massenherstellung von Witzen ist eine seltsame Industrie, und zur Unterstützung junger Anwärter will ich erzählen, wie sie vor sich geht. Witze werden von hinten

nach vorn hergestellt, wenn man so sagen darf; man denkt nicht an den Witz, sondern daran, wovon er handeln soll. Es gibt Vagabundenwitze, Schwiegermutterwitze, Witze von Aufschneidern, Schotten usw. Man hat etwa die Absicht, Vagabundenwitze zu schreiben; gut, im Leben der Vagabunden gibt es viele Dinge, die verwertbar sind; sie arbeiten nicht gern, sie baden nicht gern, sie lieben die Hofhunde nicht, sie bekommen altbackene Kuchen usw. Man beschließt, über Vagabunden zu schreiben, die nicht gern baden; sehr gut, man überlegt sich alte Worte und Redensarten, die mit Wasser zu tun haben, Seife, Wannen, Ströme, Regen usw. und sucht Wortspiele, in denen man diese Worte auf Vagabunden anwenden kann.
Das Witze-Schmieden wurde mir zur Qual. Während andere junge Leute über „Tatsachen" grübelten, überlegte ich die Verwendbarkeit von Schotten, Iren, Negern, Juden als Gegenstand von Witzen. Ich ging mit meiner Mutter zur Kirche und schmiedete Witze aus den Redewendungen im Gebetbuch und im Gesangbuch. Bei den Mahlzeiten legte ich mein kleines Notizbuch vor mich hin, beim Spazierengehen, beim Anziehen und im Kolleg, wenn der Professor langweilig war, hatte ich es immer zur Hand. Ich schrieb meine Witze auf Papierstreifen ab, mit einer Nummer in der Ecke, und schickte sie in Partien zu zehn Stück an die verschiedenen Redakteure. Kamen nur neun davon zurück, dann hatte ich einen Dollar verdient. Ich hatte ein Buchhaltungssystem, aus dem hervorging, wohin jede Partie gegangen war; die Witze Nr. 321 bis 330 hatte ich an das „Leben", „Judge",

und „Puck“ geschickt, und jetzt lagen sie beim „Abendblatt“.

Ich begann, den Witzblatt-Illustratoren meine Texte zu bringen. Sie zahlten für Einfälle – wenn es gelang, sie gleich, nachdem sie ihr Geld bekommen hatten, zu erwischen. Sie bildeten in New York eine Boheme, von der die Öffentlichkeit nichts wußte. Verschlampt und leichtsinnig, aber gutartig waren diese Burschen, die in fürchterlich eingerichteten „Studios“ hausten, meist im Osten. Nur ein Zug aus dieser künstlerischen „Utopie“: ich betrat einen Raum, in dessen Mittelpunkt ein Podium stand, und auf diesem Podium sah ich einen langen, dünnen Iren, mit nackten Armen und nackten Beinen, der eine Decke um sich geschlungen hielt. Er hatte einen Sonnenschirm in der Hand, die Zwinge an seinem Mund. „Was bedeutet das?“ fragte ich, und der junge Künstler antwortete: „Ich zeichne gerade eine Serie von Bibelillustrationen. Das ist Josua mit der Trompete, wie er die Mauern von Jericho umbläst.“

5

Der Redakteur der „Arche“, der meine erste Kurzgeschichte angenommen hatte, war Matthew White jun., ein genialer, kleiner Herr, der noch lebt und sehr lebendig ist; siebenunddreißig Jahre sind vergangen, seit er meine Geschichte las. Er war der Sozius des großen Munsey in frühesten Tagen gewesen, als dieser zukünftige Beherrscher des Zeitschriftengewerbes und des Kettenlädensystems noch in Hemdsärmeln in einem einzimmerigen Büro saß und sein eigner Buchhalter war. White forderte mich auf, ihm einen Besuch zu machen, ich kam, und wir hatten eine amüsante Unterhaltung. Mindestens war ich dieser Meinung. Zuletzt fragte mich der Herausgeber, ob ich mir nicht den Betrieb ansehen wollte, dann führte er mich durch zwei oder drei Räume voll von Buchhaltern und Büromädchen, die Umschläge frankierten, von Zeit zu Zeit an den Aufzug liefen und läuteten. So erfuhr ich, daß ein Autor für einen Redakteur nie etwas so Neues ist wie der Redakteur für den Autor. Der Einfall, den „Betrieb" zu zeigen, habe ich dann häufig nachgemacht, wenn ich Besucher hatte, die nicht einsehen wollten, daß ich für sie interessanter war als sie für mich.

Ich schrieb weiter Geschichten für die „Arche", außerdem kleinere Sachen für „Munseys". Sie hatten eine Rubrik „Liebhabereien" und ich konzentrierte meine Erfindungskraft auf neue Liebhabereien, die man lustig beschreiben konnte; jeder Einfall bedeutete ein Mittagessenabonnement für eine Woche. In einem Sommer – ich glaube 1895 – zogen meine Mutter und ich in ein Hotel in einem Dorf namens Pawlet, und Matthew White – er war Junggeselle – kam, um seinen Urlaub mit uns zu verbringen.

Mein Vater hatte seine Saufperiode, und wir waren auf dem Trockenen. Um den Verwandten nicht auf der Tasche zu liegen, hatte ich mich um die Stellung eines Hotelangestellten beworben, und so war ich jetzt „Clerk" in diesem bescheiden-anständigen Landgasthof. Ich sollte einen Teil des Tages über arbeiten und damit das Essen für meine Mutter und mich verdienen. Am ersten Abend nach meiner Ankunft erfuhr ich, daß es zu den Pflichten des sogenannten „Clerk“ gehört, den Gästen Eiswasser zu bringen. Diesen Dienst lehnte ich ab; das Resultat der Meinungsverschiedenheit war, daß der Hotelier es statt meiner tat. Ich sehe vor meinem geistigen Auge diesen ältlichen, breitschultrigen Mann mit langem, braunem Bart, der grau zu werden begann; er war gutherzig, zweifellos versetzte er sich in die Lage dieser heruntergekommenen „Herrschaften“, die zufällig in seine Hand geraten waren. Meine Mutter tat ihm leid, und so warf er uns nicht hinaus.

Ich tat alle Arbeit, die mit meinem Gefühl von persönlicher Würde vereinbar schien, aber davon gab es nur wenig. Es gehörte dazu, täglich die Mittagsmenus abzuschreiben; dabei geriet ich in Konflikt mit den Köchen des Hotels, einem Ehepaar, das sich etwa ebensoviel Bedeutung beimaß wie ich mir. Manchmal weigerte ich mich, all die närrischen französischen Worte abzuschreiben, mit denen sie ihre Tätigkeit zu glorifizieren versuchten. Noch heute vergeht mir der Appetit, wenn ich etwa lese „Schweinsrippchen à la Louis XIV.“.

Unter den Gästen war der Maler I. G. Brown, berühmt für seine Zeitungsjungens und Dorfküken. Ich machte lange Spaziergänge mit ihm, und er gab mir Fingerzeige für die Kunst; unter anderem behauptete er, man dürfte nur schöne und lustige Dinge darstellen, nie etwas Häßliches oder Niederdrückendes. Seine Kinder fühlten nicht so demokratisch wie er, sie weigerten sich, zu übersehen, daß ich nur ein kleiner Angestellter war. Seine älteste

Tochter hieß Mabel, und alle jungen Leute nannten sie so. Ich tat dasselbe, ganz unschuldig, bis sie sich eines Tages wütend gegen mich wandte und sagte: „Für Sie bin ich Fräulein Brown!"

6

Das ehrwürdige Lehrerkollegium des New York City-College, dem meine intellektuelle Ausbildung fast fünf Jahre lang oblag, bestand fast nur aus Ernannten von Tammany, mithin Katholiken. Es war das erste Mal, daß ich mit Katholiken zusammenkam, ich fand sie gütig, aber in ihr Dogma verrannt und so sehr auf Propaganda versessen, wie ich selbst es einmal werden sollte.

Da war zum Beispiel „Herby". Mehrere Stunden jeder Woche hörte ich mehrere Jahre lang ihn, den hervorragenden Professor Charles George Herbermann, Herausgeber der katholischen Enzyklopädie und eine besondere Leuchte der Jesuiten. Er war ein dicker, reizbarer, alter Herr mit einem buschigen rötlichen Bart. „Herr Sinclair!" pflegte er zu grollen. „Es ist so, weil ich es Ihnen sage!" Aber mit mir war das nicht zu machen; ich antwortete einfach „Aber Herr Professor, wie kann es so sein?" Wir gerieten jedesmal in einen Disput, sehr zur Freude der anderen Schüler, die ihr Pensum nicht vorbereitet und Angst hatten, aufgerufen zu werden. Wir erkannten bald die Achillesferse jedes Professors, und wenn wir nicht vorbereitet waren, verwickelten wir sie rasch in eine Diskussion.

„Herby" lehrte mich Latein, „Tizzy" lehrte mich Griechisch, und Professor George Hardy Englisch. Er war ein kleiner, runder Mann mit einem braunen Schnurrbart, und sein System, für den Glauben zu kämpfen, bestand darin, daß er eine Klasse, in der sechzig Prozent Juden waren, katholisches Empfinden in lyrischem Gewande studieren ließ. So hatten wir Dobsons „Die Messe" vorzutragen; wir rächten uns, indem wir sie nach der Melodie eines populären Gassenhauers übten. Hardy war ein guter Lehrer, ausgenommen, wenn er auf den Papst zu sprechen kam. Er erzählte uns, Milton sei ein gefährlicher Störer des europäischen Friedens gewesen, und es sei ein Verbrechen, zu behaupten, daß Chaucer ein Wycliff-Anhänger gewesen sei. Wer Wycliff war, wurde nie erwähnt.

Unser Geschichtsprofessor hatte kein Dogma, und so durfte ich über englische und europäische Geschichte Tatsachen lernen. Sie interessierten mich, aber ich konnte nicht einsehen, warum es notwendig war, die Namen von so vielen Königen, Generälen und Herzögen auswendig zu lernen, und die Daten, an denen sie viele menschliche Wesen hingeschlachtet haben. In dem Bestreben, mir all das bis zum Examenstag zu merken, sann ich ein Gedächtnis-System aus, und das brachte mich einmal in eine komische Lage. „Wer war Lord Cobton?" fragte der Professor; und nach meinem mnemotechnischen System antwortete ich: „Er erließ die Maiskolbengesetze."

Das größte Gelächter, das in meiner Geschichtsklasse je ausbrach, galt aber einem schlagfertigen Jungen namens Fred Schwed, der später Börsenmakler wurde. Fred präparierte nie das geringste und paßte niemals auf, er verließ sich ganz auf seine Geistesgegenwart. Einmal wurde er plötzlich aufgerufen, um den Ursprung des Titels „Prince of Wales" zu erklären. Der würdevolle Professor Jonston sagte „Herr Schwed, wie kam es, daß ein englischer Prinz, der Sohn eines englischen Königs, auf wallisischem Boden geboren wurde?" Fred, der jäh aus einem Wachtraum aufgestört worden war, starrte den Lehrer wild an und stotterte „Weil – ja, weil, Sie verstehen, Herr Professor – seine Mutter war gerade dort."

7

Ich erinnere mich auch sehr lebhaft an den Professor Hunt, der uns im Zeichnen nach der Natur, architektonischem Zeichnen und Perspektive unterrichtete. Das war ein magerer Mann mit schwarzem Schnurrbart und einer schweren Zunge, der unter lärmenden Schülern entsetzlich litt, und in unserer Klasse, in der viele Ausländer saßen, war daran kein Mangel. Ich erinnere mich an einen dicken Russen namens Vilkomirsson; er pflegte lang und dumpf vor sich hinzustarren, dann quetschte er irgendeine Frage heraus, die die ganze Klasse zum Lachen brachte. In der Perspektive-Lehre ist es üblich, bestimmte Punkte durch ihre Anfangspunkte zu bezeichnen; der einzige, an den ich mich momentan erinnere ist „V. P." das bedeutet „Verschwindender Punkt". Der arme Ausländer konnte diese Abkürzung nie ganz erfassen, er pflegte sich deshalb, ganz nah vor den Professor hinzusetzen, in der Hoffnung, er könnte dort um Hilfe bitten, ohne die übrige Klasse zu stören. „Herr Professor, ich verstehe nicht, was Sie meinen, wenn Sie sagen, der V. P. ist sechs Zoll weit weg.“ „Herr Vilkomirsson,“ sagte der verzweifelte Lehrer, „wenn ich Ihnen sagte, daß das W. C sechs Fuß weit fort ist, würden Sie dann verstehen, was ich meine?“ Unser Freizeichnen wurde in einem großen Saal gelehrt, in dem rings herum Gipsmodelle standen. Wir nahmen ein Reisbrett, befestigten ein Blatt Papier darauf, und mit einem Stück Zeichenkohle gingen wir daran, die Modelle aufs bestmögliche wiederzugeben; Professor Hunt lief inzwischen wie ein Tiger im Atelier auf und nieder, ab und zu fuhr er mit scharfen Klauen über das Blatt eines hilflosen Opfers her.

Ich will einen Zwischenfall aus jenen frühen Tagen erzählen, aus dem man ersieht, wie das Kind der Vater des Mannes ist. Die Überfüllung in unserem baufälligen, alten College-Haus war zum Skandal geworden, und es war eine Bewegung im Gang: die Stadtverwaltung solle Mittel für einen Neubau im Vorort bewilligen. Es ist nicht leicht, Politiker für eine so fernliegende Sache wie höheren Unterricht zu interessieren. Wir Studenten wurden aufgefordert, Gesuche zirkulieren zu lassen, die von Stimmberechtigten unterzeichnet werden sollten; in einem Übermaß von Hingabe für meine Alma Mater opferte ich dieser Aufgabe etwa zwei Monate lang all meine Nachmittage und alle Sonntage, lief Runde um Runde durch die Büros und Geschäftshäuser. Nicht viele Leute, die aufgefordert wurden, sich zu unterzeichnen, hatten je von dieser Angelegenheit etwas gehört, aber es kostete sie nichts, und sie glaubten gern, wenn ein netter

Bursche ihnen erzählte, daß ein College-Neubau etwas Wichtiges sei. Ich sammelte etwa sechs- oder achthundert Unterschriften, und mein Name kam mit Auszeichnung in die College-Zeitung.

8

Simon Stern und ich taten uns zusammen und schrieben einen Roman mit vielen Abenteuern, von dem ich nicht das geringste im Gedächtnis behalten habe. Wir machten gemeinsam einen Besuch bei Street und Smith, den Verlegern von Abenteuergeschichten für Knaben, und trafen einen der Leiter, dem es Spaß machte, daß zwei Knaben in kurzen Hosen sich als gemeinsame Autoren eines Romans vorstellten. Er las das Manuskript und nahm es nicht an, aber er machte Hoffnungen und riet uns, wir sollten einen anderen Roman schreiben, der seinem Bedarf mehr entspräche. Wir wollten es versuchen, liefen weg, und zum Erstaunen des Herausgebers waren wir eine Woche später schon wieder da, mit dem vollendeten Roman! Inzwischen habe ich erfahren, daß man so etwas nie tun darf. Man muß den Verleger glauben machen, die Arbeit habe eine ungeheure Menge Zeit erfordert, denn das ist für ihn eins der Merkmale von Qualität – trotz aller Gegenbeispiele von Dumas und Balzac und Dickens und Dostojewski und anderen Meistern.
Ich weiß nicht mehr bestimmt, was aus dieser Geschichte wurde. Ich weiß nur noch, daß ich während des folgenden Sommers an einem umfangreichen Abenteurerroman arbeitete, der – ich muß es gestehen – der „Schatzinsel“

von Stevenson verzweifelt ähnlich sah. Der Unterschied war, daß mein Roman auf dem Festland spielte. Aber es handelte sich auch darum, verborgene Goldschätze aufzufinden, die von heimkehrenden Pionieren vergraben worden waren, ehe die Indianer sie töteten. „Prärie-piraten" war der Titel. Ich habe das Manuskript in späteren Tagen noch einmal gelesen, und war sehr erstaunt, welchen Begriff von „Sex appeal" ich mit siebzehn Jahren hatte. Mein Held hatte die schöne Heldin auf dem ganzen Weg aus Kalifornien her begleitet, hatte sie viele Male vor den marodierenden Indianern und verräterischen Mestizen gerettet, und zuletzt gestand er ihr errötend, daß er sie liebe. Und dann, als er die Erlaubnis dazu bekommen hatte, „hauchte er auf ihre Stirn einen heiligen Kuß".

An diesem Roman arbeitete ich in irgendeinem Landgasthof in New Jersey. Eines Tages schnallte ich ein Bündel Manuskript auf mein Fahrrad und fuhr nach New York und dann den Hudson hinauf in die Berge, zu einem Bauernhaus am Brant-See. An diesem Zufluchtsort lebte ich in Gesellschaft eines Mädchens, das meine erste Frau werden sollte; ihre Mutter und meine Mutter waren intime Freundinnen, und deshalb hatten wir mehrere Sommer zusammen verbracht. Sie war anderthalb Jahre jünger als ich, ein ruhiges, unentwickeltes und unglückliches Mädchen, während ich ein selbstbewußter und draufgängerischer Bursche war, völlig erfüllt von meinen eigenen Angelegenheiten. Keinem von uns gönnte das Schicksal damals auch nur die leiseste Ahnung von dem Streich, den es uns vier Jahre später spielte.

In diesem Herbst war ich eingeladen, meinen Freund, den Pfarrer William Moir im Zeltlager seines Bruders am Saranac-See zu besuchen. Ich stieg um vier Uhr morgens auf mein Rad, und schickte mich zu einer gewaltigen Leistung an – einem Rekord, der das Lebensziel aller Fahrradenthusiasten in jenen längst vergangenen achtziger-neunziger Jahren bedeutete. „Hast du die Einhundert geschafft?" pflegten wir einander zu fragen, und es bedeutete ungefähr dasselbe wie heute ein Flug über den Atlantischen Ozean. Den ganzen Tag trat ich die Pedale, durch Sand und Staub und Hitze. Ich erinnere mich an eine Strecke von etwa zehn Meilen an dem Fluß Schroon – dort läuft heute zweifellos eine zementierte Promenade, aber 1896 war der Weg ein Streifen aus tiefem Sand, und zwei oder drei Stunden lang mußte ich mich furchtbar quälen. Dann kam ich durch einen Engpaß ins Keenetal, auf einen Knüppelweg, über den ich wie ein Irrsinniger raste. Damals pflegten wir beim Bergabfahren den Fuß als Bremse auf den Vorderreifen zu setzen, meine Schuhsohle wurde so heiß, daß ich sie in den Bergstrom tauchte. Dann kletterte ich das Keenetal hinauf, acht Meilen oder so etwas, die ich mein Rad schieben mußte; so erreichte ich bei Sonnenuntergang den Cascade-See.

Um halb zehn Uhr nachts erreichte ich das Heim meines Freundes, und hier erfuhr ich eine schwere Enttäuschung. Die ganze Strecke, die ich zurückgelegt hatte, betrug nur sechsundneunzig Meilen. Zwei Wochen später machte ich die ganze Fahrt wieder zurück und war so versessen auf meinen Rekord, daß meine Mutter viel zu tun hatte, um mich von einer Extranachtfahrt von unserem Bauernhaus zum Dorfe und zurück abzubringen, die ich noch schaffen wollte, nur um die hundert Meilen voll zu machen. In den Spalten der „New York Evening Post“ jenes Herbstes findet sich ein ganzspaltiger Artikel, der meine Fahrt schildert. Ich erinnere mich, daß Herr Moir, ein besonders eifriger Arbeitsvermittler, mir einen Brief an den Herausgeber der „Evening Post“ gegeben hatte, und so war ich für eine Woche Reporter geworden. Aber der Mitarbeiterstab war überfüllt; und so fielen für den hellen Jungen, der gerade die ersten langen Hosen bekommen hatte, nur gelegentliche Notizen von wenigen Zeilen ab.

9

Mein armer Vater konnte nicht mehr als qualifizierter Jugenderzieher gelten. Jahr um Jahr geriet er fester in die Klauen seines Dämons. Oft verschwand er für ganze Tage, und dann war es meine Aufgabe, ihn in den Kneipen zu suchen, die er bevorzugte. Wenn ich ihn fand, gab es eine schwere moralische Auseinandersetzung. Ich pflegte zu schelten, zu bitten und zu drohen; er pflegte zu weinen, oder er pochte auf seine väterliche Autorität, – aber ich kann mich nicht erinnern, daß er jemals auch nur einen Ansatz machte, mich zu schelten. Ich führte ihn dann durch die Straßen, und jede Eckkneipe wurde ein neues Hindernis. „Einen einzigen Schluck muß ich noch haben, Junge. Ich kann nicht nach Hause gehen, wenn ich nicht noch einen einzigen bekomme. Wenn du nur ahnen könntest, wie ich leide!“

Ich brachte ihn zu Bett, und dann versteckte ich seine Hosen, damit er nicht entfliehen konnte. Die Mutter kochte Kannen voll von starkem schwarzem Kaffee oder auch ein Gebräu aus warmem Wasser und Senf. Sie führte das Leben von Millionen von Frauen in jenen Tagen der amerikanischen „Saloons“; mein Freund Mencken ist unfähig, sich vorzustellen, daß diese Frauen sich in Xantippen verwandeln mußten, unerträglich für gesellige und ästhetische Menschen. Aber ich weiß es, man darf es mir glauben; und solange in ihren Seelen die Erinnerung lebt, werden diese Frauen zu Millionen in die Wahllokale gehen und mit ihren Stimmen den „Nassen“ das Herz brechen.

Später wurden die Dinge noch schlimmer. Mein Vater war in seinen Verstecken nicht mehr auffindbar; er schämte sich vor den alten Freunden, die ihn dort vielleicht sahen. Ich mußte ihn in den Höhlen am Bowery suchen, der „Straße der Verlorenen“, wie ich sie in „Leidweg der Liebe“ genannt habe. Stundenlang mußte ich wandern, ein Unzahl von Kneipen ausspionieren, bis ich ihn endlich fand, in einen Stuhl gesunken oder schlafend, die Arme über einen biertriefenden Tisch gebreitet. Einmal fand ich ihn buchstäblich im Rinnstein, – in jenen Tagen war das kein ungewöhnlicher Anblick.

Ich pflegte eine Droschke zu nehmen und ihn mitzunehmen, – nicht mehr nach Hause, denn dort konnten wir nicht mit ihm fertig werden. Er delirierte, und dagegen brauchte man Wärter mit stämmigen Armen, Lederriemen und eisenbeschlagene Türen. Meist brachte ich ihn in das St.-Vincent-Krankenhaus, und dort, wo gekreuzigte Erlöser auf uns herniederschauten, zahlte ich einer schweigsamen, schwarzgekleideten Nonne fünfundzwanzig Dollars. Dann wurde mein Vater in die Bücher eingetragen und von einem jungen irischen Wärter in weißen Kleidern weggebracht. Ein oder zwei Wochen später tauchte er wieder auf, schwach und unruhvoll, fahl im Gesicht, aber voll guter Vorsätze. Jetzt begann er, in die Kirchen zu laufen, zu schwören, er werde für Sonntagssperre der Kneipen stimmen, an meiner Schulter zu weinen und mir zu sagen, wie sehr er mich liebte. Eine Woche oder einen Monat, womöglich sogar einige Monate lang, kämpfte er darum, sein verlorenes Geschäft wieder in die Höhe zu bringen und seine Schulden zu bezahlen.

10

Meine „liberalen" Freunde, die das Manuskript von „Alkohol" lasen, fanden es sentimental und nicht dem Geiste dieser Zeit entsprechend. Ihnen gab ich zur Antwort, daß die Eindrücke meiner Kinderzeit und die meiner Frau in den fernen Südstaaten nicht weniger Wirklichkeit waren als das Blut und die Eingeweide in den Chicagoer Schlachthäusern oder die Entbindungsszene in „Leidweg der Liebe". Es ist Tatsache, daß ich mein ganzes Leben lang Material über das Alkoholproblem gesammelt habe. Ich kenne es genauer als irgendein anderes Thema, das ich je behandelt habe. Das Verzeichnis der Trunkenbolde, mit denen ich gerungen habe, ist länger als das der Kohlenarbeiter, Ölmagnaten, Politiker oder irgendeiner anderen Menschengruppe, die ich in meinen Büchern geschildert habe. Die Erfahrungen mit meinem Vater dauerten dreißig Jahre; und während dieser Zeit erlebte ich dasselbe mit verschiedenen Onkels und Vettern und zahlreichen Freunden der Familie, Gentlemen aus den Südstaaten, Geschäftsleuten aus dem Norden und sogar ein oder zwei ihrer Frauen. Später stieß ich in der literarischen und sozialistischen Welt auf dasselbe Problem: George Sterling, Jack London, Ambrose Bierce, W.M.Reedy, O. Henry -- eine lange Liste. Ich besitze eine Photographie von Jack, George und dessen Frau Carrie, die auf Jacks Segelboot in der Bai von San Franzisko aufgenommen wurde; drei schöne Menschen, jung, glücklich, glänzend – und alle drei haben sich vergiftet, um den Klauen des „Königs Alkohol" zu entgehen. Heute ergeht es einer Reihe meiner Freunde ebenso; ich kann sie nicht nennen, weil sie noch leben. Es sei genug, wenn ich sage, daß es unsere besten sind – Erzähler, Dramatiker, Lyriker, Journalisten – die alle auf demselben Weg ins Elend torkeln.

Die Erfahrungen mit meinem Vater machten mich selbstverständlich vor der Zeit erwachsen. Ich begann, die Welt zu fragen, wie es möglich war, daß solche Laster um sich griffen. Bald forschte ich aus, daß der „Saloon" in Tammany wurzelte und klagte den höchsten Führern dieser Organisation meine Not. Ich erinnere mich, daß ich über Richard Croker das Wort schrieb: „Mit meinen

eigenen Händen möchte ich ihm eine Mistgabel durch den Leib rennen und ihn in das Feuer der Hölle stürzen." Ein echt christliches Gefühl!
Zu jener Zeit war es mein Glaube, die menschliche Gesellschaft könne durch Poesie gerettet werden. Männer und Frauen sollten in edlen Gedanken unterrichtet werden, dann würden sie ihre niedrige Lebensform aufgeben. Ich hatte Shelley gelesen und hegte eine leidenschaftliche Freundschaft für ihn. Später wurde ich intim mit Hamlet, dem Prinzen von Dänemark; er kam in die Bibliothek meines Onkels Bland in Baltimore, wo ich die Weihnachtsferien verbrachte, und wir hatten manche kostbare Unterhaltung. Auch ich war ein Prinz, im Streit mit einer erbärmlichen und übelwollenden Welt. Mindestens sah ich mich so und lebte gänzlich in dieser Vorstellung, sehr snobistisch, voll Verachtung und Dünkel. Jeder Psychiater würde in mir einen vorgeschrittenen Fall von Größenwahn festgestellt haben, von Messiaskomplex, Paranoia, Narzißmus usw.

11

Hand in Hand mit meinem extremen Idealismus, vielleicht als Ergänzung zu ihm, geriet ich in einen stürmischen Kampf gegen den Geschlechtshunger. Vor meiner Ehe, im Alter von zweiundzwanzig Jahren, war ich nie in geschlechtliche Beziehungen zur Frau getreten; aber ich war sehr nahe daran, und die Kraft, zu widerstreben, hätte ich nicht aufgebracht ohne die Hilfe meines geistlichen Freundes. Wohl fünf Jahre lang oder mehr war ich der Gegenstand tobender Gier; ich wurde ruhelos und elend, lief nachts durch die Straßen, starrte jede Frau und jedes Mädchen an, die mir begegneten, träumte von einem Abenteuer, das ein wenig besser als nackter Unflat wäre. Viele Töchter der Armen und mehr als eine Tochter aus reichem Hause zeigten mir ihre Bereitschaft; das begann mit einem Flirt, mit Zärtlichkeiten und Versuchen zur Intimität. Aber dann erhob sich ein anderer Sturm – aus Scham und Angst; der Gedanke an den Schwur, den ich geleistet hatte, der Traum von einer edlen und schönen Liebe, den ich hegte. Daneben natürlich der Gedanke an Geschlechtskrankheiten, über die mein Freund Moir mich unterrichtet hatte. Da schreckte ich plötzlich zurück und wurde kalt; zwei- oder dreimal erzählte ich, mit dem Bestreben des Weltverbesserers, Mädchen von all diesen Dingen, und dann wurde aus unserer Liebesstunde eine moralische Diskussion. Eine solche Szene habe ich in „Leidweg der Liebe" geschildert, sie erregte das Gelächter meiner „emanzipierten" radikalen Freunde.

Was ich heute, nach dreißig Jahren des Nachdenkens, über diese Fragen sage? Die erste Tatsache – und sie ist interessant genug – ist, daß ich immer noch verlegen werde, wenn ich darüber spreche. Mein Ego trachtet, würdig und imposant zu sein, und fühlt sich erniedrigt, wenn es sieht, daß ich mich wie ein junger Köter benehme. Ich muß den ausgewachsenen jungen Hund am Genick packen und ihn vor die Tatsachen stellen, – es gibt so viele junge Menschen in der Welt, die jetzt in denselben Nöten stecken. Offenherzigkeit in Geschlechtsdingen darf den Zynikern und moralisch Unverantwortlichen nicht überlassen bleiben. Es stecken Gefahren im „Puritanismus", und es gibt dafür Kompensationen. Meine Keuschheit wurde erhalten auf Kosten großer Anstrengungen des Gemüts, und außerdem opferte ich ihr meine Interessen auf mehr als einem Felde. So zum Beispiel konnte ich das Studium der Kunst nicht fortsetzen. In der herrlichen Bibliothek der Columbia-Universität fanden sich Schätze an Schönheit, kostbare Bände mit Stichen, und in meiner Lerngier stürzte ich mich darüber, um in ein oder zwei Wochen alles über die Renaissance zu verschlingen. Aber ich wurde überwältigt durch diese Masse von Nacktheit; es schwindelte mir, ich wurde von Sinnen und mußte aufhören. Heute könnte ich dies Studium wieder aufnehmen, da ich reif bin; aber ach, jetzt habe ich allzuviel zu tun mit dem Bestreben, die Welt vor Armut und Krieg zu retten. Dieses Geständnis erinnert an eines von Darwin: die Sammlung all seiner Kräfte auf Einzelheiten der Naturwissenschaft habe die Wirkung gehabt, daß sein Interesse für Musik und andere Künste dahinschwand.

Was habe ich als Gegenwert dafür bekommen? Ich gewann Intensität und Konzentrationskraft; diese Elemente meines Wesens sind das Produkt meiner Anstrengungen, der Versuchung zu widerstehen. Ich lernte es, vierzehn Stunden des Tages zu studieren und schöpferisch tätig zu sein, weil ich nur durch solche Gewaltarbeit das Verlangen nach Frauen von mir fernhalten konnte. Ich sprach mir selbst die Legende des Herkules vor und zitierte den Weisheitsspruch, der Salomon zugeschrieben wird: „Wer sich selbst bezwingt, ist größer als der, welcher eine Stadt erobert."

Heutzutage hört man viel über seelische Störungen infolge sexueller Entbehrung. Es ist eine Tageslaune, darüber zu sprechen. Nichts hören wir über die Komplexe, die durch geschlechtliche Duldsamkeit entstehen können. Meine Beobachtung aber lehrt, daß Menschen, die gewohnt sind, jedem sexuellen Impuls Raum zu geben, genau so elend sind wie jene, die ihren Impuls unterdrücken. Ich denke da an einen Klassenkameraden im College; zu dem sagte ich: „Ist es dir je eingefallen, über dich nachzudenken und dein eigenes Inneres zu prüfen? Alles, was an dich herankommt, verwandelt sich ja in Geschlechtlichkeit!" Er sah erstaunt drein, und ich stellte fest, daß der Gedanke neu für ihn war. Er dachte nach und sagte: „Mir scheint, du hast recht."

Dieses Problem des glücklichen Mittelwegs in Geschlechtsdingen würde einen besonderen Band erfordern. Ich habe mehr darüber im „Buch des Lebens" geschrieben.

12

Das College enttäuschte mich nach und nach. Es wurde mir zur Qual, dort zu sitzen und dem langsamen Vortrag über Gegenstände zuzuhören, die ich entweder schon kannte, oder die ich nicht kennen lernen wollte. Aber ich mußte mein Reifezeugnis bekommen, denn ich hatte immer noch die Absicht, Jus zu studieren. Ich zerbrach mir den Kopf, und endlich hatte ich einen Plan:

ich reichte der Fakultät ein Gesuch um zwei Monate Urlaub ein, mit der Begründung, daß ich etwas Geld verdienen müsse, – was ja auch stimmte. Sie gaben mir den Urlaub, und ich verdiente Geld, indem ich Geschichten schrieb. Den Rest meiner Zeit verbrachte ich in meinem Schlafzimmer und las Shelley, Carlyle, Emerson. Ich zwang mich, bis ein oder zwei Uhr morgens zu lesen, und sehr häufig erwachte ich bei Tagesanbruch, um festzustellen, daß ich auf mein Kissen zurückgesunken und mit dem offenen Buch in der Hand eingeschlafen war, bei brennendem Gaslicht; eine nicht gerade hygienische Lebensweise.

Das war in der Pension im Westen, die von einer Frau Carmichael geführt wurde. Ihr Sohn war auch ein verkanntes Genie, nur war er ein religiöser Mystiker und fand seine Erregung in Kirchenmusik. Wir pflegten unsere Bedeutung miteinander zu vergleichen, wobei natürlich jeder den anderen von oben herab behandelte – zwei junge Hirsche im Forst, die ihre Geweihe ausprobierten. Ich erinnere mich, daß Bert fortging, um einem großen Komponisten, Eduard Max Dowell, von dem ich damals zum ersten Male hörte, sein musikalisches Talent zu beweisen. Der junge Mensch kam aufgeregt zurück und berichtete, der Komponist habe ihn sehr gelobt und ihm freien Unterricht angeboten. Aber nach der ersten Lektion war Bert weniger begeistert, denn sein Ideal hatte zu ihm gesagt: „Herr Carmichael, bevor Sie wieder zu mir kommen, lassen Sie sich bitte das Haar schneiden, und waschen Sie sich den Hals. Die Zeit der langlockigen und schmierigen Musiker ist vorbei."

Ich kehrte ins College zurück, nahm den unterbrochenen Unterricht ein oder zwei Wochen lang wieder auf und bekam das Abgangszeugnis ohne Auszeichnung, durchaus als mittlerer Schüler. Ich gewann eine Art Preis in Differentialrechnung, das war alles. Keinen in Literatur, keinen in Vortragskunst, Philosophie, Geschichte. Ich hatte so wenig Interesse für das College-Regime, daß ich den Anfang des Semesters nicht abwartete, sondern aufs Land ging und mir mein Diplom durch die Post zuschicken ließ.

Ich hatte ein paar Witze und Kurzgeschichten verkauft, und jetzt verbrachte ich einen Sommer damit, weiteres zu schreiben, während ich in einem kleinen Boot zwischen den tausend Inseln des oberen St.-Lorenz-Stromes umhertrieb. Ich fing viele Barsche und las die Gedichte von Walter Scott, die Romane von Thackeray und George Elliot, alles in der „Strandbibliothek" erschienen, die ich für acht Cents pro Buch ganz erworben hatte. Das Glück, das diese Klassiker mir gegeben haben, ist ein Grund für mich, die Billigkeit von Büchern zu schätzen; ich habe Tausende von Dollars eingebüßt bei dem Versuch, meine eigenen Bücher für die Jugend erschwinglich zu machen.

13

Immer noch hatte ich die Absicht, Rechtsanwalt zu werden, aber erst wollte ich ein Jahr lang Literatur und Philosophie in der Columbia-Universität hören. „Wenn du das tust, wirst du nie Rechtsanwalt", sagte irgendein gescheiter Mensch zu mir, und er behielt Recht. Aber an die Columbia wollte ich gehen, und wie sollte ich in der Zwischenzeit leben? Um dieses Problem zu lösen, kehrte ich nach New York zurück und besuchte den Verlagsleiter von Street und Smith, der mir einmal geraten hatte, mit Simon Stern zusammen einen Fortsetzungsroman zu schreiben. Jetzt erntete ich den Lohn meiner Hartnäckigkeit, ich bekam ein Mittagstisch-Abonnement für die nächsten drei Jahre meines Lebens.

Der Name dieses Verlagsleiters war Henry Larrison Lewis, er ist, glaube ich, heute Herausgeber eines der Kampfblätter der Freihandels-Bewegung. Er wird überrascht sein, daß seine erste Begegnung mit mir öffentlich geschildert wird, und deshalb beeile ich mich, festzustellen, daß unsere Beziehungen absolut angenehm waren, und daß er sein Bestes tat, um mich auf dem Pfade von Gesetz, Ordnung und Patriotismus zu halten. Ich erinnere mich, daß ich ihm meine Ansichten über das Leben und über meine Aufgaben auseinandersetzte, und daß er mir widersprach: es sei nicht normal, daß ein junger Mensch sich so apokalyptisch und messianisch gebärde.

Herr Lewis zeigte mir Probenummern des „Armee- und Flottenwochenblattes", einem Zehn-Cents-Heft mit buntem Umschlag in leuchtenden Farben, das die Firma damals gerade herausbrachte. Der Redakteur selbst hatte jede zweite Woche eine Geschichte über das Leben auf der Marine-Akademie zu schreiben und brauchte irgendjemand, der jede andere Woche eine entsprechende Geschichte aus der Westpoint-Militärakademie lieferte. Ob

ich es wagen würde, diese Aufgabe zu unternehmen? Mein Herz schlug vor Erregung.
Der erste Versuch im Sammeln von Lokalkolorit! Ich bekam von Herrn Moir einen Einführungsbrief an einen Offizier in Westpoint, reiste hin und stieg in einem billigen Dorfhotel ab. Ich schweifte über die Plätze, beobachtete die Kadetten und machte sorgfältige Notizen über jedes Detail ihrer Ausbildung. Einmal wurde ich mit einem streng und vornehm aussehenden Kadetten des obersten Jahrgangs bekannt; ich erzählte ihm, warum ich mich in Westpoint aufhielt, und daß ich einen „Helden" brauchte. „Warum nehmen Sie nicht einfach mich?" fragte der Kadett. „Ich bin Präsident des obersten Jahrgangs, ich habe die besten Leistungen in dem und dem" und so ging es weiter. Ich forschte in dem Gesicht des jungen Mannes nach der Spur des Lächelns, aber es war nichts zu finden. Er blieb in meinem Gedächtnis als ein Typus militärischen Geistes. Heute ist er sicherlich ein großer General.
Ich kehrte nach New York zurück, und unter dem Decknamen „Leutnant Frederick Garrison USA." verfaßte ich ein Manuskript von etwa achtzig bis hundert Seiten, eine drollige Geschichte von einer Gruppe von Offiziersanwärtern, die in die Akademie eintreten, um ihre militärische Laufbahn zu beginnen. Diese Geschichten wurden „Marc Mallorys Erzählungen" genannt und waren erfolgreich. So geriet ich endgültig in eine literarische Laufbahn. Ich erhielt, glaube ich, vierzig Dollars pro Erzählung; das war ein Vermögen, genug, um für meine Mutter und mich selbst sorgen zu können. Das Lokalko-

lorit wurde für ausreichend befunden. Lewis erzählte mir, daß Smith, der Chef der Firma, gefragt hatte, ob der neue Mitarbeiter selbst Westpoint absolviert habe. „Jawohl," hatte ihm Lewis geantwortet, „er hat es in drei Tagen absolviert."

14

Diese Episode meiner literarischen Taglöhnerei will ich gleich beenden, obwohl ich damit dem Gang meines Berichts vorauseilen muß. Nachdem ich die Arbeit eine Zeitlang getan hatte, brauchte die Firma Herrn Lewis Dienste noch ausgiebiger, und so fragte er mich, ob ich nicht außer den eigenen seine Schwarten schreiben könnte. Ich war immer überzeugt, daß ich alles könnte; so reiste ich studienhalber nach Anapolis, wo die Marine-Akademie war, und dort umgaben mich die Geister meiner Großväter. Auch dieses Milieu studierte ich in drei Tagen, kam zurück nach New York, und von nun an war ich außer „Leutnant Frederick Garrison" noch „Fähnrich zur See Clark Fitch". Ich schrieb jede Woche eine Novelle von zirka hundert Seiten und verdiente wöchentlich vierzig Dollars.
Bald darauf hatte Willie Hearst mit seinem „New York Evening Journal" den Erfolg, die Vereinigten Staaten in einen Krieg mit Spanien zu hetzen. („Du machst die Bilder, ich mache den Krieg", kabelte Willie an Frederick Remington in Kuba.) Der Herausgeber ließ mich kommen und erklärte mir, die Zeitungsjungen und Messengerboys, die Marc Mallorys und Clif Faradays verfolg-

ten, würden es übel vermerken, wenn diese Kadetten müßig in Westpoint und Anapolis sitzen blieben, während ihr Vaterland blutete; ich müßte mich daran halten, sie die Offiziersprüfung bestehen zu lassen, und die tapferen Jungens aufs Schlachtfeld entsenden.

Das war so rasch getan wie gesagt. Ich las ein Buch mit kubanischem Lokalkolorit, forschte nach einigen Flüchen, die ich spanische Schurken ausstoßen lassen konnte, z.B. „Caramba!", und brachte sie allen Zeitungsjungens und Messengerboys der östlichen Vereinigten Staaten bei. Wenn ich heute über die Blödheit der Filmproduktion jammern höre, denke ich an den Stoff, den ich Woche um Woche produziert habe, und der in großen Auflagen gedruckt wurde.

„Was hast du heute vor?" fragte meine Mutter, und die Antwort war jedesmal „Spanier killen". Es kam mir nicht darauf an, eine ganze Flotte spanischer Torpedoboote zu versenken, um irgendeine Geschichte zum Ende zu bringen, die Schiffe, die ich während dieses kurzen Krieges versenkte, hätten alle Flotten der Welt auffüllen können. Einmal ließ ich meinen Helden auf einem spanischen Schiff eine Bombe zur Explosion bringen, und er ging mit dem Dampfer unter, aber in meiner nächsten Geschichte erklärte ich fröhlich, er habe damals eine Luke geöffnet und sei wieder an die Oberfläche des Meeres getaucht. Ein- oder zweimal brachte ich einen spanischen Schurken um, vergaß es dann und ließ ihn wieder auftreten. In solchen Fällen benahm ich mich wie Präsident Coolidge und Gouverneur Fuller und Präsident Lowell und viele andere Große von Massachusetts, – ich behandelte meine Kritiker mit schweigender Verachtung.

Wieviel von meiner Produktion verkauft wurde, erfuhr ich nie; das war die Sache meiner Chefs. Aber sie müssen zufrieden gewesen sein, denn plötzlich machten sie mir einen anderen Vorschlag. Es herrschte große Konjunktur in Kriegsliteratur, sie gingen daran, eine neue Publikation herauszubringen – ich glaube der Titel war „Columbia-Bücherei“ – jeden Monat eine Ausgabe von zweihundert Seiten. Ob ich das zu meinen Aufgaben mit übernehmen könnte? Ich war ein junger Haifisch, bereit, alles zu verschlingen, was mir vor den Rachen kam. So brachte ich es zuwege, ein paar Monate lang täglich dreißig Seiten zu produzieren, auch Sonntags. Wenn ich das Leuten vom Fach erzähle, starren sie mich an und erklären es für unmöglich; aber ich habe es wirklich geschafft, wenigstens bis zum Ende des spanisch-amerikanischen Krieges. Ich hielt zwei Stenographen, die die ganze Zeit für mich tätig waren, an einem Tag das Diktat entgegennahmen und es am anderen Tag abschrieben. Nachmittags diktierte ich etwa drei Stunden lang, so schnell ich nur sprechen konnte; abends korrigierte ich die Abschrift des Diktats vom Tag zuvor, dann machte ich einen langen Spaziergang und dachte mir die Abenteuer der morgen fälligen Schwarte aus. Dabei blieb mir noch Zeit, vormittags an der Columbia-Universität Kolleg zu hören und Violine zu spielen. Ich berechne, daß ich während der Zeit, da dieser Topf auf dem Feuer stand, ein Werk veröffentlicht habe, das dem Umfang nach so viel betrug wie Walter Scotts sämtliche Werke.

Wie wirkte all dies auf mein Können als Schriftsteller? Es half und schadete zu gleicher Zeit. Ich lernte dabei, eine Geschichte auszudenken und im Gedächtnis zu behalten, was mir einmal eingefallen war; so bekam ich handwerkliche Routine. Andererseits gewöhnte ich mir an, übertriebene Redensarten und Klischee-Ausdrücke zu gebrauchen, und dagegen habe ich später nicht immer erfolgreich gekämpft. So seltsam es klingen mag, ich hatte, so lange ich diese Arbeit tat, wirklich Freude daran. Nicht nur, weil ich den Lebensunterhalt verdiente und ein wenig Geld ersparen konnte; ich hatte das Gefühl einer lustigen Hetzjagd, diese Abenteuer-Geschichten waren Sport für mich. Es ist bemerkenswert, daß sie dem Publikum nur so lange gefielen, wie sie ihrem Verfasser Freude machten. Als mich mit einundzwanzig Jahren der Drang überfiel, einen ernsten Roman zu schreiben, wurde diese Taglöhnerei mir zuwider, und von da ab war ich nie wieder imstande, dergleichen mit Erfolg zu machen, auch nicht, wenn ich in verzweifelter Notlage ähnliche Aufgaben unternahm. Es war das Ende meiner Jugend.

DER GENIUS

1

War es wirklich der Genius? Ich kann es nicht sagen. Ich weiß nur, daß ich ihn nahe fühlte, und ich glaubte an ihn. Ich erzähle hier die Geschichte so objektiv wie möglich, und wenn der Held ein junger Egozentriker zu sein scheint, dann schelte man mich nicht, denn diese Jugend ist schon lange tot.

Die Erscheinung, die ich für den Genius hielt, erlebte ich das erste Mal an einem jener Weihnachtsfeiertage, die ich in Baltimore verbrachte, im Haus meines Onkels Bland. Ich hatte diese Feiertage immer geliebt, denn wie jeder normale Junge hatte ich Freude an Truthahn und Plumpudding und anderen Weihnachtsherrlichkeiten. Damals pflegte ich zu sagen, wenn es Gefrorenes gibt, darf man mich um drei Uhr nachts aus dem Schlaf reißen; meine Tante Lelia Montague, die Schwiegermutter des Generals, behauptete, der Weg zu meinem Herzen ginge durch eine Tüte von Ingwerplätzchen.

An jenen besonderen Weihnachten aber bedeutete das Haus meines Onkels für mich nur einen Bord mit Büchern. Während jener Ferien las ich den ganzen Shakespeare von A bis Z, und obwohl es wie Übertreibung klingt, ich las auch während derselben zwei Wochen den ganzen Milton. Das ist mein Leben von damals; mein Literaturhunger war zur Raserei geworden. Ich las beim Essen, im Liegen, Sitzen und Stehen und Laufen, wohin ich auch immer ging, – aber ich ging ja nur in den Park, um an sonnigen Tagen im Freien zu lesen. Ich las durchschnittlich vierzehn Stunden täglich. In der Bibliothek meines Onkels standen unberührt die schönsten Bände, höchstens die Hand des Stubenmädchens kam mit ihnen in Berührung; nun zog ich sie hervor, mit Liebe und Leidenschaft, und gab ihnen ihre Existenzberechtigung. Irgendein Poet hat zu einem reichen Manne gesagt: „Dir gehört das Land, mir gehört die Landschaft". Ich sagte zu meinem guten Onkel: „Dein sind die Bücher, mein ist, was darin steht." Eines Nachts lief ich fort, um zu wandern, die Seele voll vom Feuer hoher Dichtung. Ich weiß nicht, wie alt ich damals war, ich muß so um die Achtzehn oder Neunzehn gewesen sein, ich lief durch eine Winternacht, harter Schnee knirschte unter meinen Füßen, und große, helle Lichter spielten über den Himmel; die Äste der Bäume waren schwarz und nackt, dann und wann krachten sie im Wind; aber dazwischen herrschte Schweigen, ganz majestätisches Schweigen, – und so lief ich Meile um Meile durch den ruhigen Park, an die Welt verloren, Schönheit trinkend, versunken in das Mysterium des Lebens. Plötzlich trat etwas an mich heran, erregend und wundervoll, mit Worten nicht zu schildern. Die Tore meiner Seele sprangen auf, Musik flutete herein, Licht, Glück – das war anders als alles sonst auf der Welt und deshalb in Bildern nicht auszudrücken. Ich starrte geblendet auf einen Punkt, und ein Zittern überfiel mich, eine Verzauberung, ein Glück, so ungeheuer, daß der Unterschied zwischen Freude und Schmerz versank.

Wenn ich damals ein religiöser Mensch gewesen wäre, dann hätte ich ganz gewiß die Vision eines Heiligen und Märtyrers gehabt, und vielleicht hätten sich die göttlichen Stigmata auf meinen Händen und Füßen entwickelt. Aber ich war ganz frei von Aberglauben, deshalb nahm die Extase eine literarische Form an. Da war ein Lagerfeuer an der Bergstraße, dort versammelten sich Wanderer und grüßten einander und feierten ein lautes Fest ohne Alkohol. Ja, selbst Falstaff und Prinz Hal waren gereinigt und erlöst, wie es meinen alkoholfeindlichen Gefühlen entsprach! Da kam der melancholische Prinz von Dänemark und Don Quichote – ich muß ihn damals gerade gelesen haben. Auch Shelley erschien – wirkliche Menschen vermischten sich mit Gestalten der Phantasie, aber alle waren sie gleich in diesem erhabenen Traumland. Sie unterhielten sich, jeder in seinem eignen Stil, aber glorifiziert, getragener noch als in den Büchern. Ich sang, ich lachte in der Verzückung, einer der Ihren zu sein; so war ich, kurz gesagt, das vollendete Abbild eines Wahnsinnigen, ich hielt Selbstgespräche, ich stieß unzusammenhängende Rufe aus. Ich wußte weder, was ich tat, noch, was geschah, aber ich wußte, daß all dies Literatur war, und daß es lesenswert wäre, wenn ich nur ein Zehntel davon festhalten und zu Papier bringen könnte.

Das seltsamste an dieser Ekstase war die Vielfalt der

Erscheinungen und die Simultaneität des Bewußtseins: man kann von Kummer gebeugt und von Glück erhoben sein; man kann lieben und hassen, einfältig und berechnend sein, man kann heiß und kalt, furchtsam und tapfer sein, – alle Gegensätze lassen sich vereinen. Aber das unerhörteste Erlebnis ist es, wenn man zur Überzeugung kommt, daß man sich in den Händen einer fremden Macht befindet. Ohne die Spur eines Vorurteils, die Dinge so objektiv betrachtend, wie es nur möglich ist, fühlt man, daß jemand oder etwas Gewalt über einen gewinnt, einen vorwärtstreibt, mit einem dahinfegt. Wenn man im Sturm marschiert und die Windstöße auf sich einschlagen läßt, ist das eine Sensation für den Körper, nicht absoluter und eindeutiger als dieser Wirbelsturm des Geistes, der mich im Leben wohl hundertmal überkam. Ich suche nach einem Vergleich, ich denke mir ein Kind, das an der Seite eines älteren und schnelleren Menschen dahinläuft, an seine Hand geklammert; diese Hand reißt es vom Boden hoch, so daß aus seinen kleinen Sprüngen gewaltige Sprünge werden, es ist fast, als flöge man.

Man nenne diese Macht, wie man will: das Unterbewußte, Gott oder kosmisches Empfinden, ich frage nicht, welchen Namen man ihr gibt; darauf kommt es an, daß sie besteht und immer vorhanden ist. Wenn man fragt, ob diese Macht gedanklich ist, kann ich nur sagen: wir selbst sind der Geist, und sie scheint die Ursache alles Denkens in uns zu sein. Wie etwas Ungeistiges die Ursache der Geistigkeit sein kann, ist ein Rätsel, an dem ich vorübergehe. Auf solchen Gegensätzen ist das Leben errichtet.

2

Dieses Erlebnis kam an Orten und zu Stunden an mich heran, da ich es nicht erwartete. Es war begleitet von Musik und Dichtung, aber noch häufiger von der Schönheit der Natur. Ich erinnere mich an Winternächte im Centralpark in New York, an Bäume, deren Zweige von Schnee schimmerten, zauberhaft im Lichte des Mondes; ich erinnere mich an Frühlingsmorgen in verschiedenen Orten; eine Sommernacht in den Adirondacks mit Mondlicht, das über einen See gestreut war; ein Sommerzwielicht in den fernen Wildnissen von Ontario, als ich über einen Hügel geschritten kam und in ein Tal eindrang, das voll von unendlich süßem Kleeduft war. Man muß im Sommer in den Norden gehen, um zu erleben, wie tief und dick der rote Feldklee wachsen kann, und wie überwältigend der Duft ist, den er im Zwielicht in die Lüfte sendet.

Bei solchen Erlebnissen wurde ich mehr und mehr zum Einsiedler. Ich mußte frei sein, um wie ein Narr leben zu können, und durfte niemanden um mich haben, der mich für einen Narren hielt. Es war ein verwirrender Augenblick, als ich einmal einen Pfad entlang schritt, der mit wilden Rosen bestanden war, im Juni, und plötzlich auf zwei kleine Mädchen stieß, die auf einem Drahtzaun schaukelten. Ich hatte sie nicht bemerkt, plötzlich brachen sie bei dem seltsamen Anblick eines Mannes, der mit sich selbst sprach und lachte, in helles Kichern aus. Ich irrte über Bergspitzen und durch tiefe Forste, die einzigen sicheren Orte. In mir lebte etwas, das andere

Menschen nicht kannten und nicht verstehen konnten, – wie hätten sie ihr Leben sonst so führen können, wie sie es taten? Man stelle sich einen Menschen vor, der am Gelde hängen, nach Häusern und Dienern, vielleicht nach Prachtgewändern und Schmuck trachten könnte, wenn er, wie ich, wüßte, wie man wirklich glücklich wird! Man stelle sich einen Menschen vor, der sich an Whisky betrinkt, wo er doch trunken sein kann von Dichtung und Musik, Sonnenuntergängen und Tälern voll Klee!

Eine Zeitlang schien es mir, Musik sei das einzige Mittel, meine Verzückungen auszudrücken. Ich verlangte danach, irgendein Instrument zu spielen, und begann sehr bescheiden mit einer Mandoline. Aber das war nicht genug, plötzlich faßte ich mir ein Herz und bezahlte fünfundsiebzig meiner hart verdienten Dollars für eine Geige. In meiner Klasse im College war Martin Birnbaum gewesen, ein böhmischer Junge, Schüler eines wirklich großen Virtuosen namens Leopold Lichtenberg. Martin spielte Geige mit einer Leichtigkeit und Grazie, die damals den großen Neid meines Lebens erregten und es noch heute tun. Jeder Mensch möchte gerade das können, was er nicht kann.

Bei all meiner Brotarbeit und meinem Studium an der Columbia-Universität konnte ich im Winter nur wenig Zeit zum Üben aufbringen. Im Sommer aber war ich frei – bis auf drei oder vier Tage jeder zweiten Woche, an denen ich meine Erzählungen schrieb und damit meinen Lebensunterhalt verdiente. Ich zog davon, in ein Sommerhotel am östlichen Ausläufer der Adirondacks, nahe Keeseville im Staate New York; und dort muß ich als einer der seltsamsten Narren erschienen sein, die man je außerhalb einer Anstalt gesehen hat. Jeden Morgen stand ich um fünf Uhr auf und lief einen Hügel hinan, um den Sonnenaufgang zu sehen; dann kam ich zum Frühstück zurück, und gleich danach griff ich nach meiner Violine, einem Buch mit Noten und einem Notenständer, zog in den Wald hinaus, suchte mir einen Stand und geigte bis zum Mittag; ich kam zum Essen wieder zurück, dann zog ich abermals hinaus und übte weitere vier Stunden; zum Nachtessen kam ich wieder ins Haus, danach stieg ich abermals auf den Hügel und sah den Sonnenuntergang; zuletzt lief ich die Treppe hinauf, schloß mich in meine Kammer ein und übte beim Licht einer Öllampe weiter mein Geigenspiel; wenn es aber zu heiß in meinem Zimmer war, ging ich an den See hinunter, um zu genießen, wie der Mond zwischen den Bergen emporstieg. Das Wild im Forst gewöhnte sich an diesen seltsamen Eindringling. Die Eichhörnchen saßen auf den Zweigen der Tannenbäume, schüttelten ihre Köpfchen und zirpten wild, wenn ich eine falsche Note spielte. Die Rebhühner pflückten rings um mich herum ihre Heidelbeeren, ohne sich stören zu lassen, anscheinend konnten sie sehr genau einen Fiedelbogen von einer Schrotbüchse unterscheiden. Füchse zeigten ihr Interesse, Waschbären und Stachelschweine – und sogar Menschen.

Die Gäste aus den Städten, die mit dem ersten Morgenzug ankamen, wurden in einem großen, vierspännigen Kremser ins Hotel gefahren. Einer dieser Gäste war am

Morgen angekommen und erzählte beim Frühstück ein seltsames Erlebnis. Der Kremser war im Schritt einen Hügel hinaufgefahren, neben ihm ging eine alte Italienerin, die zwei Eimer trug und den Tag über Beeren pflücken wollte. Sie pfiff fröhlich vor sich hin, und was sie pfiff, war der Tannhäusermarsch! Der neue Ankömmling fragte sie, überrascht durch dieses Zeichen von Kultur in der Wildnis: „Wo haben Sie diese Musik her?" Die Antwort war: „Da ist ein verrückter Bursche in den Wäldern, der spielt das seit drei Wochen den ganzen Tag über!"

3

Ich bin meiner Geschichte vorausgeeilt und muß wieder auf den Herbst 1897 zurückkommen, in dem ich mich als Hospitant an der Columbia-Universität immatrikulieren ließ. Das hieß, ich durfte irgendwelche Vorlesungen belegen, die ich selbst wählte. Ich fand bald heraus, daß die meisten Professoren ebenso langweilig waren wie die im College, aber daß die Bestimmungen mir gestatteten, ihre Vorlesungen aufzugeben und statt dessen andere zu belegen, ohne daß ich besondere Gebühren zu leisten hatte. Nachdem ich erklärt hatte, daß ich die Absicht habe, den Grad eines „Master" zu erwerben, wurden alle Studiengelder, die ich zu bezahlen hatte, auf hundertfünfzig Dollars begrenzt, weitere Unkosten erwuchsen mir nicht. Wenn ich ein Hauptkolleg und zwei Nebenkollegs absolviert hatte, konnte ich nach meinem Belieben andere Studien beginnen oder abbrechen.

Zur Absolvierung eines Kollegs gehörte ein Schlußexamen, aber das war das Letzte auf Erden, wozu ich Lust hatte. Ich bin niemals in eins der Examen gegangen; statt dessen pflegte ich aufs Land hinaus zu entfliehen, im nächsten Herbst kam ich wieder und hörte andere Vorlesungen, bis ich den Standpunkt der Professoren erkannt hatte und wußte, welche Literatur zu ihrem Fach zu lesen war. Dann besuchte ich ihre Hörsäle nicht mehr. Vier Jahre hintereinander studierte ich so, ich habe berechnet, daß ich auf diese Art nicht weniger als vierzig Kollegs ausprobiert habe, aber nie hat einer der Professoren gegen meine eigentümliche Studienart Einwendungen erhoben. Die große Universität war auf der Annahme errichtet, daß Tausende von jungen Männern und Mädchen sie besuchten, um Diplome zu erringen. Daß man einfach hingehen könnte, um Wissen zu erwerben, war den leitenden Behörden wahrscheinlich nie in den Sinn gekommen.

Aus dem ersten Jahr erinnere ich mich an Professor George Carpenter, der sich anheischig machte, mich englisch schreiben zu lehren. Es war die herkömmliche Manier, „Aufsätze" über irgendwelche trivialen Themen schreiben zu lassen; in meinem Leben ist es die dominierende Tatsache, daß ich nur dann schreiben kann, wenn ich innerlich bewegt bin. Als ich zu dem Professor ging, und ihm sagte, ich bezweifelte, daß ich in seinem Seminar irgendetwas gewinnen würde, fühlte er sich verletzt. „Ich kann Ihnen nur versichern, daß Sie vom englisch Schreiben noch gar keine Ahnung haben," sagte er. Ich antwortete, dies sei zweifellos richtig, aber es sei die Frage, ob ich nach seiner Methode etwas lernen könnte. Vier oder fünf Jahre später kamen dem Professor Carpenter als Lektor des Verlages Macmillan ein paar meiner Manuskripte in die Hände. Ich suchte ihn einige Male in seiner Wohnung auf, und er war so liebenswürdig, mich zu fragen, wie ich mir englischen Stil als Lehrgegenstand dächte. Meine Formel war sehr einfach: man finde etwas, das die Studenten interessiert. Aber Carpenter meinte, dies sei keine Lösung, es würde die Themen auf Fußball und Klub-Leben beschränken.

Professor W.P.Trent, ein berühmter Gelehrter, unternahm es, mich über Poesie zu unterrichten, doch sein Bestreben endete traurig. Trent ist noch am Leben, einer seiner Freunde versicherte mir, er sei wirklich ein Freund der schönen Literatur, und es sei deshalb grausam von mir, die folgende Geschichte zu erzählen. Sie könne wohl passiert sein, aber dann handle es sich dabei nur um eine momentane Verwirrung. (Ich bin durchaus geneigt, sie in dieser Weise aufzufassen, und bitte auch meine Leser darum.) Im Kolleg wurde über grammatische Fehler in der klassischen Literatur gesprochen, und der Professor erwähnte Byrons berühmte Zeile „There let him lay"* Mein Professor sagte: „Ich habe den Eindruck, ein ganz ähnlicher Sprachfehler findet sich irgendwo bei Shelley, ich werde einmal daran gehen, sein ganzes Werk durchzuarbeiten bis ich ihn finde." Für meine anspruchsvolle junge Seele schien dies eine Majestätsbeleidigung; ich stellte mir einen Mann vor, der unter solchen Gesichtspunkten Shelley las, und gab den Kursus auf.

* Etwa „Dorthin laßt ihn liegen". Der Übersetzer.

4

Da wir uns mit dem Phänomen des Genius beschäftigen, will ich über den einzigen Mann von unzweifelhaftem Genie sprechen, dem ich in Columbia begegnet bin. Eduard MacDowell war der Leiter der musikalischen Fakultät an unserer Universität. Er kämpfte tapfer dafür, in Amerika ein lebendiges Musikzentrum zu schaffen, gegen den heftigen Widerstand des Philistertums, das in dem Bankkonsortium der großen Universität verkörpert war. MacDowell hielt zwei Vorlesungen über allgemeine musikalische Kultur, ich nahm einige Jahre lang daran teil, sie gehörten nicht zu den Kollegs, die ich abbrach. Der Komponist war ein Mann von höchster Kultur, zugleich besaß er einen beißenden Humor, er war ein großartiger Lehrer. Es waren nicht ganz ein Dutzend Studenten, die ihn hörten –, so groß war das Interesse für das Genie in Columbia.

Zu Beginn der Vorlesungen merkte ich, daß MacDowell mit der Notwendigkeit kämpfte, Begriffe in Worten auszudrücken, die nur in Musik ausdrückbar waren. Ich riet ihm, statt uns musikalische Ideen zu beschreiben, sollte er sie uns vorspielen. Diese Anregung nahm er sofort auf, und von da an bestand sein Kolleg hauptsächlich in einer Klavierwiedergabe der großen Weltmusik, mit gelegentlich eingestreuten Erklärungen. MacDowell war ein Konzertpianist von höchstem Rang, und die Töne, die von seinem großen Klavier in den kleinen Vortragssaal rauschten, waren wirklich erlesen.

Da ich mich selbst einem genialen Beruf hingeben wollte, war ich auch auf die kleinste Einzelheit im Benehmen und in der Erscheinung dieses großen Mannes erpicht. Das war Einer, der mein Geheimnis von Ekstasen teilte; das unterschied ihn von allen anderen Professoren, diesen Bücherwürmern, die nur mit den Knochen und dem Staub der Eingebung zu tun hatten. Etwa dreißig Jahre später schrieb ich über ihn einen Artikel, der 1928 im „American Mercury“ veröffentlicht wurde, und so lebhaft war mein Eindruck gewesen, daß ich sicher bin: ich habe absolut wörtlich zitiert, was Mac Dowell zu den verschiedenen Fragen der Musik und Literatur damals gesprochen hatte. Bald darauf begegnete ich der Witwe des Komponisten, die mir bestätigte, sie habe viele seiner Redewendungen wiedererkannt, und auch alles andere habe ihr absolut echt geklungen.

Das war ein Mann, der das echte Feuer in sich trug, aber zu gleicher Zeit völlig Gewalt über sich hatte; nur dann und wann geschah es, daß Spießbürgertum seinen Zorn erregte, dann aber sah man die Funken sprühen! Seine Höflichkeit hatte etwas Hinreißendes; ich glaube wirklich, er könnte jener kleine Junge in meinem Ammenliedchen gewesen sein, der „nicht einmal nieste, ehe er die Erlaubnis dazu bekommen hatte“.

Einmal hatten seine Schüler dem Komponisten Blumen zu seinem Geburtstag geschickt und eine Karte beigelegt, auf der in deutscher Sprache der Vers aus „Rheingold“ stand: „O singe fort, so süß und fein!“; ein bezauberndes Wort, an einen Musiker gerichtet. MacDowell aber war fast erstarrt, als er die Schachtel öffnete, denn er hatte statt der deutschen eine französische Inschrift erwartet und infolgedessen fand er sich angesprochen: „O Du gewaltiger Affe!“ („O singe fort“. D. Ü.)

5

Bald darauf verließ ich Columbia, auch MacDowell verließ die Universität infolge von Differenzen mit Nicholas Murray Butler, dem neugewählten Präsidenten der großen Universität. Ich hatte eine Vorlesung in Kantscher Philosophie bei Butler belegt, und so kannte ich ihn gut; er war ein streitlustiger und fähiger Kopf mit einem kalten und selbstsüchtigen Herzen. In seinem Seminar hatte ich mein Erstaunen darüber ausgesprochen, daß Kant zuerst die Unmöglichkeit metaphysischer Wissenschaft bewiesen hatte, dann aber mit einem Schwupp das System der preußischen Kirchenorthodoxie herunterwürgte. Ich fragte den Professor, ob dieses erstaunliche Faktum vielleicht damit zu erklären sei, daß der Gründer der modernen Philosophie eine Stellung an einer preußischen Staatsuniversität bekleidete. Ich erinnere mich nicht mehr an Butlers Antwort, aber man wird verstehen, daß ich dieses Zwischenfalls gedachte, als Butler sich später als Mitglied der Bischofskirche bekannte – die unumgängliche Voraussetzung, um Präsident der Columbia-Universität zu werden. Dabei hatte Butler in seiner Vorlesung über Kant absolut eindeutig erklärt, er glaube nicht einen Buchstaben des christlichen Dogmas.

Ich teilte die Columbia-Kollegs in zwei Kategorien: die, an denen teilzunehmen es sich verlohnte, und bei denen ich blieb, und die anderen, die es nicht wert waren, und die ich fallen ließ. In späteren Jahren konnte ich ein eigentümliches Phänomen feststellen, nämlich, daß alle Professoren der letzteren Gruppe an der Columbia-Universität höher und höher stiegen, während alle, die der ersten Gruppe angehörten, davongejagt wurden oder enttäuscht ihre Entlassung nahmen. Das war, als hätte man mich wie Lackmus-Papier gebraucht: wer je das Verbrechen begangen hatte, mir interessant zu scheinen, war verurteilt. Dieses Schicksal hatten MacDowell und George Eduard Woodburry, bei dem ich zwei unvergeßliche Kollegs in vergleichender Literatur hörte, ferner Harry Thurston Peck, der eine lebensvolle Vorlesung über römische Zivilisation hielt, – über diesen armen Teufel habe ich noch eine Geschichte zu erzählen. Dann James Robinson – bei ihm hörte ich ein Kolleg über die Kultur der Renaissance und Reformation, das mir wirklich die Erkenntnis vermittelte, wie Geschichtsunterricht sein sollte. Auch der arme James Hyslop, ein gütiger aber exzentrischer Mensch, bei dem ich praktische Ethik hörte, teilte dieses Schicksal. Er wurde später Geisterseher und erfuhr, daß die Universität Morgans Exzentrizität in keiner Form duldete.

Was die andere Kategorie betrifft: Butler machte Karriere, ebenso Brander Matthews und W.P.Trent – vielleicht hat er endlich den grammatischen Fehler in Shelleys Dichtung gefunden. George R.Carpenter stieg, solang er lebte, und ebenso die Professoren für Deutsch und für

Italienisch und der Lektor für Französisch – ich habe ihre Namen vergessen, aber den französischen Gentleman habe ich kürzlich getroffen, und wir haben zusammen über die Tatsache gelacht, daß es uns nicht gelungen war, einander zu finden. Der Grund dazu war einfach genug, ich hatte die Absicht, in sechs Wochen Französich zu lernen, der Columbia-Apparat war auf ein gemütlicheres Tempo eingestellt.

6

Über meine Erfahrungen mit dem Studium fremder Sprachen auf der Universität habe ich zwei Artikel in dem „Independent“ geschrieben, die einige Aufmerksamkeit erregten. Erst kürzlich hat Professor William Phelps in „Scribner's Magazine“ an sie erinnert und anerkannt, daß ich ihm damit einen Dienst leistete. Vielleicht kann ich diesen Dienst hier für eine neue Generation noch einmal leisten. Fünf Jahre lang hatte ich im City-College geduldig Sprachen studiert, wie meine Lehrer es mir vorgeschrieben, Lateinisch, Griechisch und Deutsch, ich schlug die Worte im Diktionär nach und übersetzte irgendeinen Abschnitt. Am nächsten Tag übersetzte ich einen anderen Abschnitt, für den ich gleichfalls die Worte nachschlug; ob einige dieser Worte dieselben waren, die ich schon am Tag zuvor gesucht hatte, machte keinen Unterschied, ich schlug sie noch einmal nach – und während dieser ganzen fünf Jahre hat nie irgend jemand mir auseinandergesetzt, daß ich die Worte nur einmal richtig zu lernen brauchte, um sie nicht Hunderte von Malen wieder nachschlagen zu müssen.

Gewiß, unfreiwillig ist es manchmal vorgekommen, daß mein Kopf den Sinn einiger Worte behielt. Gegen Ende der fünf Jahre konnte ich sehr einfache lateinische Prosa vom Blatt lesen; aber ich konnte nicht die einfachste griechische oder deutsche Prosa ohne Wörterbuch lesen, und es ist buchstäblich wahr, daß ich Tausende von Stunden damit zugebracht habe, das Diktionär zu wälzen. Tausende von Worten waren mir als Bild und Klang so vertraut wie englische Worte, und dennoch wußte ich nicht, was sie bedeuteten!

In Columbia wollte ich wirklich deutsch lesen lernen, um des Gewinnes halber, den die deutsche Literatur bedeutet; so kam ich auf die revolutionäre Idee, gleich beim ersten Aufschlagen den Sinn eines Wortes meinem Gedächtnis einzuprägen. Statt es in die Übersetzung hineinzubringen, schrieb ich es in ein Notizbuch; und jeden Tag machte ich es mir zur Aufgabe, die Liste der neuen Worte auswendig zu lernen. Ich trug das Notizbuch immer bei mir, ich studierte darin beim Essen, beim Anziehen und beim Rasieren, auf dem Weg ins Kolleg. Ich machte lange Spaziergänge, während deren ich meine Listen memorierte, bis ich wirklich all diese Worte beherrschte, die ich im Verlauf der letzten Leseübung gefunden hatte. Auf diese Art machte ich mich von der ewigen Diktionär-Jagerei frei, und zwei oder drei Wochen später begann ich wirklich, deutsche Bücher mit Genuß zu lesen.

Wie immer, warf ich mich ganz auf ein bestimmtes Ziel,

ich konzentrierte mich auf deutsche Literatur, und ein Jahr oder mehr habe ich nichts anderes gelesen. Ich raste durch Goethe, wie ich einst durch Shakespeare gerast war, glühend vor Begeisterung. Ich las jede Zeile von Schiller und Heine, Lessing und Herder, Wagners Operntexte und seine Prosaschriften. Ich las die Sammlung deutscher Poesie „Der goldene Hausschatz" so oft durch, daß ich sie fast auswendig konnte, wie ich bis auf den heutigen Tag die englische Lyrik auswendig kann. Ich las die Erzähler bis zu Gustav Freytag und wagte meine Zähne sogar an Kant, indem ich die „Kritik der reinen Vernunft" mehr als einmal im Original las.

7

Was ich nun brauchte, war Französisch und Italienisch. Ich erinnere mich an einen kleinen, runden italienischen Professor, an eine Grammatik die „Grandgent's" genannt wurde, und ich erinnere mich, daß ich Gerolamo Rovettas „Mater Dolorosa" las. Ich erhielt die Erlaubnis des Verfassers, dieses Buch ins Englische zu übersetzen, aber ich konnte keinen Verleger für mein Vorhaben interessieren. Ich las „I Promessi Sposi", einen langen Roman, und auch, langwierig genug, eine italienische Übersetzung von Sienkiewicz „Quo vadis".

Aber ein paar Jahre später zerstörte ich mein Italienisch, indem ich Esperanto studierte; diese beiden Sprachen sind einander so ähnlich, daß ich später nie wußte, welche von ihnen ich sprach; einmal, im Jahre 1912, betrat ich einen Dampfer in Neapel und versuchte, mich mit den Italienern zu unterhalten. Sie starrten mich an, als wäre ich vom Mars gefallen.

Französisch begann ich in einem Elementarkurs, zusammen mit einer Klasse von Columbia-Studenten im ersten Semester und blieb so lange dabei, bis ich die Aussprache und die Elemente der Grammatik erfaßt hatte; danach nahm ich meinen eigenen Weg, mit einem Text von „l'Abbé Constantin" und einem kleinen Notizbuch, das ich mit allen Vokabeln dieser schönen, gefühlvollen Geschichte füllte. Nach sechs Wochen las ich französisch mit bemerkenswerter Leichtigkeit; dann, treu meiner Gewohnheit, ließ ich mich geistig in Paris nieder. Ich las alle Klassiker, die den Amerikanern dem Namen nach bekannt sind; alles von Corneille, Racine und Molière; manches von Rousseau und Voltaire; eine Auswahl aus Bossuet und Chateaubriand; das ganze Werk von Musset und Daudet, Hugo und Flaubert; vielleicht die Hälfte von Balzac und Zola. Von Maupassant und Gautier las ich genug, um dankbar zu empfinden, daß ich auf diese Art Literatur erst kam, als ich zu einer gewissen Reife gediehen war und eine gute, harte Schale von Puritanismus angesetzt hatte, die mich gegen die schwarze Magie des modernen Babylon schützte.

Seither ist solche verderbliche Literatur in Strömen über Amerika ausgegossen worden, und unsere jungen „Intellektuellen" sind durch und durch davon zersetzt. Sie haben keine Schalen aus Puritanismus um sich, statt dessen versuchen sie exotische Liköre und Drogen, spielen mit den esoterischen Begriffen von Hetero- und Homosexualität und begehen Selbstmord im elegantesten kontinentalen Stil. Diejenigen, die es vorziehen, am Leben zu bleiben, stehen da wie altmodisches Gerümpel. Am Tage, da ich dies schreibe, gehöre ich zu ihnen.

8

Mein Onkel Bland kam dann und wann nach New York, und dann besuchte ich ihn immer im alten Holland-Haus oder im Waldorf-Astoria, um mit ihm und meiner Tante Mittag oder Abend zu essen. Einer dieser Besuche ist mir in Erinnerung geblieben, weil ich stolz war, erzählen zu können, daß ich in sechs Wochen französisch lesen gelernt hatte. Daraufhin machte er mir einen geschäftlichen Vorschlag: er würde demnächst eine Pariser Filiale seiner Gesellschaft errichten, und wenn ich zuvor nach Baltimore käme, um die Branche zu lernen, würde er mir diese Pariser Filiale übergeben. Er versprach mir sechstausend Dollars Jahresgehalt. Ich dankte meinem guten Onkel, aber sein Anerbieten kam nicht in Betracht, denn, das war mir klar, ich würde mich in keiner Form je für Geschäfte interessieren. Damals ahnte ich noch nicht im Traum, daß das Schicksal mich bestimmt hatte, Druckpapier waggonweise zu kaufen, eine Million oder mehr Bücher herzustellen und selbst zu verkaufen; gar nicht zu sprechen von einer Zeitschrift, einer sozialistischen Kolonie und einem Eisenstein-Film!
Damals oder etwas später war mein Onkel damit beschäftigt, das Neuyorker Büro seiner Treuhandgesellschaft einzurichten, und dies spielte eine bedeutende

Rolle in meiner Entwicklung. Der Präsident des großen Konzerns sprach sehr offen mit mir, seinem Lieblingsneffen, und vermittelte mir die erste wirkliche Kenntnis der Beziehungen zwischen Regierung und Großhandel in Amerika. Die Baltimore-Gesellschaft, die beabsichtigte, in das ertragreiche Neuyorker Feld einzubrechen, ging folgendermaßen vor: einer der Führer von Tammany Hall, ein Mann namens O'Sullivan, wurde Leiter des Neuyorker Büros; Richard Croker, der höchste Chef, erhielt ein beträchtliches Paket von Aktien, und andere prominente Tammany-Männer bekamen gleichfalls Aktien. Mein Onkel erklärte mir, das Resultat dieser Prozedur werde sein, daß seine Gesellschaft das Aktiengeschäft der Stadt und all ihrer Angestellten in die Hände bekomme.

Es war das System, das später unter dem Namen „Ehrliche Erpressung" bekannt wurde. Man sieht, daß es für einen Tammany-Leiter nicht als Verbrechen galt, Geschäftsführer einer privaten Aktiengesellschaft zu sein; dabei gewann er das Mehrfache von dem, was er aus der Stadtkasse hätte stehlen können. Einige Zeit darauf erzählte mir mein Onkel, er sei im Begriff, ein Büro in Albany zu eröffnen, und er werde auch dort die Geschäfte des Staatsapparates übernehmen. Er hatte gerade den Namen des Mannes genannt, der auf der demokratischen Liste als staatlicher Schatzmeister vorgesehen war, und als ich ihn fragte, was davon zu halten sei, lächelte er über den gedeckten Tisch hinüber und sagte: „Wir Geschäftsleute haben so unsere kleinen Wege, um das zu bekommen, was wir brauchen."

Damit war ich also im Inneren Amerikas angekommen; ich beobachtete unsere „unsichtbare Regierung“ bei der Arbeit. Die Probe, die mein Onkel mir in der Jugend gab, diente mir zur Erklärung aller Daten, die ich später zusammentrug. In keinem Teil von Amerika habe ich es je anders gefunden; es ist einfach Tatsache, daß der Großhandel überall mit der Regierung Hand in Hand geht, wo sie nur in Kontakt miteinander kommen können. Jeder Regierungsbeamte in Amerika weiß es, und ebenso weiß es jeder große Geschäftsmann; im Privatgespräch lachen sie darüber, öffentlich leugnen sie es in tiefster Empörung.
Die Tatsache, daß der Mann, von dem ich dieses Geheimnis erfuhr, einer der gütigsten und freigebigsten Menschen war, denen ich je begegnet bin, sollte mein Urteil gnädig machen. In späteren Jahren erkannte ich, daß die Geschäftsleute, die politische Parteien finanzieren und die Zügel der Regierung führen, gar nicht anders handeln können, entweder machen sie ihre Geschäfte in dieser Art, oder sie müssen anderen weichen, die es so machen. Der Schimpf liegt auf dem System, in dem die Regierung, im Dienste der Allgemeinheit, Tag für Tag mit Geschäftsleuten konkurriert, die nur privaten Nutzen suchen. In jenen frühen Tagen aber verstand ich von alldem nichts; ich glaubte, Erpressung begingen nur Erpresser, und ich haßte sie alle, mit dem ganzen Feuer meiner puritanischen Seele.
Ich glaubte auch, der müdgearbeitete Geschäftsmann müsse ein Idealist sein wie ich selbst, müsse alle Tage Shakespeare und Goethe lesen. Wenn mein Onkel, um

mir eine Freude zu machen, teure Theaterbillets kaufte, meine Mutter und mich in eine Operette führte, hörte ich die albernsten Refrains und Pointen, sah die vulgärsten Faxen der Komödianten, und mein Herz zersprang beinah vor Zorn. Dorthin also ging das Geld, während ich in einer Dachstube schlafen mußte und, um mein Brot zu verdienen, wie ein Sklave niedere Arbeit tat! Zufällig hörte ich gerade damals ein Kolleg über „Praktische Ethik" von Professor James Hyslop in Columbia. Die zweite Hälfte dieses Kollegs bestand in einem System, das der Professor kunstvoll ausgearbeitet hatte, einer Reihe von Gesetzen und Veränderungen der Konstitution, die es den Wählern ermöglichen sollten, die Politiker und die großen Geschäftemacher zu überlisten. Von der ersten Stunde an war es für mich absolut klar, daß das kunstvolle System des Professors nichts war als ein Witz. Bevor man ein Gesetz erlassen oder einen Punkt der Verfassung ändern konnte, mußte es dem Publikum erklärt werden, und zu diesem Publikum gehörten die Politiker sowohl wie ihre Geldgeber. Diese Männer waren genau so gerissen wie irgendein Universitätsprofessor und hätten ihre Pläne, die neuen Gesetze zu umgehen, längst fertig gehabt, ehe sie in Kraft traten.

9

Zu jener Zeit war die Erpressung in Tammany Hall erst im Begriff, „ehrlich" zu werden; die Haupteinnahmequellen Richard Crokers und seiner Kreaturen waren noch Schnapskneipe und „Madame". Damals zog ein bewaffneter Ritter ins Feld, um gegen diese Niedertracht zu kämpfen, ein Rechtsanwalt namens William Travers Jerome. Er hielt Reden, in denen er erzählte, was er von der Prostitution in New York gesehen und erfahren hatte, und wenn ich in eine seiner Versammlungen kam, hörte ich mit schaudernder Seele zu. Jetzt konnte ich nicht länger bezweifeln, daß die Frauen tatsächlich ihre Körper verkauften; ich erfuhr von Kontrollmarken, die man an einer Kasse im Parterreraum kaufte und den Opfern seiner Lust dann als Zahlung gab. Ich hörte von Zimmern ganz voll nackter Frauen, die zum Verkauf ausgestellt waren.

Wie viele andere Zuhörer fing ich Feuer und beschloß, Jeromes Wahl zu unterstützen. Jeden meiner Bekannten ging ich stürmisch um Geld für seinen Wahlfond an, brachte eine stattliche Summe auf und ging zur Essenszeit in den Klub des Kandidaten, um sie ihm zu übergeben. Er nahm das Geld und dankte mir herzlich, aber ein wenig fühlte ich mich verletzt, denn er stand nicht auf, um mit mir zu sprechen und sein Essen kalt werden zu lassen. Inzwischen habe ich mich selbst um Mandate bemüht, hatte Bewunderer um mich geschart, die meine Hand schütteln wollten, und jetzt kann ich verstehen, daß ein Mann der Öffentlichkeit Wert darauf legt, seine Mahlzeit in Ruhe zu genießen.

Bei dieser Wahl gehörte ich zu einer Gruppe von Columbia-Stundenten, die als Freiwillige die Interessen der Reformwahlliste wahrnahmen. Ich wurde in ein Wahllokal des Ostens beordert, in einen starken Tammany-Bezirk; den ganzen Tag paßte ich auf, um zu verhindern, daß die Wahlgesetze durchbrochen wurden, und nach der Abstimmung wachte ich über die ehrliche Zählung der abgegebenen Stimmen. Ich hatte einen ganzen Tisch voll Tammany-Beamte gegen mich, außerdem ein oder zwei Tammany-Schutzleute und einige Freiwillige, die zu ihnen stießen, wenn die Meinungsverschiedenheit hitzige Formen annahm. Ganz besonders erinnere ich mich an einen alten Polizeibeamten mit rotem Gesicht, der augenscheinlich beordert war, diesen vermessenen Schlingel in Schach zu halten, der die Zählung hinauszog. Aber der große Mann bemühte sich umsonst, denn ich kannte das Gesetz, und er kannte es nicht; mein Hauptquartier hatte mich mit einem kleinen Buch ausgestattet, in dem alle Vorschriften verzeichnet waren, ich pflegte den Wortlaut des Gesetzes vorzutragen und auf meinem Rechte zu bestehen, wenn man Anstalten traf, die Stimm-Resultate zu fälschen.

Wahrscheinlich bin ich nie in größerer Lebensgefahr gewesen als damals, denn es kam häufig genug vor, daß ein Wahlkontrolleur über den Schädel geschlagen und in den Kanal geworfen wurde. Was mich rettete, war der Umstand, daß die Resultate, die aus den übrigen Stadtteilen einliefen, überwältigend waren. Die Leute von Tammany Hall sahen ein, daß sie auf jeden Fall den Kampf verloren hatten, und daß ein paar Stimmen extra nicht mehr zählten. Als das Wahlgeschäft beendet war, reichte mir der Tammany-Polizeibeamte zu meiner großen Überraschung die Hand, bot mir eine Zigarre an und sagte, ich müßte erst einmal praktische Politik lernen, dann würde ich ein tüchtiger Bursche werden.

Ich lernte sehr rasch, denn mein Heldenritter Jerome wurde im Triumph gewählt und tat absolut nichts, die Erpressungen in New York gingen weiter wie je zuvor. Auch heute sind sie noch in Übung; statt des „Saloon" ist heute die Flüsterkneipe ihr Objekt und der Nachtklub statt des Bordells; die nackten Frauen aber werden heute auf der Bühne ausgestellt, statt in privaten Lokalen.
Mit dieser Kampagne hängt eine Geschichte zusammen, die ich erzählen muß, weil sie auf eigentümliche Art zu meiner Kenntnis kam. Während des Wahlkampfs wurde sie als „Jeromes Citronengeschichte" bekannt. Der Kandidat rief auf einer Agitationsreise seinen beifallrasenden Hörern zu: „Nun sollt ihr sehen, was es in einer Stadt wie New York für Möglichkeiten der Erpressung gibt! Nehmen wir an, es herrscht Mangel an Citronen in der Stadt, und zwei mit Citronen beladene Schiffe laufen im Hafen ein. Das Schiff, das seine Fracht zuerst auf den Markt bringt, kann ein Vermögen machen. Das Gesetz schreibt vor, daß die städtischen Obstinspektoren jede einzelne Kiste mit Citronen zu prüfen haben. Nehmen wir aber an, einer von ihnen läßt sich bestechen und läßt die eine Fracht vor der anderen an Land gehen; dann könnt ihr euch ausmalen, wieviel er daran verdienen kann!" Es war ein Fall, den er sich frei erdacht hatte, behauptete Jerome; die Geschichte erschien in den Morgenzeitungen, und im Laufe des Tages traf Jerome zufällig einen städtischen Obstinspektor, mit dem er gut bekannt war. „Eins möchte ich nur wissen, Bill," sagte der Beamte, „wie hast du nur, zum Teufel, diese Citronengeschichte herausbekommen?"

Die Geschichte machte mir hauptsächlich deshalb Eindruck, weil ich zufällig den betreffenden Obstinspektor kannte; er war der Bruder einer intimen Freundin meiner Mutter. Wir kannten allen Familienklatsch über „Jonesy", wie wir ihn nannten; wir hörten nicht nur die Citronengeschichte, sondern noch viele andere und wußten, daß Jonsey seiner Frau eine sehr kostspielige Wohnung und seiner Geliebten eine zweite ebenso kostspielige hielt, alles bei einem Gehalt von zweitausend Dollars jährlich. Man vergesse diesen Gentleman nicht, denn wenn wir zu den Tagen kommen, in denen der „Sumpf" entstand, habe ich eine noch merkwürdigere Geschichte von ihm zu erzählen. In einer ernsten Angelegenheit mußte ich „Jonesy" spät nachts telefonisch sprechen, ehe die Morgenblätter in den Druck gingen; der einzige Weg, um ihn zu erreichen, war, daß ich seine Frau anrief und sie nach der Telefonnummer seiner Geliebten fragte! Man sage nicht, daß es in der modernen Welt keine Romantik gibt!

10

Zu jener Zeit, als ich meine Zwanzigpfennigromane schrieb, das heißt „Spanier killte", wohnte ich einen Sommer im Hause eines alten Schiffskapitäns in der alten kleinen Stadt Gananoque am St.-Lorenz-Strom. Der alte Kapitän litt an Tuberkulose, seine Frau fütterte mich zum Frühstück mit Pfannkuchen und Fruchteis, das vom Abend zuvor aufgehoben worden war, und wenn ich das Glück hatte, einen großen Hecht zu fangen, aßen wir drei Tage lang gebackenen kalten Fisch.

Meine Schreiberei besorgte ich spät nachts, wenn alles ruhig war; eines Nachts schrieb ich die lebhafte Schilderung einer Feuersbrunst, aus der der Held die Heldin zu retten hatte. Ich schilderte sehr genau das Entstehen des Feuers, indem ich eine Maus beschrieb, die an einer Schachtel mit Zündhölzern nagte. Ich weiß zwar nicht, warum eine Maus Streichhölzer benagen sollte; aber irgendwo hatte ich so etwas gehört, und zu jener Zeit kam es bei meinen Geschichten auf die Wahrscheinlichkeit nicht so sehr an. Ich beschrieb, wie Flammenzungen aus der Schachtel aufzuckten, auf irgendwelche Papiere übersprangen und von da ihren Weg in ein Treppenhaus nahmen. Ich beschrieb, wie die Flammen durch ein Fenster herausschlugen; dann legte ich meinen Bleistift hin, – und plötzlich gellte der Ruf „Feuer!“ durch das Schweigen der Nacht!
Im ersten Augenblick wußte ich nicht bestimmt, ob ich noch in meiner Geschichte steckte oder schon vor der Wirklichkeit stand. Ich sah zum Fenster hinaus – und tatsächlich, da stand ein Landhaus in Flammen! Ich half die Bewohner aufwecken und beobachtete dann mit der ironischen Überlegenheit eines Neuyorkers die Anstalten der Dorf-Feuerwehr. Ich erinnere mich, wie sie den Schlauch in ein Fenster einführten und der Flammenstrahl aus dem gegenüberliegenden Fenster herausschlug. Spezialisten des Okkultismus mögen entscheiden, ob das Feuer durch die besondere Lebendigkeit meiner Schreiberei entstanden war, oder ob hier ein Fall von Hellsehen vorliegt, vielleicht auch Fernwirkung auf den Geist einer Maus. (Es scheint mir nötig, zu erklären:

diese Betrachtung ist humoristisch gemeint! Mein Freund Mencken wäre sonst imstande, sie als ein weiteres Beispiel meiner Leichtgläubigkeit zu verzeichnen.)

Zu Beginn des Frühlings hatte ich einen Angel-Ausflug in den fernen Norden von Ontario unternommen. Ich fuhr auf verschiedenen Eisenbahnen und dann auf meinem Rad, und zuletzt ließ ich mich in einer Schutzhütte an einem kleinen See nieder, der ein wahres Juwel für Fischer war. Ich fing jedoch nicht viel, denn in voller Geistesabwesenheit hatte ich meine Angel auf der letzten Eisenbahnstation liegen lassen, und sie kam erst an dem Tag an, an dem ich abreiste; aber ich sah wilde Gänse und einen Bären, das war für mich ein großes Abenteuer; ich sah auch Moskitos in solchen Schwärmen, daß sie den Himmel verdunkelten, und einmal floh ich vor ihnen durch die Sümpfe, ich glaube, damals ging es ums Leben. Auf meinem Rückweg zur Eisenbahnstation kam ich über jenes Kleefeld im Zwielicht, von dem ich erzählt habe, und erlebte meine große Ekstase.

Es war gut für mich jungen Burschen, zu sehen, wie unsere Vorfahren, die Pioniere, auf diesem Kontinent gelebt haben. Die Familie, bei der ich wohnte, nährte sich von Mehl und Speck; sie besaßen keine Kuh, ein oder zweimal im Jahr reisten sie bis zu einem Marktplatz und tauschten Felle gegen Salz und Patronen ein. Später in diesem Sommer wohnte ich auf einer Kanufahrt kurze Zeit bei alten Leuten, die eine Kuh hatten, aber von Magermilch mit Kartoffeln lebten und ihre Butter auf dem Markt gegen Tee und Zucker einhandelten. Wieder auf einer anderen Reise traf ich einen französischen Kanadier, der mit einem Haufen unterernährter kleiner Kinder in der Wildnis lebte und nicht einmal ein Gewehr besaß, um die Bären von seinem Schweinestall fernzuhalten.

11

Ich hatte ein Zusammentreffen mit meiner Mutter und einigen Freunden am Charleston-See verabredet, der an der Quelle des kleinen Gananoque-Flusses liegt. Ich kaufte ein Kanu, bündelte meine Habe und fuhr ab, so abenteuerlustig, daß ich nicht bis zum Morgen warten konnte. Fast die ganze Nacht über paddelte ich auf dem nebligen Fluß, Ochsenfrösche und Muskatratten war meine Gesellschaft, dann und wann sah ich ein Renntier, und all dies war herrlich geheimnisvoll und erregend für einen Großstadtjungen. Ich verlor mich in den Sümpfen, aber, weiß Gott, die Moskitos fanden mich. Nach Mitternacht erreichte ich einen Damm, an dem eine Mühle lag, ich weckte den Müller und legte mich in seiner Dachstube schlafen, bis die Wanzen des Müllers mich fanden. Dann stand ich auf, sah den Sonnenaufgang über dem Fluß, stand am Damm und warf den Barschen, die im halben Dutzend zu gleicher Zeit aus dem Wasser emporsprangen, Fliegen zu.
Ich paddelte den ganzen Tag, rastete eine Weile in einem einsamen Bauernhaus und richtete an die Leute hundert Fragen über das Leben der Bauernpioniere. So kam ich allmählich, sehr müde vom Paddeln, zum Charleston-See und trug mein Kanu über die Dämme; der Sturm

blies über den See, als ich mein Kanu wieder zu Wasser gebracht hatte, ich legte mich darin nieder und schlief ein. Als ich auchwachte, war mein zerbrechliches Fahrzeug zum Ende des Sees abgetrieben worden und scheuerte sich an den Felsen. Ich paddelte zum Hotel, dort war ein Dock, und Sommergäste beobachteten den neuen Ankömmling. Die ganze Reise hatte ich ohne Unfall zurückgelegt; aber jetzt, als ich die Hand schon ausstreckte, um das Dock zu berühren, kippte ein plötzlicher Windstoß mein Boot um, und ich fiel mit allem, was ich besaß, ins Wasser!
Dieser See war ein berühmtes Fischwasser, reiche Leute aus den Städten kamen hin, um sich mit Forellenfang die Zeit zu vertreiben. Sie fischten in Unterseenetzen die großen Forellen, hatten sehr kostspieliges Gerät und saßen behaglich in gepolsterten Sitzen, während Ruderer sie für vier Dollars den Tag umherfuhren. Ich mußte mein Kanu selbst paddeln, und deshalb fing ich nicht soviel Forellen wie sie, aber ich gewann an Muskelkraft, und das war viel wichtiger. Zweifellos war es meine Pflicht als guter Christ, all die reichen Leute zu lieben, die ich hier und an anderen Erholungsorten traf; aber hier begegnete mir ein Erlebnis, das für sich selbst spricht. Der Sohn eines reichen Kaufmanns von Syrakus im Staate New York lieh sich meine Schrotflinte aus, steckte die Mündung in den Sand und feuerte ab, so daß der Lauf aufgebaucht wurde. Ich hatte die Flinte selbst im Dorf geliehen und mußte jetzt aus meinem schmalen Geldbeutel für den Schaden zahlen; der reiche Vater weigerte sich, mir das Geld zu ersetzen, er sagte,

der Junge hätte keine Erlaubnis gehabt, sich die Flinte zu leihen.

Bei meinem Hin und Her zwischen französisch-kanadischen Siedlern und Großstadt-Sportsleuten traf ich auch hier wieder Reiche und Arme. Mein ganzes Leben über ist das so gegangen; während ich an diesem Buch arbeite, gehe ich manchmal im Hafen von Los Angeles spazieren und sehe, wie eine Gesellschaft von Millionären sich zu einer Vergnügungsreise um die Welt einschifft; dann, beim Nachhausekommen, finde ich, an meiner Tür wartend, einen Bettler, der gerade aus dem Gefängnis kommt. Während ich das Manuskript durchkorrigiere, werde ich aufgefordert, den „Honigkönig" von Amerika als „Rasiermesserkönig von Amerika" zu bezeichnen; und während ich diese Sache in Ordnung bringe, klopft eine Delegation an mein Tor, die es unternommen hat, einen „Hungermarsch" nach Sacramento zu organisieren.

12

Zu Beginn des Jahres 1900 war die Last meiner Aufgabe größer geworden, als ich sie tragen konnte. Das Wissen vom Leben, das ich gewonnen hatte, mußte der übrigen Welt mitgeteilt werden, damit Männer und Frauen überzeugt würden, wie töricht und verschwenderisch ihre Lebensform war. Es ist leicht, über „Erlöserwahn" zu lächeln, trotz allem Lächeln ist er in mir noch immer lebendig. Vor nicht langer Zeit schrieb mir mein Freund Michael Gold einen Brief, in dem er mich wegen meines sogenannten „Jesuskomplexes“ ernstlich schalt; ich antwortete ihm, so bescheiden ich konnte, daß die Welt einen Jesus nötiger braucht als irgendetwas anderes, und daß sie jeden Tag nach Freiwilligen rufen müsse.

Ich taugte nicht mehr für Brotarbeit, konnte diese Lohnschreiberei nicht länger ertragen. Ich hatte zweihundert Dollars gespart, und jetzt war es mein Ziel, den vielbesprochenen, großen „Roman Amerikas“ zu schreiben. Ich zählte die Tage, bis der Frühling weit genug sein würde, daß ich aufs Land hinaus konnte. Der See Massawippi in Quebec, gleich jenseits der Neuyorker Grenze, lag mir im Sinn; ich war so ungeduldig, daß ich mich schon Mitte April auf den Weg machte, und als ich auf die Plattform des Schlafwagenzuges hinaustrat, sah ich den See noch mit Eis und Schnee bedeckt; der Zug kroch seine drei oder vier Meilen die Stunde, seine Schienen lagen einen Fuß tief unter dem Wasser.

Mein einziger Wunsch war, allein zu sein; weit fort wollte ich sein, irgendwo im Wald, wo der Sturm der Ekstase meine Seele durchfluten könnte. Ich erkundigte mich nach Häuseragenten, sie hatten keine Poesie in den Seelen und zeigten mir alltägliche Landhäuser. Zuletzt marschierte ich in einem Schneesturm los, wanderte viele Meilen am Seeufer hin und entdeckte ein kleines Blockhaus, ein Traum von Häuschen, ganz einsam in einer Gegend, die „Feenschlucht“ hieß. Das Haus gehörte einer Frau in Baltimore und war für Mai, Juni und Juli für fünfundzwanzig Dollars zu vermieten. Noch während Schnee fiel, schaffte ich meine Habe hin. Die Blockhütte bestand aus einem großen Zimmer, einem kleinen Schlafzimmer und einer kleinen Küche; alles, was ein angehender Dichter sich wünschen konnte.

Ich machte Feuer in dem offenen Herd und wärmte mein Gesicht, während mein Rücken vor Kälte schauderte; in der ersten Nacht fiedelte ich tüchtig, um meinen Mut aufrecht zu halten, während unbekannte Geschöpfe draußen im Wald seltsame Töne von sich gaben und an meinem Speck schnüffelten, den ich in der Speisekammer aufgehängt hatte. Am nächsten Tag marschierte ich in die Stadt, während es immer noch schneite, um ein paar Einkäufe zu machen; ich traf einen Bauern, der eine Ladung Stroh oder irgendetwas in die Stadt fuhr, er hielt seine Pferde an und starrte auf den unerwarteten Fremdling. „Hallo! Sind Sie ein Sommerfrischler?“ „Ja“, gestand ich. Der alte Bursche blickte nach den Schneeflocken in der Luft. „Ja, aber wo ist denn der Sommer?“

Ich hatte Glut genug im Herzen, um mich daran zu wärmen, und begann, meinen wundervollen Roman zu schreiben – die Geschichte einer Frauenseele, die durch eine hohe und edle Liebe erlöst wird. „Frühling und Ernte“ sollte sie heißen, es war der Lebenslauf einer Frau, die ich gekannt hatte; als Mädchen von großer Schönheit hatte sie einen verkrüppelten Mann seines Geldes wegen geheiratet, und langsam hatte sie gelernt, seine wirklich edle Seele zu verstehen. Das heißt, so stellte ich mir vor, was da geschehen war; tatsächlich kannte ich weder die Frau noch den Mann – in jenen Tagen kannte ich nichts als Musik und Bücher und meine eigenen Gefühle.

Ich fürchte, daß ich heute in Verlegenheit käme, wenn ich „Frühling und Ernte“ lesen müßte; nicht einmal mit Rücksicht auf diese Beschreibung meines Lebens konnte ich mich entschließen, das Buch durchzublättern. Damals aber war ich sicher, es sei der wundervollste Roman, der je geschrieben wurde. So denke ich immer, bei jedem Buch, das ich schreibe; die Binde, die der Verleger um das Buch wickelt, „Dies ist Upton Sinclairs bestes Werk“, sagt absolut die Wahrheit, so weit es die Ansicht des Verfassers betrifft. Ich arbeite stets in einem schönen Feuer, überzeugt, daß ich auch den letzten mir feindlichen Kritiker überzeugen werde; mißlingt es, dann ist die Enttäuschung jedes Mal so schwer wie je zuvor.

13

Endlich kam der Frühling, und die „Feenschlucht“ leuchtete von Blumen. Der kleine Bach, der an meiner Tür vorbeifloß, sang mir Lieder zu. Der Sonnenaufgang über dem See war ein tägliches Wunder, und die großen Stürme, unter denen sich die Bäume des Forstes bogen, waren Brüder meiner Seele. Wieder und wieder kam die Ekstase über mich – ganz anders, als sie mir heute naht, – ich rang Tag und Nacht darum, sie ganz zu ergreifen und in Worte zu zwingen.

Natürlich gab es in meiner Einsiedelei komische Zwischenfälle. Wilde Tiere kamen und stahlen mir die Butter, die ich in der Quelle aufbewahrte, ich stellte eine Falle, und der Räuber war nichts Romantischeres als ein Stinktier. Der kleine Teufel zerstörte mir ein paar Hosen, da ich seine Waffen nicht kannte. Ich ließ die Hosen eine Woche lang im Bach hängen, aber es nützte nichts. Was schlimmer war: jetzt war auch meine Wasserstelle für den ganzen Sommer verdorben.

Ich muß auch die französisch-kanadische Familie erwähnen, die oben in den Hügeln wohnte und mir durch einen zerlumpten Jungen frische Milch, Eier und Butter schickte. Ich probierte mein Französisch an ihnen, und die mère des Hauses sprach mir ein hohes Lob aus. „Oh Sie sprechen französisches Französisch!" Dann und wann schrieb sie mir in ihrer Haus-Orthographie eine Mitteilung, und einer dieser Zettel verdient es, nicht vergessen zu werden. Sie erklärte mir, morgen könnte sie mir keine Milch schicken, weil sie in die Stadt ginge – „il me faut faire arracher dedans". Der Gedanke an die arme Frau, die sich selbst „innerlich ausreißen ließ" beunruhigte mich sehr, bis mir einfiel, daß sie „einige Zähne" meinte.

Der Sommer kam und mit ihm die Großstadtgäste. Auf dem halben Weg zur Stadt lag ein Golfplatz. Golf war ein neues Spiel, das damals aufkam. Ich sah wohlgebaute Männer, die den ganzen Tag einen kleinen weißen Ball über ein Feld trieben, und mehr als je schien es mir notwendig für sie, ein neues Ideal zu finden. Jede Form menschlicher Eitelkeit und Dummheit erregte mich, und wenn ich im Lauf der Jahre darin milder geworden bin, ist es nur, um meine Verdauung zu schonen.

Der Sommer brachte meine Mutter und ein paar Freunde, darunter das Mädchen, in das ich mich verlieben sollte. Diese Geschichte aber spare ich mir für das nächste

Kapitel; hier spreche ich von dem Buch. Ich arbeitete täglich fünf oder sechs Stunden daran, manchmal ohne mich von meinem Stuhl zu erheben, manchmal ganze Tage, ohne eine Seele zu sehen oder an irgendetwas anderes zu denken. Der Organismus eines Menschen ist für solche Anstrengungen nicht eingerichtet, und ich fing an, Magenschmerzen zu bekommen. Das wurde schlimmer und plagte mich Jahre lang, — bis ich meinen Stolz beugte und von der Natur die Lehre entgegennahm, die Stunden geistiger Arbeit zu beschränken und mir täglich ein wenig Erholung und Bewegung zu gönnen. Viele Jahre später lernte ich ein Wort des alten John Burroughs, das mir wie eine unsterbliche und letzte Wahrheit erschien: „Diese Schreiberei ist ein unnatürliches Geschäft; man bekommt einen heißen Kopf und kalte Füße und kann sein Essen nicht verdauen."

Am 1. August bezog die Besitzerin meiner Feen-Hütte ihre Wohnung selbst, und ich zog in ein einsames Bauernhaus an der Bergwand, wo ich der einzige Mieter war. Manchmal lief ich in die Wälder, dort standen Zucker-Ahornbäume, und zum Frühstück bekam ich ihren frisch gezapften Saft als einen dicken, dunklen Syrup. Ich brauche immer, wenn ich an meinen Geschichten arbeite, ein Stück Raum, um auf und ab zu gehen, und in diesen Zucker-Ahornwald trat ich mir einen sechs Zoll breiten Pfad, den lief ich auf und ab, auf und ab, viele Stunden lang an jedem Tag.

Es gab dort Moskitos, die mir fast so unangenehm waren wie menschliche Wesen; wenn sie mich fanden, lief ich davon, setzte mich mitten in ein Feld mit trockenem

Klee und schrieb dort. Heuschrecken sprangen über mein Manuskript, Feldmäuse knabberten an meinen Schuhen; dann kamen die Schnitter und zerstörten mein Versteck. Am Morgen lief ich oft viele Meilen weit die Straßen hinab, um den Postboten zu treffen; ich hatte den ersten Teil meines großen Romans an einen Verleger geschickt und wartete auf Antwort, aber es kam keine. Damit begann eine Qual, die endlos viele Jahre gedauert hat: mein Angsttraum von Verlegern, die Manuskripte ungelesen lassen, bis der Stoß zur Decke hinaufwächst!
Es wurde September, und ich bekam eine Einladung von meinem kirchlichen Freund, Herrn Moir, in sein „Lager" am Placidsee. Ich sollte für zwei Wochen zu ihm kommen. Ich war dem Ende meiner Geschichte so nahe, daß ich mich aus meinem Versteck herauswagte; aber es erwies sich als ein Fehler, denn wenn ich mich nach den Mahlzeiten und anderen Gewohnheiten der Welt richten mußte, konnte ich nicht arbeiten. Vergeblich versuchte ich es ein oder zwei Wochen lang; ich erinnere mich, daß ich während dieser Zeit die Briefe von Robert Louis Stevenson las, die mir sehr dünn und arm schienen im Vergleich mit dem, was meine Seele erfüllte.
Zuletzt, verzweifelt, weil das kalte Wetter hereinbrach, wanderte ich auf eine der Inseln des Placid-Sees aus, dort fand ich eine Schutzhütte, ein wackliges Häuschen ohne Fenster, mit keinerlei Möbeln außer einem Herd. Die mietete ich für die Summe von fünf Dollars, breitete zwei Decken auf dem Boden aus, und während die braunen Blätter auf mich niederwirbelten, Nußhäher schrien und Rebhühner in der Luft trommelten, schrieb ich die

letzten Szenen meiner Tragödie. Später schilderte ich diese Hütte im „Tagebuch des Arthur Sterling". Ich schilderte auch meine Belagerung der Verleger, die bald beginnen sollte. Aber davon hatte ich noch keine Ahnung, als ich mein Bündel schnürte und nach New York heimkehrte, in meinen eigenen Augen ein heldenhafter Eroberer. In meiner Handtasche trug ich den „großen Roman Amerikas", auf den alle Kritiker jener Tage mit Spannung warteten.

EHE

1

Die Institution der Ehe ist heute das Thema von Varietéspässen und Schlafzimmerkomödien. Es wird regelmäßig angenommen, daß die Ehe nichts taugt, daß verheiratete Paare zanken, einander betrügen und sich eben lächerlich aufführen. Ich aber glaube, daß die Ehe wie eine Wissenschaft studiert werden und eine Kunst sein kann, daß sie wie jede andere natürliche Erscheinung ihre Gesetze hat, psychologische, moralische und ökonomische, die eines kommenden Tages in jeder Hochschule Lehrgegenstand sein werden. Hier indessen liegt ein Fall vor, der zeigt, was aus einer Ehe wird, wenn zwei Menschen sie in völliger Unkenntnis all ihrer praktischen Probleme schließen.

In „Leidweg der Liebe" habe ich die Geschichte mit wenig veränderten Details erzählt. Im alten griechischen Idyll waren Corydon und Thyrsis zwei Schafhirten; ich aber dachte an die Verse in Miltons „Allegro":

> Hier trafen Thyrsis sich und Corydon,
> Sie labten sich an reifer Frucht der Felder,
> Der Gärten und der beerenreichen Hecken.

Und so sagte ich mir: in meinem Roman soll Corydon ein Mädchen sein.
Als ich an dem Buch schrieb, erzählte ich die Geschichte so, wie das Mädchen sie erzählt haben wollte. Wenn sie der Meinung war, das Manuskript schildere nicht lebhaft genug die Dickköpfigkeit und Unvernunft des Thyrsis, dann sagte ich: „Gut, dann schreib du es, so wie es sein soll“. So kam es, daß Corydon einmal einen Absatz, dann vielleicht eine Seite oder eine ganze Szene schrieb, die in mein Werk aufgenommen wurde. Ich fand das Schicksal der Frau so traurig, daß ich nicht die Härte aufbrachte, mit ihr zu rechten.
Die Ehe von Corydon und Thyrsis stand unter dem Wahrzeichen traurigster Unwissenheit. Beide Partner hatten sehr wenig gelernt, und davon war das meiste falsch. Corydon hatte das einsame Leben eines Kindes von Großstadtnomaden geführt; ihr Vater war Zeitungsreporter gewesen, später Gerichtsschreiber, sie war zwischen Pensionen und kleinen Wohnungen hin und her gezogen, und im Lauf von zwanzig Jahren ihres Lebens hatte sie nur eine intime Freundin gefunden, eine arme Stenographin, die an Tuberkulose starb, aber keine männlichen Freunde. Thyrsis dagegen hatte, neben Corydon, ein Mädchen zum Freund.
Laura Stetman soll um den ihr gebührenden Platz in dieser Geschichte nicht gebracht werden, die kleine Laura, goldhaarig und hübsch, sauber und gewissenhaft. Sie war die Enkelin von Edmond Clarence Stetman, dem Dichter, und wohnte zufällig zwei oder drei Jahre lang in meiner Nachbarschaft. Wir hatten unsere kindlichen

„Krachs“, ich erinnere mich dunkel, daß ich sie am Zopf riß, und an ähnliche Roheiten. Später, als ich so etwa Fünfzehn war, ging ich oft sie besuchen und erlebte aufregende Dinge. Einmal hatte ich mir einen neuen Hut von verführerischer, perlgrauer Farbe gekauft, und in dieser Pracht ging ich mit Laura spazieren, so erregt, daß die Knie mich kaum tragen wollten.
Wir sprachen eifrig über die Bücher, die wir lasen, darunter „Romola“, ein „klassisches“ Werk. Darin kommt ein Verführer vor, ein Grieche namens Tito Melema, und ich bemerkte weise, diese Figur sei „hinreißend“. Laura errötete und rief: „Ich glaube, er ist ein vollendetes Tier!“ Jetzt mußte ich, glaube ich, erklären, daß ich es nur vom technischen Standpunkt aus meinte; der Charakter sei gut gezeichnet. Unter diesem Vorbehalt ließ sich die kleine Dame aus Neuengland herbei, mir zu vergeben.

2

Der bestimmende Faktor für Corydons und Thyrsis' Ehe war, wie bei neun Zehnteln aller Ehen, die enge Nachbarschaft. Corydon kam an den Ort, wo Thyrsis seinen großen Roman schrieb; sie besuchte ihn in seiner romantischen Hütte in der „Feenschlucht“; und da irgendjemand sein Manuskript lesen mußte, nahm sie es mit. Wenn sie zurückkam, glühte sie von der Erkenntnis, daß dieser abscheuliche, egozentrische Junge, den sie schon seit zehn Jahren kannte und verabscheute, ein Träumer mit heißem Herzen war und eine herrliche romantische Liebesgeschichte schrieb, die alle Welt bald als „den“ großen Roman Amerikas kennen würde. „Oh es ist wundervoll!“ rief sie; und wie die Szene ausging, braucht nicht erzählt zu werden. Literarisches Interesse wandelte sich rasch in persönliches, der einsame Dichter hatte eine Gefährtin und Anhängerin.

Ach, aber welch ein Kummer der beiderseitigen Eltern über diese schlechte Wahl! Ganz buchstäblich gesprochen, wenn mitten in ihrer Sommerfrische eine Bombe explodiert wäre, hätten sie nicht mehr erschrecken können. Ein Sturm von wütendem Widerspruch brach aus. „Aber ihr seid ja wahnsinnig! Ihr seid doch noch Kinder! Und Ihr habt kein Geld! Wie können Leute heiraten, die auf der ganzen Welt keinen Groschen besitzen!“ Die beiden Mütter zankten sich darüber, welches der Kinder der schuldigere Teil war, und so ging ihre langjährige Freundschaft vorübergehend in die Brüche. Corydon wurde schleunigst in eine andere Sommerfrische gebracht; aber vorher hatte sie einen heiligen Eid geleistet, – die deutsche Sprache noch schneller zu lernen, als Thyrsis sie gelernt hatte!

Ende Oktober kam der Dichter nach New York zurück, er trug eine unsichtbare Krone auf seinem Haupt, Posaunen dröhnten in seinen Ohren. Er und Corydon blieben den ganzen Tag und die halbe Nacht beisammen, um gemeinsam Goethes „Iphigenie auf Tauris“ zu lesen und Mozart-Sonaten auf Geige und Klavier zu spielen. Aber diesem Programm erwuchsen schwere Hindernisse. Die Corydon-Familie fühlte sich belästigt, wenn Thyrsis vor dem Frühstück in ihrer Wohnung erschien; außerdem hing Thyrsis’ Mutter steif und fest an der

Überzeugung, länger als bis elf Uhr abends dürfte Corydon nicht Klavier spielen, auch müßte sie zu Hause sein, ehe die Familie zu Bett ging. Es gab nur einen Weg in der Welt, solchen Vorschriften zu entgehen, – es mußte geheiratet werden.
Thyrsis besaß nur zehn oder fünfzehn Dollars, aber, der Zukunft seines Meisterwerks gewiß, war er reich. So begab sich das junge Paar in die Studierstube des Pfarrers Minot I. Savage in der Messiaskirche, und dort wurden sie Mann und Frau. Durch diesen Schritt hatte sich Thyrsis, das erfuhr er bald, der letzten Möglichkeit begeben, in seiner literarischen Laufbahn Hilfe zu finden. Einstimmig erklärten jetzt alle Verwandten und Freunde, er müßte „arbeiten". Darunter verstand man nicht, daß er acht Stunden des Tages Goethe und sechs weitere Stunden Mozart widmen sollte; auch meinten sie damit nicht, daß er schreiben sollte, sei es auch „die" großen amerikanischen Romane. Sie meinten, er sollte sich eine Stellung bei einer Zeitung suchen oder vielleicht bei einer Aktiengesellschaft.

3

Dann geschah, was der Autor von „Frühling und Ernte" auch in seinen pessimistischsten Stunden nicht geträumt hatte: ein Verleger wies den Roman ab. Mehrere Verleger wiesen ihn ab, einer nach dem anderen! Mac Millan war der erste, Scribner der zweite; Brander Matthews war so gütig, das Manuskript zu lesen, er gab es weiter an W.C.Brownell, den literarischen Beirat von Scribner.

Ich besuchte diesen graubärtigen, sanft sprechenden Kritiker, der mir seine Meinung hahin äußerte: es sei kein Buch, das sich verkaufe. Was das mit der Sache zu tun hatte, war mir nicht klar. Wieder und wieder mußte man mir erklären, daß Verleger Geschäftsleute seien, die ihr Kapital in die Herstellung von Büchern steckten und aus diesem Kapital Dividenden gewinnen wollten. Einen solchen Geschäftsstandpunkt verstand ich; was ich nicht verstehen konnte, war, daß man Männer als Kritiker bezeichnete, die für einen solchen Zweck verwendet wurden, und daß sie trotzdem vor anderen Kritikern immer noch als Kritiker galten.

Auch Professor Matthews empfing mich in seiner Wohnung. Sie war sehr vornehm, an der Westend Avenue, die Wände seines Studierzimmers waren mit seltenen Büchern, mit Widmungs-Portraits berühmter Schriftsteller und anderen literarischen Trophäen bedeckt. Es täte ihm leid, sagte er, aber etwas anderes, als er schon gesagt habe, könne er über mein Buch nicht sagen. Ich fragte, ob es möglich sei, das Buch im „Selbstverlag" herauszugeben, er riet mir ab; das sei kein Weg, ein Buch auf den Markt zu bringen. Als ich sagte, ich würde es jedem meiner Bekannten anbieten, legte sich ein Frost auf die gemütliche Atmosphäre. „Natürlich, wenn Sie etwas derartiges vorhaben..." Als ich weiter auf dem Gedanken beharrte, verlor ich völlig die Fühlung mit meinem weltmännischen Professor, und ich habe sie nie wieder gewonnen.

Ich schrieb wieder einen Kitsch und verdiente zweihundert Dollars, weitere zweihundert lieh ich mir von meinem Onkel, ging in die Stadt und trieb mich bei den Druckern herum, bis ich einen fand, der bereit war, tausend Exemplare von einem billigen und unscheinbar aussehenden kleinen, roten Band zu drucken, wie es meinen asketischen Neigungen entsprach. Das Buch erhielt eine Vorrede, in der erzählt wurde, wie es entstanden war, und was für ein wundervolles Werk es sei. Diese Vorrede wurde als Broschüre gedruckt und jedem Menschen zugeschickt, den ich kannte, – da ich alle Freunde meines Vaters und meiner Mutter auf die Liste setzte, wurden es doch ein paar hundert Namen. Der Preis des Buches war ein Dollar, und etwa zweihundert Exemplare wurden verkauft, gerade genug, daß ich meinem Onkel die Schuld zurückzahlen konnte.

Das Mitleid erregende kleine Buch mit seinem Mitleid erregenden Vorwort wurde an alle Neuyorker Zeitungen geschickt; zwei davon, „Times" und „American", sandten einen Reporter aus, um den Autor zu besuchen. Die Hoffnungen stiegen hoch, aber am nächsten Morgen fielen sie wieder zusammen. Alle malerischen Einzelheiten über den jungen Dichter und seine Frau waren da verzeichnet, aber es fand sich kein Wort über die herrliche Botschaft, die er der Menschheit zu geben vermeinte. Durch diesen Zwischenfall lernte der Autor erkennen, wie wichtig es auf dem Literaturmarkt ist, persönlich bekannt zu sein. Als Erfolg eines spaltenlangen Artikels in den beiden größten Morgenblättern von New York verkaufte er zwei Exemplare „Frühling und Ernte". Er wußte das genau – denn es waren die beiden einzigen Exemplare, die an Fremde verkauft wurden!

Corydon und Thyrsis saßen jetzt fest im Kerker der Ehe; sie lebten in einem überfüllten Raum, der auf einen Luftschacht hinausging, in einer Wohnung, die Thyrsis' Mutter und Vater gehörte. Der junge Mann, der sich selbst für einen schöpferischen Künstler hielt, schrieb Kitsch um Kitsch, den er haßte, um für seine Frau und sich selbst das Essen zu verdienen; er erkannte die grimmige Wirklichkeit hinter jenen Schwiegermutterwitzen, die er noch vor ein paar Jahren so fröhlich drauflos geschrieben hatte! Thyrsis' Mutter liebte Corydon nicht; sie hätte auch einen weiblichen Engel nicht geliebt, der zur Erde herabstieg, um ihr den geliebten Sohn wegzunehmen, dessen Bestimmung es gestern noch gewesen war, Admiral oder Bischof, oder vielleicht Richter am höchsten Gerichtshof zu werden. Ebenso wenig liebte Corydons Mutter Thyrsis; sie hätte auch einen männlichen Engel nicht geliebt, der ihr die Tochter weggenommen hätte, ohne genügend Geld zu besitzen, um wirklich für sie zu sorgen.

Das Problem einer Ehe, die nicht mehr bedeutete, als gemeinsame Lektüre der deutschen Dichter und Duette-Spielen auf Violine und Klavier, wurde durch einen alten Hausarzt aufgerollt, der behauptete, eine solche Ehe entspräche nicht den Gesetzen der Physiologie. Er weihte Thyrsis in die Praxis der Geburtenkontrolle ein; aber ach, es stellte sich heraus, daß seine Weisheit nicht zulangte; plötzlich erkannte der entsetzte Poet,. in welche Falle Mutter Natur ihn gelockt hatte. Corydon bekam ein Baby; so wich die Lektüre der deutschen Dichter und der Vortrag von Violin- und Pianoduetten

Besuchen bei anderen Ärzten, die vorgaben, zu wissen, wie man die Wege der Natur durchkreuzt; dann wurde an kalten Frühlingstagen im Park das „Sein oder Nichtsein"-Problem in bezug auf das angemeldete Baby eifrig besprochen.

All diese Dinge waren herzzerreißend und gruben unvergängliche Spuren in zwei junge und überempfindliche Seelen. Die Aussichten auf ein Leben, das voll Schönheit und Würde sein sollte, wurden mit einer Barrikade von Schrecken und Tod versperrt. Dem Gesetze nach war das, was das junge Paar vorhatte, ein Zuchthausverbrechen, und die Tatsache, daß eine Million Amerikanerinnen es Jahr um Jahr beging, machte die Sache nicht weniger schrecklich. Thyrsis sah sich selbst in einen Kerker gesperrt, dessen Gitter nicht aus Stahl sondern aus menschlichen Wesen bestanden; jeder Mensch, den er kannte, war für ihn eine Kette, er tobte gegen sie und fand sie härter als Stahl.

4

„Frühling und Ernte" war an die führenden Buchkritiker verschickt worden, und es kam ein Brief von Eduard I. Whiler, dem Herausgeber von „Literary Digest". Das Vorwort hatte seine Aufmerksamkeit erregt, er hatte den Roman gelesen und, seltsamerweise, teilte er des Autors hohe Meinung darüber. Ob der Autor ihn besuchen wolle? Das Resultat war ein Vorschlag der Verleger Funk und Wagnall, das Buch zu übernehmen, es neu drucken zu lassen und es mit einem neuen Titel,

mit Illustrationen, Reklame und allem drum und dran als „Der große Roman Amerikas" erscheinen zu lassen.
So schwamm Thyrsis plötzlich wieder einmal in den Wolken, und es wurde dem Baby erlaubt, sich in diese Welt gebären zu lassen. Alle Redakteure und Lektoren, Verkäufer und Bürojungens einer großen Verlagsfirma waren überzeugt, dieser „König Midas" würde ein Bestseller werden; wenn nicht, war es auch nicht schlimm, denn ein neuer Roman, noch viel glanzvoller, gestaltete sich im Hirn des Verfassers. Wieder einmal war es Frühling. Corydon und Thyrsis gingen an Bord eines Zuges, der zu den tausend Inseln jagte, und auf einer der lieblichsten, einsamsten von ihnen bauten sie sich ein hölzernes Fundament, setzten ein Zelt darauf und begannen ein „Zurück zur Natur"-Leben.
In dieser Leinwandhütte standen zwei Tische und einige Schemel, die ein Amateurtischler aus Kistenholz gezimmert hatte. Er sägte geradlinig, wenn sein Denken auf die Arbeit konzentriert war, aber das kam selten vor. Ferner enthielt es zwei Segeltuchbettgestelle, ein Bündel Bettzeug, einen kleinen Kanonenofen, eine Bratpfanne, zwei Pfännchen, ein Dutzend Teller. Draußen hingen zwei Hängematten, eine nahe dem Zelt, für die junge, trächtige Mutter, die andere, mehr abgelegen, für den jungen, trächtigen Romancier. Der Aussicht wegen und um den Mücken zu entgehen, war das Zelt auf einer exponierten Stelle errichtet; ununterbrochen ging die Brise vom Erie-See darüber hin und rüttelte an dem bescheidenen Bau wie mit Riesenhänden, manchmal setzte ein Sturm ein, der Tage lang seine Existenz bedrohte.

Die Wirtschaft in diesem literarischen Haushalt war von extremster Einfachheit. Trinkwasser schöpften wir aus dem mächtigen St.-Lorenz-Strom. Abfälle wurden ein bißchen stromabwärts ins Wasser geworfen. Gebrauchtes Geschirr wurde nicht in heißem Wasser gewaschen, sondern wir gingen damit an den Strand, füllten es mit Sand und schrubbten es sauber. Von einer Felsspitze aus konnte ich schwarze und gelbe Barsche fangen, dann und wann, wenn die Schwangerschaft meiner Frau sich durch seltsame Gelüste äußerte, gelang es mir, im Innern der Insel ein Eichhörnchen oder eine Goldammer zu schießen. Es muß zwar Jagdgesetze gegeben haben, aber nach denen fragte Thyrsis nicht; diese Insel lag auf der kanadischen Seite des Stromes, die nächste Stadt war viele Meilen entfernt, und der lange Arm der Königin Viktoria konnte die Camp-Leute nicht erreichen.

Das Postamt war auf der Grinstone-Insel, auf der amerikanischen Seite, und dorthin segelte der junge Autor in einem gebrechlichen Kahn, den er für fünfzehn Dollars erstanden hatte. Dort kaufte er Krämerware und in einem nahen Bauernhaus Milch und Butter. Die Bäuerin hatte den Zustand Corydons bald festgestellt, sie war voll von Herzlichkeit und Scherzen. Als eine komische Erscheinung muß dieser zigeunernde Zeltbewohner ihr erschienen sein, er trug einen großen Strohhut, wie sie für Heumacher hergestellt werden, als Schmuck war ein Stück Moskitonetz darum gewunden.

Über die Gegend gingen plötzliche, schreckliche Unwetter nieder, der Anblick endlos zuckender Blitze über der weiten Bucht und den mit Kieferwald bestandenen Inseln war erhebend oder entsetzlich, je nach Temperament. Thyrsis stand einmal in der Zeltöffnung, um das Schauspiel zu beobachten, einen Arm hielt er hoch gereckt bis zum Zeltdach, als plötzlich eine alles verschlingende Masse von Licht um ihn zuckte und ein furchtbarer Donnerschlag dröhnte; die aufgereckte Hand wurde wie von einer Vibrationsmaschine fortgerissen und hing starr an seiner Seite. Der Blitz hatte in eine der Kiefern eingeschlagen, an denen das Zelt verankert war, und der Baum war bis zur Wurzel zerrissen.

Nach dem Sturm fand ich in einem Baum ein Nest der rotäugigen Vireo, eines schweigsamen kleinen Waldvogels, den man oft beobachten kann, wie er sich unter den Zweigen herumtreibt und dünne, grüne Raupen pickt, die an der unteren Seite der Äste kriechen. Zwei der jungen Vögel waren am Leben, die Zeltleute bargen sie und zogen sie mit zärtlichen Händen auf, – ein entzückendes, lebendiges Spielzeug. Sie schlangen große, hornige Grashüpfer herunter und brachten die harten Schalen dann wieder in festen Stücken zum Vorschein; bei dieser ziemlich spartanischen Nahrung gediehen sie, und es war drollig zu sehen, wie sie sich um die eigenen, wirklichen Eltern nicht mehr kümmerten, sondern statt dessen den Stiefeltern zuflogen. Bei Sonnenuntergang wurden sie ins Zelt genommen, und dort umherflatternd, reinigten sie die Wände von jeder Fliege, von Moskitos, Spinnen und Bachmücken. Sie saßen auf dem Rande des Kahns, wenn der Kanal überquert wurde, und auf den Köpfen ihrer Stiefeltern auf dem

Weg zum Postamt. Das war sehr interessant für die Dorfbewohner und auch für die Dorfkatzen. Dann und wann kamen Stadtleute auf die Insel, um zu fischen, und waren erstaunt, wenn zwei ausgewachsene Waldvögel sie umflatterten und sich auf ihren Hüten niederließen.

5

Das Produkt dieses Sommers war der Roman „Prinz Hagen“, die Geschichte eines Nibelungen, eines Nachkommen des Zwerges Alberich, der seine Goldschätze in die Wallstreet bringt und dort feststellt, daß unsere christliche Zivilisation und seine eigene dunkle Welt ganz gleichartig sind.

Die Fabel war entstanden, während das musikalische Paar den Eichhörnchen und Rebhühnern in den Wäldern der Adirondacks und in der Feenschlucht am Quebec-See die „Rheingold“-Musik gespielt hatte. Das erste Kapitel sandte Thyrsis an Blisy Perry, den Herausgeber der „Atlantic Monthly“, der antwortete, er sei entzückt und wollte das ganze Werk als Vorabdruck in Betracht ziehen. Die Hoffnungen der kleinen Familie stiegen wieder; aber ach, als das vollendete Werk vorlag, wurde es als zu bitter und extrem befunden. „Wir haben eine sehr konservative, schwer zufriedenzustellende Leserschaft“ schrieb der große Herausgeber. Tatsache war, daß die Geschichte nicht gut genug war; der Erzähler war stark in Gefühlen, aber schwach in der Erfindung.

„König Midas“ hatte die in ihn gesetzten Hoffnungen völlig enttäuscht; es waren vielleicht zweitausend Exemplare verkauft worden, sie hatten dem Verfasser zweihundert oder dreihundert Dollars gebracht. So hatte der Verlag kein Interesse für „Prinz Hagen“, und auch kein anderer Verlag interessierte sich dafür; sie nahmen das Manuskript entgegen, versprachen, es zu lesen, und dann zeigten sie sich sehr ungnädig, wenn zwei oder drei Wochen später ein hungriger, junger Schriftsteller kam, der um Entscheidung bat.

So kam es zu dem peinlichen Zwischenfall mit Professor Harry Thurston Peck, den ich mit vielen Einzelheiten im „Tagebuch des Arthur Stirling“ erzählt habe. Peck war Professor für Latein an der Columbia, aber außerdem Herausgeber des „Bookman“ und literarischer Beirat bei Dodd, Midd & Co. Er las seines einstigen Schülers „Prinz Hagen“, bezeichnete es als ein glänzendes und originelles Werk und versprach, es dem Verlag zu empfehlen. Dann begann ein langes Harren – sechs Wochen oder mehr –, und endlich kam die Entdeckung, daß die Firma das Manuskript nie zu sehen bekommen hatte, das sie angeblich prüfte.

Wie der junge Autor in Wut und Verzweiflung aufschrie, soll hier nicht wiederholt werden. Der arme Harry Peck liegt schon lange als Selbstmörder im Grab; irgendeine Witwe hatte ihn wegen gebrochenen Eheversprechens verklagt, daraufhin warf Präsident Butler ihn aus der Universität hinaus und lieferte der Presse seine süßlichen Liebesbriefe aus. Vielleicht hatte er das Manuskript des jungen Schriftstellers vernachlässigt, weil er gerade mit dieser Witwe oder mit irgendeiner anderen allzu beschäftigt war. Harry war ein Anhänger der dekadenten Literatur gewesen, er hatte das einzige Gesetz gebrochen, das heilig ist: er ließ sich erwischen.

6

In diesem schrecklichen, Winter kehrte Corydon zu ihren Eltern zurück, während Thyrsis in einer Dachstube wohnte, Verleger und Redakteure bedrängte und Kitschgeschichten schrieb, die er nicht verkaufen konnte. Er verkaufte ein paar Witze und ein paar Skizzen, Buchbesprechungen für „Literary Digest" und Artikel für den „Independent". Er schrieb eine Erzählung in Blankversen, „Caradrion" betitelt, aus der in „Leidweg der Liebe" Stücke abgedruckt sind. Auch eine Novelle, „Der Übermensch", einen Versuch, die Ekstase zu schildern und ihre Ursprünge zu erforschen. Viele Kritiker haben Thyrsis gescholten, weil in seinen Büchern so viel „Propaganda" sei; hier aber war ein Werk ohne eine einzige Spur dieses Übels, und die Kritiker sprachen nie von ihm, es existiert nur in den Fünfzigpfennig-Büchern von Haldeman-Julius. Der literarische Herausgeber des „Independent" war Paul Elmer More, den Thyrsis vor den Tagen von Mores Ruhm häufig sah. Es war ein Mann von sehr bestimmten Gesichtspunkten, so gründlich verschieden von seinem jungen Mitarbeiter, wie ihre beiden Schicksale werden sollten. Thyrsis, der immer darauf versessen war, die Gegner zu verstehen, gewann einen tiefen Respekt vor dieser kalten, ruhigen Intelligenz. More machte niemals Propaganda für sich, noch trug er Polemiken aus; er sprach nur einmal, und das war die Stimme der Autorität. Der heißherzige junge Romanschreiber dachte viel über ihn nach und wünschte sich, ebenso zu werden; aber es gab zu viele interessante Dinge in der Welt und zu viele geheime Übel.

In dem Prozeß des Geschehens, den wir Leben nennen, gibt es zwei Faktoren: den Drang nach äußerer Wirkung und den anderen nach Vertiefung und Organisation. In der literarischen Welt hat man diese beiden Impulse etwas absurd als Romantizismus und Klassizismus bezeichnet. Beide sind sie notwendig, beide müssen sie in jedem Künstler vorhanden sein, und einer ohne den anderen ist wirkungslos. Paul Elmer More spricht für die klassische Tradition und treibt das Extrem so weit, daß er unter seinen eigenen Zeitgenossen alle verurteilt, die wirkliche Vitalität haben. Oft setzte ich ihm auseinander, daß seine klassischen Lieblingsautoren in ihren Tagen samt und sonders rebellisch und Romantiker gewesen seien; das bedeutete nichts für ihn. Er verstand und kannte diese Schriftsteller, so bedeuteten sie für ihn Ordnung und feste Tradition; die neuen Erscheinungen begriff er nicht, und deshalb beunruhigten sie ihn. Es war komisch, zu sehen, daß More über Schriftsteller wie Thoreau und Whitman, die Revolutionäre ihrer Zeit, anerkennende Essays schrieb. Was hätte er über dieselbe Art Schriftsteller gesagt, wenn sie Zeitgenossen gewesen wären? Es gibt nur eine Antwort, er würde sie nie erwähnt haben; er hätte sie nicht einmal gelesen.

Die junge Frau bekam ihr Baby, und der junge Gatte saß neben ihr und hielt ihre Hand während der vierzehn Stunden dauernden Entbindung. Gleich darauf verwertete er seine Erfahrung in siebentausend Worten Schrecken erregender Prosa. Er trug sie zu Paul Elmer More, und dieser kalte Olympier erklärte kurz: „Das ist sehr gut, angenommen, daß man so etwas überhaupt machen will. Mir aber scheint, das sollte man nicht. Auf jeden Fall kann man es nicht drucken, und so hat es keinen Sinn, mehr darüber zu reden.“ „Es wird gedruckt werden, und wenn ich es selbst bezahlen müßte!“ antwortete der junge Schriftsteller. Acht oder neun Jahre später erschien die Aufzeichnung als die Geburtszene in „Leidweg der Liebe“, und aus irgendeinem Grund fand die Zensur nichts daran zu beanstanden. Heute, beinahe zweiundzwanzig Jahre später, ist die Schilderung wahrscheinlich „klassisch“ und damit außer Gefahr. More gab seinem stürmischen jungen Mitarbeiter den Abschied; seit jener Zeit habe ich ihn nur noch einmal gesehen, bei einer zufälligen Begegnung in der Untergrundbahn, als die Erregung über meinen Roman „Der Sumpf“ auf der Höhe war. Ich fragte „Darf ich Ihnen ein Exemplar schicken?“ Die Antwort war „Vor einiger Zeit habe ich für meine Person Schluß mit den Realisten gemacht.“ Da war nichts mehr zu sagen. Kürzlich aber hat der stolze Kritiker sich gezwungen gesehen, zu den Realisten zurückzukehren; in seinem Buch „Der Dämon des Absoluten“ kann man lesen, wie er Sinclair Lewis und Theodore Dreiser verdammt. Mich würdigt er nicht einmal einer Erwähnung. Ich betrachte es als das höchste Ziel meiner literarischen Laufbahn, daß meine Bücher einmal Bedeutung genug gewinnen möchten, um von Paul Elmer More verdammt zu werden. Der „Independent“ brachte einen Aufsatz über „Sprachunterricht“ und einen anschließenden Artikel „Ein paar Bemerkungen über das Sprachstudium“ im Februar und Juni 1902. Ich versandte einen Fragebogen an etwa tausend College-Absolventen und stellte fest, daß unter denjenigen, die schon vor zehn Jahren das College verlassen hatten, genau genommen kein einziger die Sprachen richtig lesen konnte, die er im College studiert hatte. Im Februar desselben Jahres gab ich einen anderen Artikel heraus „Kritik der Kritiker“; er behandelte den seltsamen Kontrast zwischen Urteilen, die „Frühling und Ernte“ als armseliges, kleines, im Selbstverlag des Verfasser erschienenes Bändchen gefunden hatte, und den Urteilen, die demselben Roman galten, als er unter dem Titel „König Midas“ im Gewande eines anerkannten Verlagshauses erschienen war. Dieser Aufsatz wurde ganz ohne Absicht ein Urteil über die Buchkritiker und ihre Urteilslosigkeit. „Frühling und Ernte“ war mit einem Vorwort erschienen, das von Unreife und mangelnder Erfahrung diktiert war; prompt hatten die dreizehn Rezensenten der Vereinigten Staaten, die das kleine Buch überhaupt der Erwähnung wert befunden hatten, Worte gebraucht wie „ein Dokument der Unreife“... „dieser Aufstand jungen Blutes“... „ein roher Versuch, der die Jugend und Unerfahrenheit des Verfassers beweist“... „beweist die Tatsache, daß er ein Neuling in der Literatur ist“... und so fort.

Aber dann erschien „König Midas“ als stattlicher Band, von einem bekannten Künstler illustriert, von Funk & Wagnalls herausgegeben. Es enthielt anerkennende Worte von vier namhaften Schriftstellern und trug eine Buchbinde mit der Reklame des Verlages: „Ein Buch voll Kraft und Schönheit; eine amerikanische Geschichte von heute, geschrieben von einem glänzenden Erzähler; kein Roman unseres Verlages hat eine gleich wundervolle Aufnahme gefunden, durch Anerkennung der Kritik sowohl schon vor der Veröffentlichung wie durch Vorbestellungen des Buchhandels“. Wo blieben gegenüber so schwerem Geschütz Unreife und Unerfahrenheit? Während der ersten acht Wochen nach Erscheinen las ich fünfzig Besprechungen über „König Midas“; abgesehen von etwa sechs Kritikern, die in dem Buch „Frühling und Ernte“ wiedererkannten, wurden Unreife und Unerfahrenheit nur von einem einzigen Kritiker betont! Der „Neuling in der Literatur“ galt jetzt als „meisterhafter Erzähler“; aus dem „Aufstand des jungen Blutes“ war „musikalischer und poetischer Geist“ geworden, der „manchmal an Eingebung grenzte“: die „Anfängerarbeit“ war jetzt „ein Roman von erschütternder Kraft“; nach dem „Outlook“ hatte sich „die Jugend, die Unerfahrenheit des Verfassers“ entwickelt zu einer „Sprachbeherrschung, die glänzend genannt werden müsse.“ „Ernst und Wissen sprachen aus jeder Seite.“

7

Corydon verbrachte den Sommer mit ihren Eltern in den Bergen; Thyrsis kehrte allein auf die Leek-Insel zurück, die für ihn Heimat bedeutete, weil sie voll war von den Erinnerungen an den vergangenen Sommer. Er errichtete sein Zelt auf derselben Stelle, er ruderte in demselben kleinen Boot, das jetzt noch gebrechlicher war, über den stürmischen Kanal. Er war zu früh aufgebrochen, weil ein neues Buch in ihm danach schrie, geschrieben zu werden, eisige Winde fegten durch das Zelt und bissen ihn ins Fleisch. Er heizte den kleinen Revolverofen zu scharf ein, das Zelt fing Feuer, und er mußte es mit dem Inhalt seines Wassereimers löschen. Ein paar Tage lang war der Kanal überhaupt nicht schiffbar, der Schriftsteller lebte von getrockneten Äpfeln und Schiffszwieback. Die Fische wollten nicht anbeißen, der Schriftsteller ging auf die Jagd, aber alles, was er erlegte, war eine Krähe, deren Fleisch tiefrot war, in der Faser zäh und von scharfem Wildgeschmack.

Er hatte sich aus der Bibliothek der Columbia-Universität ein seltsames deutsches Buch mitgebracht „Also sprach Zarathustra“. Während er auf den Segen der Muse wartete, lag der Autor, in Decken gewickelt, auf seinem Lager und las dieses Buch. Was er daraus gewann, legte er in seinem neuen Werk nieder „Das Tagebuch des Arthur Stirling“, das dem beginnenden Nietzsche-Kult in Amerika zu Hilfe kam. Der Grundgedanke des „Zarathustra“ ist der Hauptlehre aller Propheten sehr verwandt, und in einer Abhandlung über Nietzsche in meinem Werk „Die Goldne Kette“ habe ich auf seine seltsame Ähnlichkeit mit den Seligsprechungen hingewiesen. Mein Freund Mencken hat in einer Kritik des Buches erklärt, nichts könne ausgefallener sein als ein Vergleich zwischen Jesus und Nietzsche. Mein Freund Haldeman Julius griff in den Streit ein und erklärte, Mencken sei eine Autorität in bezug auf Nietzsche, der ich mich beugen sollte; dabei übersah er die Tatsache, daß „Arthur Stirling“ im Jahre 1903 erschienen war, Menckens Buch über Nietzsche erst 1908. Ich konnte weder Mencken noch seinen Streitgenossen veranlassen, die Worte aus „Zarathustra“ anzuführen, die den Seligsprechungen so ähnlich sind.

„Arthur Stirling“ entstand in sechs Wochen intensivster und härtester Arbeit. Ich hielt wieder den Vierzehnstunden-Arbeitstag ein, der Leib und Seele zerstört. Natürlich fing mein Magen an, zu streiken; ich konsultierte einen Landarzt, der mir eine neue wissenschaftliche Entdeckung erklärte, mit deren Hilfe der Inhalt eines Schweinemagens meine Nahrung verdaute. Dies erschien mir als eine sehr vorgeschrittene Idee, und ein paar Wochen lang nahm ich nach jeder Mahlzeit einen Löffel rosa Flüssigkeit, die Schweinepepsin enthielt. Aber allmählich versagte das Wunder, und ich war wieder da, wo ich vorher gewesen war. Zuletzt fand ich es nötig, mein eigner Arzt zu sein, und wurde ein „Narr“ in viel mehr als einer Bedeutung.

„Arthur Stirling“ wurde an einen Verlag gesandt, und ich reiste in die Adirondacks zum Raquettefluß, wo ich ein paar Wochen in der Gesellschaft von Jägern und

Holzfällern verbrachte. Während der ersten zehn Minuten jeder Pürsch war ich ein leidlich guter Waidmann; aber dann vergaß ich, was ich eigentlich vorhatte, und wanderte in meinen Gedanken tausend Meilen weit fort. In eine schwere Decke eingewickelt und bei Sonnenuntergang ein Buch lesend, lag ich auf einer Berglehne, bis das Wild meine Witterung gefangen hatte; ich hörte fünf oder zehn Fuß weit hinter mir ein Geräusch, ich sah ein Reh im Sprung abgehen und drückte meine ungeladene Büchse ab.

8

Monate lang hatte ich in der Phantasie mit Arthur Stirling gelebt, und dieser Dichter war so wirklich geworden wie ich selbst. Warum sollte ich sein Tagebuch nicht als echt erscheinen lassen? Dem innersten Sinne nach war es das ja! In New York war ein Stenograph, der mehrere Jahre lang für mich gearbeitet hatte, er lancierte in die Neuyorker Zeitungen eine Notiz über den Selbstmord des Dichters Arthur Stirling. Die Reporter nahmen den Fall auf und brachten viele biographische Einzelheiten über den unglücklichen jungen Mann.

Der Verlag Appleton & Co. interessierte sich für das Tagebuch dieses Selbstmörders. Ihr literarischer Gutachter, Rippley Hitchcock, hielt sich zufällig in den Adirondacks auf, und wir trafen einander. Ich erzählte ihm die Tatsachen, und er hatte gegen die Fiktion nichts einzuwenden. Mir war sie immer harmlos vorgekommen; aber ein paar würdige Personen, so mein alter Lehrer

Brander Matthews und mein alter Arbeitgeber die „New York Evening Post“, betrachteten sie als ein schweres Verbrechen gegen die Literatur. Das Buch erschien im Februar 1903 und erregte ungeheures Aufsehen. Nahezu jeder Mensch hielt es für echt, was mich gar nicht erstaunte, denn, wie ich schon gesagt habe, dem innersten Sinne nach war es echt.

Die Zeitungen brachten lange Artikel über das Buch, einige davon voll tiefen Gefühls. Den besten hatte Richard Le Gallienne geschrieben, und ich benütze diese Gelegenheit, um ihm zu danken, was ich seinerzeit unterließ. Da ich niemanden hatte, der mich in den Formen der Welt unterwies, war ich ernstlich im Zweifel, ob es sich schickte, einem Mann, der mein Buch gelobt hatte, einen Dankbrief zu schreiben. Ich hatte mich entschieden, nicht zu einer persönlichen Beziehung zu machen, was doch nur eine Angelegenheit der Kunst war.

Die Täuschung dauerte nicht sehr lang. Ein emsiger Kritiker stellte die Ähnlichkeit des Stils von „König Midas“ und „Arthur Stirling“ fest. Ich schrieb daraufhin für den „Independent“ ein Manifest über das Thema „Not und Leid der Poeten“. Es besagte, „daß ich es zu meiner Lebensaufgabe gemacht hatte, sie in Zukunft vor solcher Schmach zu schützen“. Ich suchte die Zeitung hervor mit der Absicht, einige Stellen zu zitieren, aber ich stelle fest, daß ich nicht ohne Schmerzen darin lesen, kann, selbst heute, nach neunundzwanzig Jahren.

Mein Freund und Biograph, Floyd Dell, liest dies Manuskript und wendet ein: „Es ist ungerecht gegen eine sehr wichtige Person.“ Er erklärt diesen Gedanken: „Es ist ohne Sympathie für den Helden geschrieben, so seltsam das klingen mag. Du schenkst dem jüngeren Upton Sinclair nur manchmal ein Wort sympathischer Teilnahme.“ An einer späteren Stelle seines Briefes schreibt er: „Ich glaube, daß ich mich für Upton Sinclair als Mensch mehr interessiere als Du“. So will ich meinem Freund Gelegenheit geben, über diesen ungewöhnlichen Versuch zu reden und auseinanderzusetzen, was er für ihn bedeutete. Er sagt:

„Während ich Dein Manuskript las, stieß ich auf ein paar Worte aus einem Deinem jugendlichen Manifest ‚Ich, Upton Sinclair, der sich für einen Dichter hält und arm wie eine Ratte ist‘ – und ich erinnerte mich, was dieser Artikel für mich bedeutet hat, als ich sechzehn Jahre alt war. Auch ich hielt mich für einenDichter und war arm wie eine Ratte. Dein Manifest ließ mich auffahren wie ein Trompetenstoß. Ich sang es mir ins Herz. Ich glaube, daß es wirklich eins von Amerikas großen Gedichten ist. Ich glaube, in diesem Prosagedicht hast Du die Größe eines Dichters erreicht, die Deinen Versen fehlt. Ich glaube, es ist ein Jammer, daß es nicht in allen Anthologien steht. Ich weiß nicht, wie viele andere Jünglinge so wie ich davon ergriffen wurden. Viele haben es vielleicht vergessen, wie ich es vergessen hatte, ehe ich es jetzt abermals las. Aber dieses Prosa-Lied gab mir den Mut, mich einer häßlichen und schlimmen Welt zu stellen. Es gab mir Mut in meiner Einsamkeit; es gab mir die seelische Kraft, die Last zu tragen, daß ich als Träumer in einer fremden Welt leben muß. Der Jugend Kraft geben,– das ist nichts Geringes. Vielleicht ist es das Größte, was Literatur vermag.

Ich glaube, es war in dem darauffolgenden Jahr, daß ich Dich wiederfand in Deinem ‚Appell an die Vernunft'. In der Zwischenzeit hatte ich es, wie Du, als unmöglich befunden, den Kampf gegen die Welt allein zu kämpfen, und ich hatte meine Sache als die der Arbeiter aller Welt erkannt. Gewiß gibt es heute in Amerika nicht viele junge Menschen, die in ihren eigenen Wunden und Wünschen so vollkommen die Deinigen erkennen, wie ich es konnte; aber auf der ganzen Welt gibt es viele, und es werden ihrer immer mehr werden. Für sie alle wirst Du aus diesem ganz tief persönlichen Grunde ein Mann von großer Bedeutung sein. Wenn Du es nicht als Spott empfinden willst, darf ich sagen, daß Du im wahrsten Sinne ihr Heiliger bist. Ein Heiliger im wahren Sinne, das ist, wie Du weißt, einer, der gelitten hat, was wir alle leiden, und gesiegt hat, wie wir alle zu siegen hoffen. Der Heilige des einen Menschen taugt oft nichts für den anderen; jeder von uns muß seinen eigenen Heiligen haben. Es ist ein wirklicher Mangel vieler Deiner Erzählungen, daß Deine jungen Helden nicht genug leiden und gar nicht sündigen. Aus diesem Grunde ist Dein Leben in vieler Hinsicht erhebender als Deine Romane.

Aber Du hast die Geistesverfassung noch nicht erreicht, in der Du Deine Sünden bekennen könntest, – noch bist Du in Selbstverteidigung überzeugt, einige der schwersten davon seien Tugenden. Das ist es,

warum viele Menschen Dich nicht mögen, denn wer könnte auch einen Menschen lieben, der auch nur halb so gut wäre, wie Du immer überzeugt warst zu sein? Aber in dem ‚Tagebuch des Arthur Stirling' und in ‚Leidweg der Liebe' hast Du Dich preisgegeben. Es ist keine Holzpuppe, die durch diese Seiten geht, das ist ein lebendes, leidendes Bündel von Einbildung, Grausamkeit, Egozentrik und Wahn, so, wie wir wissen, daß wir selbst sind. Du läßt uns fühlen, daß hinter dieser Einbildung Vornehmheit und Großmut stehen, hinter dieser Grausamkeit, Egozentrik und Torheit, – Du läßt uns empfinden, daß auch wir, vielleicht, mit all unseren Fehlern, irgendetwas für die Menschheit bedeuten. Ich werte die Erkenntnis nicht hoch, die Du heute erreicht hast, sie kleidet Dich besser, als sie mich kleiden würde, – ich bin zu einer Erkenntnis gekommen, die ich gegen die Deine nicht eintauschen würde, und wenn Du noch die ganze Weisheit der sieben Weisen von Griechenland dazu legtest. Du weißt, daß ich Deine Macht und Deinen Wert als darstellender Künstler hochschätze. Aber so, wie Keats' Leben für uns wertvoll ist in Ergänzung seiner Dichtung, so geht es uns mit Deinem Leben.
Um es auf die kürzeste Formel zu bringen: über die ganze Welt zerstreut leben junge Menschen, die sehnlich wünschen, ihr Leben einer revolutionären Verbesserung der Welt zu opfern. Diese selben jungen Menschen werden wahrscheinlich ihre Herzen an die falschen Propheten hängen, sie werden furchtbar leiden, sie werden dieser und jener falschen Vorstellung über

sich selbst, über das andere Geschlecht und über die Liebe verfallen. Upton Sinclair kann das wohl nicht verhindern, noch kann er ihnen raten, was sie tun sollen, wenn es geschieht (noch würden sie ihm glauben, wenn er ihnen riete), er kann ihnen nützen, wenn er sie wissen läßt, daß er durch viele dieser gleichen Nöte selbst gegangen ist. Unter diese ‚gleichen Nöte' rechne ich die Askese, eine Jugendsünde von viel größerer Verbreitung, als Du zu glauben scheinst. Viele erwachsene Menschen schämen sich tief ihrer jugendlichen Askese. Ihnen würde es gut tun, wenn Du die Deinige bekennst, zugeben würdest, was Du alles durch sie verloren hast (und wirklich wüßtest, was Du verloren hast). Aber zugleich müßtest Du die wirklich furchtbaren Bedingungen erklären, zu denen man der Jugend ‚Freiheit' geboten hat, und die Unmöglichkeit, sie zu solchen Bedingungen anzunehmen; Du müßtest erklären, wie es gekommen ist, daß die Askese sich mit allem vereint hat, was gut war, – und dann müßtest Du ganz bekennen, wie trügerisch diese Vereinigung ist. Du müßtest die Jahre voller Schmerzen und Kämpfen schildern, die vergangen sind, ehe dieses Gespinst aus Falschheit sich entwirrte."

9

Das Manifest im „Jndependent" hatte meine persönliche Unabhängigkeit verkündet. – „Nachdem ich einen Sieg errungen habe" und so weiter. Ich glaubte wirklich, es bedeute etwas, daß die literarische Welt mein Buch mit solcher Begeisterung gelobt hatte. Aber im Verlauf der Zeit berichteten die Verleger, daß sie weniger als zweitausend Exemplare verkauft hatten, und wiesen auf eine tückische Klausel im Kontrakt hin, nach der sie irgendwelche Tantiemen erst dann zu zahlen hatten, wenn das Buch seine Unkosten gedeckt hatte. Natürlich geschah das nie. Damals hatten die amerikanischen Schriftsteller ihre Liga noch nicht gegründet, die ihnen sagt, wie man Kontrakte macht.

So saßen denn Corydon und Thyrsis noch fester in der Falle als je zuvor. Corydon lebte mit ihrem Baby bei den Eltern; Thyrsis wohnte indessen in einer Pension, dieses Mal oben in Harlem. Er durfte seine Frau, die er nicht erhalten konnte, nicht sehen. Seit sechs Monaten hatte er seinen Sohn nicht gesehen, und natürlich war er begierig, zu erfahren, wie dieser Sohn aussah. Die jungen Eltern vereinbarten, das Negermädchen, in dessen Pflege das Kind war, sollte zu einer bestimmten Stunde mit dem Kinderwagen an einem bestimmten Platz im Centralpark erscheinen, Thyrsis wollte dorthinkommen und das Kleine anschauen. Der Vater hielt die Verabredung ein, es erschien ein schwarzes Kindermädchen, das einen Wagen vor sich herschob, der Vater blickte hinein und sah etwas Entsetzliches, – ein rotköpfiges Kind lag darin mit einer flachen Nase und unreiner Haut. Der Vater lief davon und war verzweifelt, – bis ihm der Einfall kam, ein Telegramm zu schicken, und dann erfuhr er aus der Antwort, daß das Kindermädchen verhindert worden war, zu kommen.

Die Pension, in der Thyrsis ein Zimmer hatte, wurde von

einer ältlichen Witwe geführt. Sie hatte ihr kleines Vermögen in U. S.-Stahlaktien angelegt und hatte zusehen müssen, wie sie bis auf sechs Dollars fielen. Mitbewohner des Hauses waren der Vater von Thyrsis, der mehr und mehr trank, und Onkel Harry, der den Zustand fast erreicht hatte, in dem er sich eine Kugel durch den Kopf schießen mußte. Inzwischen hielt der Onkel es noch für seine Pflicht, dem hageren jungen Schriftsteller, der sich weigerte, „etwas Vernünftiges zu arbeiten", weise Ratschläge zu geben. Thyrsis' Mutter war ganz verstört und wiederholte immer die gleichen Reden; ein halbes Dutzend anderer Bewohner der Pension, Schreiber in Maklerbüros und andere Handelsangestellte, nahmen an dem Problem Interesse und sagten ihr Sprüchlein auf.

Dies war das Leben eines Menschen, der sich für einen Propheten hielt, in einer Welt des Handels! In diesem Winter schrieb ich die leidenschaftlichste meiner Erzählungen, „Der Industriebaron", die heute auf der Liste des staatlichen Verlagshauses von Sowjetrußland als besonders volkstümliches Werk vermerkt ist. Ich reichte das Manuskript bei Macmillan ein, und der Präsident dieses Verlagskonzerns war so liebenswürdig, mir das Urteil eines seiner Lektoren zu übermitteln. „Worum handelt es sich bei diesem jungen Autor?" war der einleitende Satz. Die Antwort lautete „Es handelt sich bei diesem jungen Autor darum, daß er nicht in der Lage ist, sich sattzuessen."

Die Kritiken über „Arthur Stirling" und „Leidweg der Liebe" beklagten die allzu idealistischen Charaktere, den Mangel an versöhnender Schwachheit in dem Helden.

So möge dieser Mangel durch ein Geständnis ausgeglichen werden: während jenes schrecklichen Winters entdeckte ich mein Laster! Während ich in dieser trostlosen Umgebung lebte, verzweifelt und ganz ohne einen Kameraden, wurde ich dann und wann aufgefordert, mit einem Hausgenossen Karten zu spielen. Als Knabe hatte ich Karten gespielt, aber nie um Geld; jetzt gewöhnte ich mich daran, mit den jungen Maklergehilfen und den anderen kaufmännischen Angestellten, mit denen das Schicksal mich zusammengeworfen hatte, dann und wann ein „ordentliches“ Poker zu spielen. Dabei entdeckte ich einen furchtbaren Hang zum Spiel ihn mir; eine dumme, blinde Gier und Angst bemächtigte sich meiner, ich war außerstande, mich dieser Leidenschaft zu entziehen. Das Spiel war sogenanntes „Kinderpoker“, die Einsätze waren lächerlich klein, aber dennoch bedeuteten sie Nahrung für die laufende Woche. Ich kann mich nicht erinnern, jemals gewonnen zu haben, aber ein bis zwei Dollars habe ich manchmal verloren. Einmal, am Weihnachtsabend, fing ich nach dem Essen an, zu spielen, und saß bis zwei oder drei Uhr morgens in einem halb gewärmten Raum, der grau von Tabakwolken war, am Tisch; am nächsten Nachmittag fing ich wieder an zu spielen, und spielte die ganze Nacht, ein echter Südstaatengentleman, ein geborener Spieler! Nach dieser Weihnachtserfahrung leistete ich einen Eid und brachte es mit einiger Mühe dazu, ihn zu halten. Seit jener Zeit habe ich nie wieder um Geld Karten gespielt.

Trotz soviel Erniedrigung, Wut und Verzweiflung formten sich neue literarische Pläne in mir, zwingend und kolossal! Diesmal sollte es nichts geringeres werden als eine Romantrilogie. Meine Ekstase formte Schlachten, Märsche und Belagerungen, titanische Anstrengungen der Volksseele von Amerika. „Manassas", „Gettysburg" und „Appomattox" sollten die Titel dieser mächtigen Werke werden, und durch den Vergleich mit dem Heroismus und dem Ruhm seiner Vergangenheit sollte Amerika über die Erbärmlichkeit seiner Gegenwart erhoben werden. Die nächste Aufgabe war es, jemand zu finden, der eine solche literarische Tat zu schätzen wußte und willens war, sie zu ermöglichen.

Ich reiste nach Boston, ins Hauptquartier jener Kultur, die ich verherrlichen wollte. Ich wohnte bei meinem Vetter Howard Bland, damals Student in Harvard, und widmete mich dem Doppel-Ziel, Lokalkolorit und eine Unterstützung zu suchen. Erfolg hatte ich nur in dem ersten Punkt. Thomas Wendworth Higginson hatte „Frühling und Ernte" gelesen und führte mich bei den Männern ein, die von der alten Garde der Sklavenbefreier übrig geblieben waren; ich erinnere mich an verschiedene Besuche bei Frank B. Sanborn und einen bei Julia Ward Howe. Ich besuchte eine Zusammenkunft von Teilnehmern an einer großartigen Waffentat und hörte die Veteranen ihre Geschichten erzählen – obwohl ich von all dem nicht viel brauchte, denn der Bürgerkrieg war in Büchern, Zeitschriften und Zeitungen ausreichend dargestellt. Ich wallfahrtete zu den Alt-Boston-Denkmälern und Reliquien; denn ich hatte meine Virginia-Ideale für die von Massachusetts eingetauscht und wollte den Bürgerkrieg vom Yankee-Gesichtspunkt aus schildern.

Ich hatte mir Boston warmherzig und voll von Interesse vorgestellt. Warum war Boston so kalt? Man war natürlich vollendet höflich und gern bereit, einen jungen Romancier zum Tee einzuladen und ihm zuzuhören, wenn er von seinem geplanten großen Werk sprach. Aber wenn die Frage auftauchte, ob irgend jemand fünfhundert Dollars vorschießen wolle, um den ersten Band einer solchen Trilogie zu ermöglichen, dann fanden sie einstimmig Ablehnungsgründe. Unter denen, an die ich mich wandte, war Edwin D. Mead, der bekannte Pazifist, und Edwing Ginn, den Schulbuchverleger, beide berühmte Philanthropen. Herr Ginn erklärte mir, er habe den Charakter eines seiner Neffen total ruiniert, indem er ihm Geld gab, und sei überzeugt, etwas Schlimmeres könne man einem jungen Menschen nicht antun. Vergeblich versuchte ich, ihn zu überzeugen, daß es zwischen jungen Leuten Unterschiede gäbe.

In New York fand sich ein Mann, der imstande war, zu begreifen, daß ein Schriftsteller essen muß, während er arbeitet. George D. Herron war sein Name, und daß er zufällig ein Sozialist war, sollte in dem Leben des jungen Schriftstellers große Bedeutung erlangen. Aber das gehört ins nächste Kapitel; dieses hier handelt von dem Schicksal Corydons und Thyrsis', und wie ihre Liebe unter Armut und Mißgeschick zugrunde ging. So mag es jetzt genügen, zu erzählen, daß der neue Freund zweihundert Dollars vorschoß und versprach, weiterhin dreißig Dollars monatlich zu geben. Soviel, schätzte Thyrsis, würde er brauchen, um sich selbst mit Weib und Kind im „Zurück zur Natur"-Stil zu erhalten, während des Jahres, in dem er „Manassas" schrieb. Der erwählte Ort war Princeton in New Jersey, weil die dortige Universität die zweitgrößte Sammlung von Bürgerkriegsliteratur besitzt, – die größte befindet sich in der Kongreß-Bibliothek. Im Mai 1903 fand die Auswanderung statt, und nun wurde für drei und ein halbes Jahr Princeton unsere Heimat.

11

Am Abhang eines Hügels drei Meilen nördlich von der Stadt fand sich eine Waldecke, deren Besitzer bereit war, sie als literarisches Feldlager zu verpachten. Das Zelt war aus Kanada herangeschifft worden, eine Plattform wurde gebaut und die nötige Ausstattung an hölzernen Regalen und Tischen gezimmert. Es gab noch ein kleineres Zelt für die geheimen Zusammenkünfte mit Clio, der Muse der Geschichte. Die beiden Leinwandbauten wurden mit grünen Türen versehen, zum Schutz gegen die berüchtigten Jersey-Moskitos. Das Wasser mußte in Eimern von der Quelle eines Bauern herbeigeschleppt werden, und einmal wöchentlich mieteten wir Pferd und Wagen, um in die Stadt zu fahren, Vorräte zu kaufen und eine Last Literatur über den Bürgerkrieg gegen eine andere auszutauschen.

„Manassas, ein Kriegsroman“ lautete der Titel; die Einleitung sagte: „Auf daß die Menschen dieses Landes wissen mögen, welch ein Erbe ihnen geworden ist.“ Der junge Historiker entdeckte eine Waldlichtung, einen Platz, auf dem er ungestört auf und nieder gehen konnte, und dort entstanden in seinem Hirn die Szenen jener schrecklichen „Wiedergeburt der Freiheit“. Die Männer dieser Epoche traten zu ihm und sprachen in ihrer eigenen Sprache, und mit Zittern und Ehrfurcht verzeichnete er ihre Taten und Worte.

Seine Arbeitsmethode hatte sich so entwickelt: er ließ eine Szene in seiner Phantasie spielen, wieder und wieder, bis er sie ganz auswendig wußte, und dann erst brachte er die Worte zu Papier. Es nahm drei Wochen in Anspruch, eine Episode wie das Schlachtbild aus „Manasses“ auszutragen, die dann etwa dreißig Seiten lang wurde. Während dieser ganzen Zeit war der Kopf des Schriftstellers kaum einen wachen Augenblick hindurch unbelagert von den Personen und Taten seines Buches, kaum für einen Augenblick wich die Nervenspannung, die ihre Gegenwart erregte. Zwischen diesen Höhepunkten des Schaffens hatte er die Literatur von sechzig vergangenen Jahren zu lesen und durchzuforschen, Zeitungen, Monatshefte, Broschüren, Biographien und Memoiren. Um „Manasses“ schreiben zu können, mußten fünfhundert Bände gelesen und noch viel mehr nachgeschlagen werden.

Corydon sorgte indessen für das Baby, einen Burschen von anderthalb Jahren, der genau zu wissen schien, was er wollte, und sich dunkelrot brüllte, um es zu bekommen; die unerfahrenen jungen Eltern fürchteten manchmal, er würde sich bei einer solchen Gelegenheit totbrüllen. Während es in der Großstadt eingekerkert war, hatte das Kind an Rachitis gelitten, jetzt hatte ein Kinderarzt sehr genaue Ernährungsvorschriften gemacht, deren Befolgung der jungen Mutter täglich viele Stunden Arbeit kostete. Aber die Kost schlug dem Kleinen an, und jetzt wurde er noch viel ausfälliger.

Corydon und Thyrsis hatten sich nichts anderes gewünscht, als zusammen zu sein; jetzt hatten sie, was sie sich gewünscht hatten – beinahe in allzu reichem Maß. Dann und wann trafen sie einen Bauern und seine Frau, zwei gute, alte Leutchen; wenn sie nach Princeton fuhren, sahen sie die Angestellten in den Geschäften und in der Universitätsbibliothek; sonst sahen sie niemand. Es gibt vielleicht Frauen, die ein solches Leben ertragen hätten, aber Corydon war nicht dazu geschaffen. Während ihr Gatte fort ging, um mit seinem Engel zu ringen, saß sie im Zelt und rang mit Dämonen. Sie litt an Depressionen und Melancholie, man konnte nicht wissen, ob das Übel aus der Seele oder aus dem Körper kam.

Heute würde jeder Freudianer wissen, was er ihr zu sagen hätte. Aber damals war die Freudsche Dämonologie noch nicht gefunden. Empfängnisverhütung, wie ein Hausarzt sie vorgeschrieben hatte, hatte sich nicht bewährt, darauf konnte man sich nicht verlassen; da eine neue Schwangerschaft den Tod aller Hoffnungen des jungen Schriftstellers bedeutet hätte, gab es keine Sicherheit als die Rückkehr zu der ursprünglichen Gepflogenheit, als „Bruder und Schwester“ zu leben. Da

Zärtlichkeiten zu geschlechtlicher Erregung führten und damit eine Gefahr bedeuteten, wurde es notwendig, Kosestunden aus dem täglichen Programm zu streichen, die Liebe nur noch in edlen Worten und lautem Vorlesen der Bürgerkriegsliteratur zu bekunden. Thyrsis konnte das, denn er war ganz in sein Werk versponnen. Ob Corydon es konnte oder nicht, war eine unnötige Frage – Corydon mußte eben. Natürlich war dies eine Grausamkeit und bereitete den Weg zu einer Tragödie vor. Ich kann dazu nur sagen, daß ich seit jenen Tagen über Empfängnisverhütung mehr gelernt habe, und ich wünschte, daß die idiotischen Gesetze meines Landes mich nicht hinderten, öffentlich zu sagen, was ich weiß.

12

„Prinz Hagen" war inzwischen von siebzehn Zeitschriften und zweiundzwanzig Verlagshäusern abgelehnt worden, dann hatte eine Firma in Boston das Werk herausgebracht, und es wurde, wie gewöhnlich, eine Enttäuschung für den Verfasser. Aber ein oder zweihundert Dollars Tantièmen kamen herein, beinahe genug, um ein Haus zu bauen. Ein alter Schreiner kam mit seinem Sohn aus dem Dorf, Thyrsis arbeitete mit ihnen und lernte ein Handwerk. Im Lauf von zwei oder drei Wochen bauten sie eine Hütte am Saum des Waldes, sechzehn zu achtzehn Fuß groß, mit einem Wohnzimmer längs der Front, einem schmalen Schlafzimmer und einer Küche nach hinten. Es wurde mit Dachpappe gedeckt, und die Gesamtunkosten beliefen sich auf zweihundertsechsundfünfzig Dollars. Zehn Prozent dieser Summe verdiente ich mit einem Artikel über den Eigenbau von Wohnstätten, den ich zum Nutzen anderer junger Schriftsteller, die sich aus der Zivilisation retten wollten, an „World's Work“ verkaufte. Das Baby, das jetzt zwei Jahre alt war, beobachtete die gewaltigen Männer bei ihrer Arbeit, und danach war das Problem seiner Beschäftigung gelöst; es war nichts nötig, als es mit einem Stück Holz, einem Hammer und einigen Nägeln vor die Tür zu setzen, dann schlug es stundenlang mit tiefster Befriedigung Nägel in das Holz. Das Problem der jungen Mutter aber war viel schwerer zu lösen. Der Wind kam heulend vom Norden und schüttelte die kleine Hütte auf dem Bergrücken, der keinen Schutz bot. Der Schnee lag tief auf den Wegen, für eine Frau, die von ihrer Hausarbeit todmüde war, wurde es unmöglich, spazieren zu gehen. Sie konnte in einem Schlitten zur Stadt fahren, aber dort war kein Platz, wo sie sich mit ihrem Baby aufhalten konnte; und wo blieb das Vergnügen der Frauen, Einkäufe zu machen, da die Familie nur dreißig Dollars monatlich zum Leben hatte? Damals geschah die Geschichte mit der dunkelroten Tischdecke. Corydon hatte sie als Gelegenheitskauf irgendwo entdeckt, der Preis war dreißig Cents, und sie griff danach, um in ihrem Heim aus nacktem Holz eine winzige, kleine Spur von Schmuck zu haben. Sie kaufte die Decke, aber Thyrsis war böse und unnachgiebig, er bestand darauf, daß die Decke zusammengefaltet und zurückgetragen wurde. Von dreißig Cents den Tag mußte die Familie ihre Mahlzeiten bestreiten. Wenn sie in den Geschäften Rech-

nungen auflaufen ließ, wie sollte die Seele Amerikas gerettet werden?
Natürlich kam auch Krankheit. Ob man in jenen Tagen in Amerika reich oder arm war, man bekam Schnupfen oder Halsentzündung, weil man noch nichts von Hygiene verstand. Corydon hatte Schmerzen, und die Ärzte äußerten geheimnisvoll etwas von „Gebärmutterleiden". Sie zahlte einen Dollar für eine Flasche „Lydia Pinkhams Gemüsesaft", der „Störungen des weiblichen Organismus" heilen sollte und es auch tat, in der Weise nämlich, daß es die Schmerzen des Opfers mit Opium betäubte. Es geschah in einer Winternacht, daß Thyrsis durch das Schluchzen seiner Frau aufgeweckt wurde und sie im Mondlicht aufrecht im Bett sitzen sah, einen Revolver in der Hand. Den Revolver hatte man gekauft, damit sie beschützt war, wenn ihr Gatte in der Universitätsbibliothek arbeitete. Jetzt hatte sie stundenlang versucht, Mut zu sammeln, um sich eine Kugel in den Kopf zu schießen, aber sie hatte den Mut nicht. All diese Dinge waren Material für die zukünftige Arbeit am „Sumpf".

13

Die Wucht des schrecklichen Winters war gebrochen, endlich konnte man wieder spazieren gehen. Blumen erblühten in den Wäldern und auch in zwei gemarterten Herzen. Denn der große Roman war vollendet, und diesmal wurde er sofort angenommen. Das große Haus Macmillan nannte ihn ein hervorragendes Stück Erzählungskunst, zahlte 500 Dollars Vorschuß darauf und versprach, ihn im Herbst herauszubringen. So war es der kleinen Familie möglich, die tiefrote Tischdecke zu kaufen, auch eine Vase für Waldblumen, und Pferd und Wagen häufiger – für einen Dollar pro Nachmittag – zu mieten. Sie fuhren in die Stadt, schlenderten über die Plätze und hörten zu, wie die Studenten im Zwielicht ihre Lieder sangen.

Eine Stadt voll von hübschen jungen Studenten war kein schlechter Platz für die Mädchenfrau eines einsamen Genies, die durch ein grimmes Schicksal zum Zölibat verurteilt war. Sehr bald lernte Corydon einen jungen Dozenten kennen, der ein oder zwei Meilen von ihrem Bergrücken wohnte. Er kam zu Besuch; er hatte Pferd und Wägelchen, er fuhr Corydon spazieren, und von diesen Fahrten kam sie erfrischt und neubelebt zurück. Das Leben wurde immer hoffnungsvoller.

Pünktlich erschien die Stunde, in der sie ihrem vielbeschäftigten Gatten offen und naiv erzählte, was geschehen war. Der junge Dozent hatte scheu und schamhaft gestanden, daß er sich „irgendwie“ in sie verliebt habe. Es war unschuldig und idyllisch, eine ganz rührende Geschichte. Thyrsis war bewegt – er konnte wohl verstehen, daß man sich in Corydon verliebte, denn das war ihm ja selbst geschehen. Er freute sich, dies alles war so edel und hochherzig; aber er empfahl sehr liebenswürdig, aus Gründen der Weltklugkeit nicht mehr mit dem jungen Mann spazieren zu fahren. Corydon war schmerzlich berührt und wunderte sich; aber als sie noch ein paar Spazierfahrten gemacht hatte, gab sie zu, daß es klüger wäre, damit aufzuhören.

So war sie wieder eine Zeit lang allein; dann traf sie, bei ihrem Bemühen gesund zu werden, einen hochherzigen und hübschen jungen Arzt, einen Schotten. Seltsam genug, die ganze Geschichte wiederholte sich; der Arzt gestand, scheu und schamhaft, daß er sich „irgendwie" in seine Patientin verliebt habe; diesmal aber war er es selbst, der es klüger fand, sie nicht mehr zu treffen. Corydon erzählte Thyrsis alles, was da geschah, und das war vorzügliches Material für einen angehenden Romancier, der zurückgezogen lebte und in romantischen Gefühlen wenig Erfahrung hatte. Aber allmählich nutzte die Romantik sich ab, – es wiederholte sich alles zu oft.

REVOLUTION

1

Floyd Dell, der seine Geschichte meines Lebens entwarf, fragte mich, wie es käme, daß aus einer konventionellen Familie des Südens ein sozialer Rebell hervorging. Ich überdachte das Problem, und endlich entdeckte ich, daß meine Psychologie die des armen Verwandten ist. Von frühester Kindheit an war es mein Schicksal gewesen, dem Reichtum ganz nahe zu stehen, der anderen gehörte.

Ich will gleich vorausschicken, daß ich nicht im geringsten daran denke, meine Verwandten zu schelten. Sie waren immer gütig zu mir; ihre Häuser standen mir offen, und wenn ich kam, war ich ein Mitglied der Familie. Man soll auch nicht glauben, daß Neid mich erregte. Ich möchte nur sagen, daß ich Zeit meines Lebens den Gegensatz zwischen Reichtum und Armut unmittelbar vor Augen hatte, gezwungen war, darüber nachzudenken und Fragen zu stellen. „Mama, warum sind manche Kinder arm und andre reich? Wie kann das gerecht sein?" Ich quälte meine Mutter mit diesem Problem und bekam nie eine Antwort. Jetzt quäle ich damit die Verteidiger dieser Weltordnung, die selbst der herrschenden Klasse angehören, und bekomme abermals keine Antwort.

Die andere Ursache meiner Rebellion war, so seltsam es scheinen mag, die Bischofskirche. Ich nahm die Worte Jesu wirklich ernst, und wenn ich mich aufmachte, um einer feierlichen Konfirmation beizuwohnen, so dachte ich, ich sei wirklich im Begriff, zur Glorie des rebellischen Zimmermanns beizutragen, des Freundes der Armen und Erniedrigten, dieses Symbols menschlicher Brüderlichkeit. Später las ich in den Zeitungen, daß man der Frau des Bischofs Juwelen im Werte von fünfzigtausend Dollars gestohlen hatte, und daß sie die Polizei in Bewegung setzte, um Jagd auf den Dieb zu machen. Ich konnte nicht begreifen, daß die Frau eines Bischofs Juwelen im Werte von fünfzigtausend Dollars besitzt, diese Tatsache wollte mir nicht aus dem Hirn und hatte viel damit zu tun, daß mein kirchlicher Eifer dahinschwand.

Zwischen siebzehn und zweiundzwanzig Jahren stand ich unserer Zivilisation, die auf Klassenprivilegien aufgebaut ist, gänzlich allein gegenüber; alles, was mir an dieser Zivilisation ungerecht erschien, glaubte ich allein erkannt zu haben, und auf mir fühlte ich die Aufgabe ruhen, sie zu ändern. Elf oder zwölf Jahre lang hatte ich unter dem Einfluß einer kapitalistischen Erziehung gestanden, und ich gelangte zu der Erkenntnis, daß eine Gesellschaftsordnung, die auf organisierter Besitzgier beruht, schlecht ist; aber daß es noch andere als mich gab, die das erkannten, wußte ich dank dieser Erziehung nicht; sie hatte es fertig bekommen, mich glauben zu lassen, daß die Bewegungen des Bryanismus und Populismus,

die das Übel heilen wollten, vulgär, lärmend und unter meinem kulturellen Niveau seien.
Daß es eine sozialistische Bewegung in Europa gegeben hatte, wußte ich natürlich; flüchtig hatte ich gehört, daß Bismarck solche Mißvergnügte verfolgt hatte. Ich wußte auch, daß es Träumer und Narren gegeben hatte, die sich davongemacht hatten, um in Kolonien zu leben, und die revoltierten, wenn sie an die wirklichen Probleme des Lebens stießen. Gefühlsmäßig ein Revolutionär gegen den Mammonismus, war ich intellektuell dennoch ein vollkommener kleiner Snob und Aristokrat. Ich lehnte moderne Bücher ab, ohne sie gelesen zu haben, und ich erwartete, daß die sozialen Übel durch kultivierte und höfliche Gentlemen geheilt werden würden, die ihre Universität absolviert hatten und vornehme Ideale besaßen. Als ich zehn Jahre alt war, hörte ich zufällig von Anarchisten sprechen, infolge der Hinrichtung der Haymarket-Märtyrer. In der Schreckenskammer des Eden-Panoptikums sah ich eine Gruppe, die diese Desperados darstellte, wie sie um einen Tisch herumsaßen und Bomben machten. Ich sah diese Bomben mit entsetzten Augen, ich zitterte bei dem Gedanken an verkommene Menschen, die die Hinterstuben von Kneipen bevölkerten, Gott lästerten, unmoralisch lebten und konspirierten, um die Regierung zu stürzen. Kurz, ich glaubte im Jahre 1889, was fünfundneunzig Prozent aller Amerikaner im Jahre 1932 glauben.

2

Im Herbst 1902, als ich, nach New York zurückgekehrt, die Niederschrift von „Arthur Stirling“ beendet hatte, traf ich in der Redaktion des „Literary Digest“ einen hochgewachsenen jungen Mann, der mit sanfter Stimme sprach und eine vornehme Seele besaß. Sein Name war Leonard D. Abbot; er war Sozialist, wie er mir erzählte, und nahm an, ich würde gern über die Bewegung etwas hören. Er gab mir zwei Broschüren und ein Heft von „Wilshire's Magazine“.

Es war, als ob rings um mich Gefängnismauern niederfielen; nach all diesen Jahren war das die kolossalste Entdeckung: daß es nicht meine Aufgabe war, auf schwachen Schultern allein die ganze Last der Menschheitszukunft zu tragen! Es gab wirklich noch andere, die sehend waren, die erkannt hatten, was mir langsam klar geworden war: wo Herz und Schwergewicht des Übels lagen! Der soziale Reichtum, den die Natur geschaffen hatte, und an dem jeder Mensch, um zu leben, teilhaben muß, war zum Gegenstand des Schachers auf dem Markt geworden und einem irrsinnigen Spekulationsfieber preisgegeben. Die Hauptlehre, die die Sozialisten mir zu geben hatten, war die Tatsache, daß sie existierten.

Die nächste Tür führte zur Redaktion eines sozialistischen Monatsblattes, und ich wurde dorthin geführt, um John Spargo, einen früheren Kohlenarbeiter aus England, kennen zu lernen, einen aggressiven, kleinen Mann mit borstigen schwarzen Haaren und Schnurrbart.

Wir führen ihn heute auf unserer Verlustliste, er lebt im Felsengebirge des Staates Vermont, sammelt alte Töpferei und Porzellan und ist der eifrigste Anhänger von Cal Coolidge in Cals Heimatbergen. Ich brachte Spargo ein Gedicht, das ich zur Krönung König Edwards geschrieben hatte, die damals gerade stattfand. Der Redakteur wollte es drucken, aber ich verlangte Geld dafür, und damit fiel der Plan zusammen. Ich verkaufte das Gedicht für fünf Dollars an eine irische Wochenzeitschrift, – ich habe den Namen des Blattes vergessen, und wenn ich ihn noch wüßte, würde ich ihn nicht preisgeben, denn die zwei Zeilen, an die ich mich noch erinnere, sind hoffentlich das Schlechteste, was ich je geschrieben habe.

Eine der Broschüren, die ich las, war von George D. Harron; sie erregte in mir tiefe Bewunderung; als ich sie dem Redakteur und Kritiker Paul Elmer More brachte, erweckte sie in ihm tiefsten Abscheu. Ich schrieb an Harron, erzählte ihm über mich selbst, und darauf folgte außer einer Einladung zum Abendessen ein sehr merkwürdiges und amüsantes Erlebnis.

Ich war nicht ganz in der Lage, mich zum Essen einladen zu lassen, denn meine Schuhe hatten abgetretene Absätze und mein einziges Paar abknöpfbarer Manchetten sah böse aus; aber ich nahm an, bei einer sozialistischen Einladung würde es darauf nicht ankommen, und so ging ich zur angegebenen Stunde in ein Hotel an der 40. Straße. Plötzlich stand ich in einem Appartement von höchstem Luxus, mit Marmorstatuen und schönen Gemälden, und dort wurde ich von einem schwarzbärtigen Herrn im Abendanzug und mit großem Lavallière-Schlips empfangen, eine Zusammenstellung, die ich noch nie gesehen hatte. Außerdem erwartete mich dort eine vornehme Dame in einem grünen Empirekleid mit Schleppe. Es erschien noch ein anderer Gast, ein kleiner Mann mit schwarzem Bart, dessen Schnurrbartenden scharf zugespitzt waren, und der mit seinen böse zwinkernden Augen absolut wie eine neue Verkörperung des Mephistopheles wirkte. „Genosse Wilshire", sagte mein Gastgeber, und jetzt wußte ich, daß er der Herausgeber des Magazins war, das ich gelesen hatte. Wir vier gingen in den Speisesaal des Hotels, und es fiel mir auf, daß jeder Mensch in dem Raum uns anstarrte. Selbst als wir Platz genommen hatten, hörte das nicht auf. Das Essen wurde bestellt, und dann vollzog sich eine kleine häusliche Komödie, die ich als der Sohn einer pedantischen Mutter wohl verstehen konnte. Der Kellner servierte unser Fleisch und setzte das Gemüse auf den Tisch, dann ging er fort, um irgendetwas anderes zu holen. Ich sah meinen Gastgeber sehnsüchtig nach einer Schüssel mit Erbsen blicken, die direkt vor ihm stand; ich sah, wie er die Hand hob, um sich zu bedienen, dann blickte er nach seiner Frau, und seine Frau runzelte die Brauen; dann sank seine Hand wieder nieder, und wir warteten, bis der Kellner kam und uns die Erbsen vorschriftsmäßig servierte.

Sehr bald erfuhr ich die tragische Geschichte meines neuen Freundes. Als Pfarrer der Kongregationskirche in Grinnell, im Staate Iowa, hatte er eine reiche Frau zum

Sozialismus bekehrt, und sie hatte ihm einen Lehrstuhl auf der Grinnell-Universität verschafft. Er war unglücklich verheiratet, hatte sich in die Tochter der reichen Frau verliebt und hatte es abgelehnt, sich zu verhalten, wie ein Diener der Kirche sich in einer solchen Krisis verhalten muß. Ganz im Gegenteil, er hatte sich etwa benommen wie ein Weltmann von der Fifth Avenue, hatte seiner Frau vorgeschlagen, die Scheidung einzuleiten und ihm seine Freiheit zu geben, um die Frau, die er liebte, heiraten zu können. Es war ein furchtbarer Skandal entstanden, die Schmutzpresse hatte wütend ins Feuer geblasen, und Harron mußte seine Professur aufgeben. Jetzt lebte er in New York mit seiner neuen Frau und ihrer Mutter und predigte in den Sälen der Arbeiterbewegung statt in den Kirchen und Hochschulen.

Er war ein ungewöhnlich empfindlicher Mensch, die Wut der auf ihn gerichteten Angriffe hatte ihn beinah umgebracht, und sehr bald überredete ich ihn, sich zurückzuziehen, sich selbst und seiner Schriftstellerei zu leben. Er tat es, aber es entstand nicht viel aus seiner Feder. Während des Weltkrieges verschlang er die englische Propaganda, ganz so, wie ich es tat, ging als Vertrauensmann Woodrow Wilsons in die Schweiz und machte den Deutschen Versprechungen, die Wilson später nicht hielt. Harrons Buch „Niederlage im Sieg“ erzählt die Geschichte seiner Verzweiflung über das Schicksal der Menschheit. Er war eine seltsame Mischung aus höchster Moral und menschlicher Schwäche. Ich will hier nicht auf Einzelheiten eingehen, ich will ihm nur den

Tribut erweisen, den ich ihm persönlich schulde. Ich danke George D. Harron, daß ich als Schriftsteller am Leben blieb. In einem Augenblick, in dem ich völlig erschöpft war und keinen Ausweg sah, wandte ich mich an ihn; ich sandte ihm „Arthur Stirling", das Manuskript von „Prinz Hagen" und erzählte ihm von dem Buch „Manassas", das ich schreiben wollte. Ich hatte die Öffentlichkeit angerufen und keine Antwort erhalten; ich hatte die führenden Schulen und Universitäten angerufen und gehofft, sie würden einem schöpferischen Schriftsteller Kameradschaft erweisen; ich hatte große Philanthropen angerufen – alles vergeblich. Jetzt wandte ich mich an einen Sozialisten, und zum ersten Male fand ich einen Genossen. Harron versprach mir Geld und hielt sein Versprechen – im ganzen waren es vielleicht achthundert Dollars. Wie ich ohne dieses Geld weitergelebt hätte, kann ich mir absolut nicht vorstellen.

3

Der andere Gast bei jenem Mahl war gleichfalls ein Mann, von dem zu sprechen sich lohnt. Galord Wilshire hatte mit Plakatreklame in Los Angeles ein Vermögen gemacht, dann plötzlich aus heiterem Himmel heraus seine Bekehrung zum Sozialismus verkündet, eine öffentliche Rede gehalten und war dafür ins Gefängnis gesperrt worden. Er hatte ein Wochenblatt gegründet, es dann nach New York verlegt und hier in ein Monatsblatt verwandelt. Er gab sein Geld verschwenderisch aus, indem er für die Werbung der größten Anzahl neuer Abonnenten Preise aussetzte, wie Konzertflügel und Weltreisebilletts. Immer wieder machte er William Jennings Bryan ein Angebot von zehntausend Dollars, falls er sich auf eine Debatte über den Sozialismus mit ihm einlassen wolle, aber der vorsichtige „Jungredner" nahm das Geld nicht, so bequem es gewesen wäre; er wußte nichts von Sozialismus, und der schlagfertige Redakteur hätte ihn lächerlich gemacht.

Wilshire betonte immer, sein Übertritt zum Sozialismus sei eine reine Verstandessache gewesen; er sei selbst zur Überzeugung gekommen, daß der Kapitalismus sich überlebt habe und vor dem Zusammenbruche stehe. In Wirklichkeit aber hatten sein Gerechtigkeitssinn und sein gütiges Herz eine große Rolle bei diesem Kreuzzug gespielt. Wenn man ihn sprechen hörte, glaubte man, er sei der zynischste Mensch der Welt, ein echter Mephisto; seine eigentlichen Fehler aber waren seine Großmut, die es ihm unmöglich machte, Geld festzuhalten, und eine Art übertriebener Optimismus, der ihn glauben ließ, er würde ganz plötzlich wieder eine Menge Geld verdienen. Die Reklamefachleute in New York hatten ihm versichert, das Problem einer Monatszeitschrift sei gelöst, wenn sie es auf eine Auflage von 400000 bringe, denn dann mache der Reklameteil jedes derartige Unternehmen aktiv. Daher die Preise; aber ach, als die 400000 erreicht waren, stellte sich heraus, daß die großen Auftraggeber eine Zeitschrift nicht unterstützen wollten, in deren Leitartikeln ihre Privilegien bedroht wurden. So lag Wilshire schief und machte sich daran, Gold zu graben, um sein Magazin, den Inserenten zum

Trotz, am Leben zu halten. Das ist eine Geschichte, die ich später erzählen werde.
Wilshire lud mich ein und stellte mich zwei Schwestern vor, von denen die ältere bald seine Frau wurde. Auf ihrer Hochzeitsreise kam das Paar nach Princeton, und sie wurden unsere intimsten Freunde. Mary Wilshire war mir eine Art ältere Schwester – obwohl sie tatsächlich, wie ich glaube, jünger ist als ich. „Gay" brachte mein Bild in seiner Zeitschrift und stellte mich der sozialistischen Bewegung als kommenden Romanschriftsteller vor. Ich schrieb für ihn; ich erinnere mich an einen Aufsatz „Der Mensch und sein Spielzeug", in dem ich mich über die Sitte erwachsener Amerikaner lustig machte, große Mengen von unnötigen materiellen Dingen aufzuhäufen. Wenn man sich neunundzwanzig Jahre später Amerika unter diesem Gesichtspunkt ansieht, kann man feststellen, daß meine Philippika völlig erfolglos geblieben ist.
Es war entweder in diesem Sommer oder im nächsten, da nahmen die Wilshires uns auf eine Zweiwochenreise nach Halifax mit; er hatte im Austausch für Inserate freie Reisen bekommen. Wir segelten los und sahen Neuschottland im Frühsommer, wenn es am lieblichsten ist, wir schwammen bei Mondlicht in einem Binnensee. Zufällig entdeckte ich ein paar Vettern – wie es scheint, hat ein Zweig der Sinclairs Virginia nach dem Bürgerkrieg verlassen, und so lebte ein Sinclair hier als englischer Militärarzt. Ich hatte den Eindruck, als sei er nicht sehr stolz auf seinen jungen Verwandten und dessen altmodische Frau, die ihr eigenes Kind pflegte.

Er lud uns nicht ein, den Reichtum und den Stil der britischen Armee zu bewundern, und so hatten wir Zeit, allein am Strand umherzuschweifen, wo das Kind seine Patschhändchen mit Massen von vertrockneten Seesternen füllte.

4

Im Frühling 1904 wurde „Manassas" vollendet und im August veröffentlicht. Damals las ich die Zeitung „Appell an die Vernunft" – es war in der Zeit der Moyer-Haywood-Kämpfe – und wurde ein heißköpfiger „Radikaler". Der Streik der zwanzigtausend Arbeiter von den Chicagoer Schlachthöfen war zusammengebrochen, und ich richtete ein Manifest an sie: „Ihr habt den Streik verloren, was werdet Ihr tun?". Das war eine Sprache, wie der „Appell an die Vernunft" sie brauchte, mein Aufruf erschien auf der ersten Seite, die er ganz füllte, es wurden Hunderttausende von Exemplaren verteilt. Ich besitze noch ein Exemplar dieser alten Zeitung, vom 17. September 1904. Ich schrieb einen zweiten Artikel über die ganze Breitseite des Blattes: „Bauern Amerikas, vereinigt Euch". Mein Honorar bestand in zwanzig- oder dreißigtausend Exemplaren; das war ungefähr, als hätte man mir eine Herde weißer Elefanten geschenkt Ich mußte für zwei Wochen einen Burschen, ein Pferd und einen Wagen in Dienst nehmen, um die Zeitungen auf dem Land zu verbreiten. Zwei Jahre später kandidierte ich in jenem Distrikt auf der sozialistischen Wahlliste für den Kongreß, und es kann sein, daß meine Propaganda mir ein halbes Dutzend Extrastimmen eingetragen hat.

Während der dreieinhalb Jahre, die ich in der Nähe von Princeton verbrachte, lernte ich die Lage der amerikanischen Kleinbauerngemeinden kennen. Was ihre Väter getan hatten, taten auch sie; wie ihre Väter gestimmt hatten, so stimmten sie, und dachten, es sei für Lincoln oder vielleicht für Tilden. Sie lebten in erbärmlicher Unwissenheit und waren von Degeneration bedroht. Ich habe oft daran gedacht, ein Buch über sie zu schreiben, – aber man hätte mir nicht geglaubt, denn die Tatsachen stimmten so absolut mit meiner sozialistischen These überein, daß man gedacht hätte, ich stutze sie zurecht.

In meiner Nachbarschaft – einem Umkreis von zwei Meilen, den ich durch persönliche Berührung und durch Erzählungen der Nachbarn kannte – gab es nur ein halbes Dutzend anständiger Familien, die auf Bauernhöfen von hundert Acres* oder mehr lebten. Die Familien, die nur zehn oder zwanzig Acres besaßen, bestanden aus Trinkern, Degenerierten, geistig oder körperlich Minderwertigen, Halbidioten, den Opfern von Tuberkulose oder Geschlechtskrankheiten, dann und wann auch aus Leichtkriminellen. Entsprechend der Größe ihres Besitzes sanken sie tiefer und tiefer, bis man an die „Jukes" kam, die überhaupt keinen Besitz hatten, in einer alten Scheune kampierten, ein halbes Dutzend Kinder gezeugt hatten, die sich an Weinessig besoffen, einander prügelten, heulten, brüllten, tobten und den Nachbarn Hühner und Äpfel stahlen.

---

* 100 Acres sind etwa 40 Hektar. Der Übersetzer.

Diese kleinen Bauern in New Jersey und anderen Staaten des Ostens stellen einen Bodensatz der Bevölkerung dar, die zum größten Teil in einer Art von Emigrationswellen das Land verlassen hat und in den Westen oder in die großen Städte ausgewandert ist. Die Tüchtigen und Tätigen sind entflohen, die Schwachen sind zurückgeblieben und stellen unser „Bauernproblem" dar. Die Prohibition erreichte sie nicht, denn sie machten ihren eigenen „Äpfel-Jack" mit sechzig Prozent Alkohol. Politische Fragen exsistieren für sie nur einmal im Jahr, nämlich wenn sie für jede Stimme, die eine Familie aufbringen kann, zwei bis fünf Dollars erhalten. Sie lassen ihre Kinder sechzehn Stunden täglich arbeiten und schikken sie drei oder vier Wintermonate lang in die Schule, wo die Kinder gerade genug lernen, um das Preisverzeichnis des Krämers zu verstehen und ein Sonntagsblättchen zu lesen, das Berichte über die Zusammenkünfte des Kirchenrats bringt; auch lesen sie ein methodistisches oder baptistisches Blatt, das preisend vom „Blut des Lammes" spricht sowie von Patentmedizinen, die Opium und anderes Gift enthalten. So war das bäuerliche New Jersey vor fünfundzwanzig Jahren, und nichts hat sich dort geändert, vielleicht mit einer einzigen Ausnahme: daß das System der behördlichen Erpressungen jetzt völlig durchorganisiert ist, während der „Appell an die Vernunft" verstummte.

5

Man führte in New York ein Theaterstück auf, „Candida“, dessen Verfasser der junge englische Dramatiker Bernhard Shaw war. Ich hatte kein Geld, um ins Theater zu gehen, aber ich lieh mir das Buch, und dann hatte ich ein phantastisches Erlebnis: mir war, als träte ich Shelley von Angesicht zu Angesicht gegenüber. Nun folgte „Mensch und Übermensch“, – ich erinnere mich, wie ich das Stück im Sommer las, in einer Hängematte vor meiner Waldhütte, wie ich vor Entzücken über diese Darstellung der britischen Aristokratie die Füße in die Luft stieß. Das war herrlich geschildert, wie diese Aristokraten sich im Himmel benahmen, die von der Musik nichts verstanden und sich zu Tode langweilten, aber dennoch ausharrten, weil sie glaubten, ihre gesellschaftliche Stellung verlange das.

Ich war jetzt einigermaßen imstande, meine Frau standesgemäß zu erhalten, und damit besserte sich das Verhältnis zu meinem Schwiegervater. In der zweiten Hälfte des Sommers hatte er sechs Wochen Urlaub und lud mich ein, ihn auf einer Kanufahrt ins nördliche Ontario zu begleiten. Mein Schwiegervater war Großstädter mit einer Leidenschaft für das primitive Leben; er wollte immer einen Platz ausfindig machen, den vor ihm noch kein Mensch betreten hatte, und fand er ihn, brach er in Entzücken aus und rief: „Wild wie die Hölle!“. Wir erreichten das Nordufer des Temeskamingsees, machten mit unseren Lasten eine lange Fußreise und paddelten dann so etwa zwei- oder dreihundert Meilen über eine Reihe von Seen, bis wir auf dem Sturgeonfluß den Winnipegsee erreichten. Wir nahmen zwei Kanus, schleppten sie heldenhaft auf unseren Schultern, lernten, uns der Stirntragriemen zu bedienen, machten aufregende Fahrten über gefährliche Stromschnellen, fischten an einem Tag ein Dutzend großer Hechte und pirschten uns an ein Renntierrudel so nahe heran, daß wir die Tiere mit unseren Paddeln hätten berühren können. Dieses Land ist heute ein großer Minendistrikt, voll von Kobalt und Kupfer, aber zu jener Zeit gab es dort nicht einmal Fußpfade, und der einzige weiße Mann, den wir während mehrerer Wochen sahen, war der Vertreter einer Hudsonbai-Gesellschaft.

Als ich wieder nach Hause kam, sollte „Manassas" gerade erscheinen, und das war der psychologische Moment, mit den Zeitschriften abzurechnen. Getrude Atherton hatte in der „Nordamerikanischen Revue" einen Artikel veröffentlicht, in dem sie untersuchte, warum die amerikanische Literatur trotz so vieler Möglichkeiten, robust zu sein, so „bourgeois" sein mußte. Ich schrieb eine Antwort, in der ich von der amerikanischen Literatur in nationalökonomischen Begriffen sprach; aber die „Revue" lehnte ab. Ich schickte den Artikel an „Collier's Magazine", das damals von Norman Hapgood herausgegeben wurde, und es brachte ihn. Der Artikel war einer der stärksten, die ich je geschrieben habe, aber kein Wort darüber erschien in den kapitalistischen Tageszeitungen. Ich konnte das nicht verstehen; jetzt aber, nachdem es mir hundertmal so gegangen ist, weiß ich, was ich davon zu halten habe.

„Collier's“ brachten einen zweiten Artikel von mir, in dem ich den Amerikanern erzählte, was wir Sozialisten glauben und wollen. Sie nahmen auch einen offenen Brief an Lincoln Steffens an, über das Thema „Die Schande der Großstädte“; ich behandelte darin eine Reihe von Erpressermaßnahmen, die damals in die Erscheinung traten. In „Sündenlohn“ habe ich von einer Einladung bei Robbie Collier erzählt, wie mir dort der alte Peter Collier, ein früherer Hausierer, beim Essen mitteilte, er würde nicht erlauben, daß meine Artikel weiter in seiner Zeitschrift erschienen und ihm eine halbe Million Abonnenten wegjagten. Der Hauptteil meines Briefes an Steffens erschien später in meinem Buch „Die industrielle Republik“, das seit langer Zeit vergriffen ist. Es enthielt eine – mir scheint bemerkenswerte – Prophezeiung der gegenwärtigen Weltkrise.

6

„Manassas“ erschien und wurde von der Kritik gelobt, aber es wurden weniger als zweitausend Exemplare verkauft. Die Menschen in diesem Lande fragten nicht viel nach dem Erbe, das sie übernommen hatten; oder mindestens wollten sie nicht viel darüber hören. Die fünfhundert Dollars Vorschuß auf dieses Buch blieben so ziemlich alles, was ich für meine Arbeit bekam. Im Verlauf von vier und einem halben Jahr hatte ich im ganzen sechs Romane und Novellen geschrieben, davon waren vier Bände erschienen, und die Summe meiner Einkünfte betrug weniger als tausend Dollars.

Trotzdem war „Manassas“ der Weg, der mich aus dem Dickicht herausführte. Der Redakteur von „Appell an die Vernunft“ las das Buch und schrieb mir mit Begeisterung: ich hätte den Kampf gegen die Leibsklaverei in Amerika geschildert, ob ich das nicht auch bezüglich der Lohnsklaverei tun wolle? Ich antwortete, ich wolle es tun, brauche dazu aber seine Hilfe. Der Herausgeber, Fred G. Warren, war damit einverstanden, daß ich auf die Vorabdrucksrechte des Romans einen Vorschuß von fünfhundert Dollars bekam, und ich wählte die Chicagoer Schlachthöfe als meinen Schauplatz. Mein Manifest „Ihr habt den Streik verloren“ hatte mich in Berührung mit Sozialisten unter den Schlachthofarbeitern gebracht.
Im Oktober 1904 machte ich mich nach Chicago auf, und sieben Wochen lang lebte ich unter den Lohnsklaven des „Fleischtrusts“, wie man in jenen Tagen sagte. Ich wurde später oft gefragt, ob ich mein ganzes Leben in Chicago verbracht hätte, und ich antwortete: „Wenn das der Fall wäre, hätte ich den „Sumpf“ niemals schreiben können; ich hätte dann Dinge für selbstverständlich gehalten, die mich wie mit einem plötzlichen, harten Schlag getroffen haben.“ Als ich wieder abfuhr, war ich blaß und dünn, teils von Unterernährung, teils vor Entsetzen. Mir war, als stünde ich vor einer wirklichen Festung, vor brutaler Übermacht. Wie die Wälle zu brechen oder abzutragen seien, das war für mich ein militärisches Problem. Ich saß nachts in den Wohnungen der Arbeiter, ausländischer und im Lande geborener, sie erzählten mir, einer nach dem anderen, ihre Geschichte, und ich notierte mir jede Einzelheit. Bei Tag

durchzog ich die Schlachthöfe, meine Freunde riskierten ihre Stellung, um mir alles zu zeigen, was ich zu sehen wünschte. Ich war nicht viel besser angezogen als die Arbeiter. Meine einzige Verkleidung bestand darin, daß ich ein Eßgeschirr trug, und damit konnte ich mich überall bewegen. Solange ich ging, hatte kein Mensch Verdacht auf mich. Wenn ich etwas sehr sorgfältig beobachten wollte, mußte ich wieder und wieder denselben Raum durchschreiten. Ich forschte den ganzen Distrikt ab, sprach mit Rechtsanwälten, Ärzten, Zahnärzten, Krankenpflegern, Polizisten, Politikern, Gütermaklern, mit jeder Art von Menschen. Meine Mahlzeiten bekam ich in der Universitätskantine, wo ich meine Aufzeichnungen durch die Urteile von Männern und Frauen ergänzen konnte, die dieser Umgebung ihr Leben widmeten. Als das Buch erschien, waren sie ein wenig erschrocken, sie hatten nicht gedacht, daß ihre Welt sich nach außen hin so furchtbar präsentierte.
Ein Glücksfall war es für mich, daß Adolf Smith, Korrespondent der „Lancette", der führenden medizinischen Zeitschrift von England, sich in Chicago aufhielt. Smith war unter den Gründern der Sozialdemokratischen Föderation gewesen, zugleich war er eine Autorität auf dem Gebiete der Schlachthäuser, er hatte alle Fleischkonservenfabriken der Welt für die „Lancette" studiert. Immer, wenn ich an der Eindeutigkeit meiner Feststellungen zweifelte – wenn ich nicht wußte, ob mein Entsetzen vielleicht die Überempfindlichkeit eines jungen Idealisten sei –, kräftigte ich meine Ansicht durch das fachmännische, sachverständige Entsetzen des

Herrn Smith. „Das sind keine Konservenfabriken,“ erklärte er, „das sind Konserven-Galeeren, mit Lohnsklaven an der Kette.“

Nach etwas mehr als einem Monat hatte ich mein Material beisammen und wußte die Geschichte, die ich erzählen wollte, aber ich hatte noch nicht die Figuren. An einem Sonntag Nachmittag sah ich, während ich in den Straßen um die Schlachthöfe schlenderte, eine Hochzeitsgesellschaft, die das Hinterzimmer einer Kneipe betrat. Es waren ein paar Landauer voll von Menschen, ich blieb stehen, um sie zu beobachten, und da sie gastfreundlich schienen, schlüpfte ich mit in ihr Zimmer und stellte mich an die Wand. Damals begann das Eröffnungskapitel des „Sumpf“ sich in mir zu formen. Da standen meine Figuren vor mir – die Braut, der Bräutigam, die alten Eltern, der prahlerische Vetter, die Kinder, die drei Musikanten, alle. Über eine Stunde beobachtete ich sie, gliederte sie in meine Fabel ein, begann im Geist den Vorgang niederzuschreiben, Satz um Satz immer wieder vornehmend, wie es meine Gewohnheit war. Ich ging fort, um zu essen, kam wieder und blieb bis in die späte Nacht. Ich saß auf einem Stuhl an der Wand, sprach mit niemand, beobachtete nur, ließ meine Phantasie spielen und prägte mir jede Einzelheit ein. Erst zwei Monate später ließ ich mich zu Hause am Arbeitstisch nieder und brachte endlich die Feder aufs Papier; aber die Geschichte stand schon, ich legte ganze Absätze, ganze Seiten genau so nieder, wie ich sie mir ins Gedächtnis geprägt hatte.

7

Unser Leben in der fünf mal sechs Fuß großen Hütte war jammervoll gewesen, unsere ganze Sehnsucht ging danach, ein richtiges Bauernhaus zu bekommen. Wir hatten die Umgebung ausgeforscht, hatten uns in dieses und jenes Haus hineinversetzt – wobei ich auf die Wirtschaft achtete, während Corydon auf die Schönheit sah, – und zankten uns, weil unsere Gesichtspunkte sich nie vereinigen ließen. Zuletzt bekam Corydon ihren Willen – wenigstens in der Einbildung; wir wählten als das Ziel unserer Sehnsüchte eine Bauernwirtschaft mit einem guten Haus, das aus acht Räumen bestand, und das für zweitausendsechshundert Dollars zu haben war, tausend in bar, der Rest als Hypothek. Es gehörten sechzig Acres Land zu dem Hof, gute Scheunen, ein Stück Wald und drei Obstgärten; wir träumten von einer Kuh, Hühnern, einem Pferd und Wägelchen – und machten uns weiß, all das würde sich selbst erhalten.
Bevor ich an den „Sumpf" ging, besuchte ich Dr. Savage, mit dem wir ein Herz und eine Seele waren; ich schüttete all mein Weh in sein befreundetes Herz. Ich erzählte ihm, daß Corydon im vergangenen Winter dem Selbstmord nahe gewesen, und wie ich einen zweiten Winter in dieser furchtbar engen Wohnung fürchtete. Ich erregte sein Mitleid so stark, daß er sich entschloß, mir tausend Dollars zu leihen, für die er eine Hypothek auf den Hof als Sicherheit nahm. Arme, gütige Seele, wie manche traurige Geschichte mag er in seinem großen, einer Kapelle ähnlichen Arbeitszimmer angehört haben!

Er versicherte mir, daß er kein reicher Mann sei, und ich war glücklich, als ich ihm am Jahresende das Geld zurückerstatten konnte.

Wir bezogen unsere neue, schloßähnliche Wohnung, reich möbliert mit Kram aller Art, der dann und wann auf Versteigerungen zu haben war, wenn jemand starb oder verzog. Da stand man im Schnee herum, trampelte mit den Füßen und wartete, bis man auf einen Satz von drei Küchenstühlen, an denen der Sitz oder ein Bein fehlte, oder auf ein Dutzend Teller, die in einer verbeulten Waschschüssel ausgestellt waren, bieten konnte. Man zahlte bar und hatte vierundzwanzig Stunden Zeit, das erworbene Gut abzuholen. Ich erwarb bei solchen Versteigerungen eine Kuh, ein Pferd und ein Wägelchen.

Früher hatte ich mir für die Arbeit im Winter eine Hütte gebaut, acht Fuß breit und zehn Fuß lang, hatte sie mit Dachpappe gedeckt, mit einer Tür und einem Fenster versehen. Ein Tisch, ein Stuhl, ein selbstgezimmertes Bücherbord standen darin, außerdem ein kleiner runder Ofen, der mit Kohlen geheizt wurde, denn um ein Holzfeuer im Gang zu halten, hätte ich zu oft meine Gedanken unterbrechen müssen. Die ganze Hütte wurde nun auf einen Bauernwagen geladen und an die neue Wohnstelle transportiert. Dort errichtete ich sie auf einem Hügel; in jenen Tagen galt mir die Aussicht mehr als Schutz, heute bin ich weniger romantisch und verberge mich vor dem Sturm. An einem Weihnachtstag begann ich in dieser Zufluchtsstätte das erste Kapitel des „Sumpf“ zu schreiben.

Drei Monate lang arbeitete ich ohne Unterbrechung. Ich schrieb mit Angst und Tränen, legte auf diesen Seiten alles Leid nieder, das bisher mein Leben gebildet hatte. Äußerlich behandelte die Geschichte eine Familie von Schlachthofarbeitern, aber eigentlich war es die Geschichte meiner eigenen Familie. Hatte ich erst erforschen müssen, was die Armen im Winter in Chicago litten? Ich brauchte mich nur an den letzten Winter in unserer Hütte zu erinnern, als wir nur Baumwolldecken zum Zudecken hatten, Lumpen über uns häuften und in getrennt stehenden Betten vor Frost zitterten. Der Hunger, die Krankheit, die Angst vor dem Morgen, – es war immer dasselbe. Die „Ona" meines Romans war eigentlich Corydon, ich ließ sie Dialekt sprechen, aber sonst war sie ganz unverändert. Unser kleiner Junge lag in jenem Winter mit Lungenentzündung darnieder und starb beinah, und mein Schmerz zog seine Spuren durch das Buch.

8

Drei Monate unablässiger Arbeit mit wenig Bewegung setzten meinen Magen nahezu außer Dienst. Ein Verwandter lud mich zu einer Seereise nach Savanna ein. Ich machte die Fahrt, kam nach Florida, und zwei Wochen lang wanderte ich am Strand entlang und fischte in der Brandung; ich kam erfrischt zurück, den Frühling und Sommer über gehörte ich wieder meiner Arbeit. Der Roman lief in dem „Appell an die Vernunft" – Auflage eine halbe Million –, ich bekam Briefe von Lesern und stellte fest, diesmal hatte ich etwas geschrieben, das man las. David Graham Phillips schrieb mir: „Ich wage es kaum, Ihnen zu sagen, wie furchtbar ergriffen ich bin.“

Während dieses Jahres führte ich auch ein einigermaßen menschliches Leben. Manchmal war das Land schön, so, wenn der erste Schnee fiel, und dann wieder, wenn die Pfirsichbäume sich rosa färbten, die Birnbäume weiß, und die Äpfelbäume ein Kleid aus beiden Farben trugen. Wir besaßen einen Gemüsegarten und hatten noch nicht entdeckt, daß er mehr kostete, als wenn wir das Gemüse gekauft hätten. Wir kauften ein paar Gänseeier und ließen acht oder zehn Stück ausbrüten, aber die Tiere zerstreuten sich über das Land, und eines Tages verschwanden sie in den Mägen der Füchse. Ich arbeitete all meine freie Zeit über auf unserem Grundstück und wurde ein Tausendsassa. Ich kutschierte einen Heuwagen, der malerisch und romantisch aussah, aber die Wolken von Pollenstaub setzten mir zu, daß ich mir beinah den Schädel abnieste. In jenen Tagen war ich ununterbrochen erkältet, manchmal war es so schlimm, daß ich zu den Ärzten lief, die mir Pillen und Pulver verordneten und meine Nase mit roten, grünen, gelben oder blauen Flüssigkeiten vollpumpten. Aber all das hatte nicht die geringste Wirkung.

Kurz vor Abschluß des Buches ließ ich die „Akademisch-Sozialistische Gesellschaft“ vom Stapel laufen. Ich hatte über meine Ausbildung im College und auf der Universität nachgedacht, und es war mir klar geworden, daß ich nicht durch Zufall von der modernen revolutionären Bewegung nie etwas gehört hatte. Wenn die Professoren sich weigerten, die Studenten über modernes Leben aufzuklären, dann war es Sache der Studenten, sich selbst zu unterrichten; so versandte ich ein Rundschreiben an alle sozialistischen Akademiker, deren Namen ich kannte, und lud sie ein, mit mir zu „organisieren"; am 12. September 1905 hatten wir eine Zusammenkunft in einem Restaurant und wählten Jack London zu unserem Präsidenten. Die Zeitungen widmeten dieser komischen Gesellschaft von Außenseitern drei oder vier Zeilen. Ich erinnere mich, daß ich den Sekretär irgendeines Universitätsklubs aufforderte, sich die Mitgliederliste kommen zu lassen, und ich konnte ihm den seltsamen Namen unserer Organisation nicht verständlich machen. „Akademisch-Sozialistische Gesellschaft, sagen Sie?" Es klang. ihm wie „Katholisch-anarchistische Liga" oder „Königlicher Kommunistenklub".

Natürlich hatten wir keine Einkünfte, und alle Arbeit wurde freiwillig geleistet. Oft saß ich bis zwei oder drei Uhr morgens auf, schnürte Pakete von Literatur und versandte sie an Leute, die oft gar nichts davon wissen wollten und manchmal entsprechende Briefe schrieben. Ein junger Student aus Weslayan, namens Harry Laidler, gehörte von der ersten Versammlung an zu uns, und ein paar Jahre lang war es mein Traum, daß wir wenigstens achtzehn Dollars wöchentlich einnähmen, um Harry zum vollbeschäftigten Sekretär machen zu können. Diese Organisation, die heute als „Liga für industrielle Demokratie" bekannt ist, beschäftigt nicht nur Laidler, sondern auch Norman Tomas, und wir bringen etwa fünfzigtausend Dollars im Jahr auf. Das ist nicht

viel im Vergleich mit den Einkünften des „Power Trust“, aber wir erreichen damit immerhin, daß wenigstens einige Studenten vom Sozialismus hören.
Bald nach unserem Anfang reiste Jack London nach dem Osten; und wir organisierten ein gewaltiges Massenmeeting für ihn. Es war nicht sehr akademisch, das gebe ich zu; ein paar Studenten waren erschienen, aber die meisten Zuhörer stammten aus den östlichen Vororten, jüdische Burschen und Mädchen, die rote Schleifen trugen, fungierten als Platzanweiser. Unser Held war aus Florida gekommen, sein Zug hatte sich verspätet, und ich erinnere mich an meinen Schrecken, als es hieß, ich müßte das Podium betreten und sprechen, um die Zeit auszufüllen. Aber in diesem Augenblick erhob sich ein Begrüßungssturm. Jack war da. Er trug uns seine berühmte Abhandlung „Revolution“ vor. Das ist erst fünfundzwanzig Jahre her, aber es klingt wie Geschichte der Vorzeit. Ein großer Teil jenes roten Feuers ist jetzt in die kommunistische Bewegung gefahren, und mein Freund Scott Nearing wundert sich, daß ich immer noch der Sozialistischen Partei angehöre, die aus Rechtsanwälten und zur Ruhe gesetzten Grundstückagenten besteht.

9

George P. Brett vom Macmillan Verlag hatte die ersten Kapitel des „Sumpf“ gelesen, er war von dem Buch ergriffen und gab mir einen Vorschuß von fünfhundert Dollars. Die letzten Kapitel waren nicht ganz auf der

Höhe, denn meine Gesundheit und mein Geld waren verbraucht, und eine zweite Chicagoreise, die ich für nötig hielt, kam nicht mehr in Betracht. Ich tat das Menschenmögliche, und die Kritiker, die das Ende des Romans ablehnten, hätten sehen sollen, was ursprünglich in meinem Manuskript stand! Ich raste wild auf das Ziel los, alle Probleme Amerikas zugleich anzuschneiden; ich brachte auch den Moyer-Haywood-Fall in die Geschichte hinein, alles, was ich darüber wußte, und was meiner Meinung nach die Leser wissen sollten. Diese Kapitel prüfte ich auf ihre Wirkung und bekam ein grausames Urteil: der Herausgeber des „Appell" besuchte mich, saß eines Abends in meinem kleinen Wohnzimmer, um die Geschichte zu hören, und fiel in einen gesunden Schlaf! Als höflicher Autor las ich noch eine ganze Stunde lang weiter, in der Hoffnung, mein Gast würde aufwachen, und ich würde ihm die Verlegenheit ersparen, geweckt zu werden.

Ich wurde nach New York gerufen, um Herrn Brett zu sprechen. Er wünschte, daß ich von dem „Blut und Dreck" des Buches einiges wegließe; noch nie sei etwas so Entsetzliches in Amerika gedruckt worden – mindestens nicht von einer angesehenen Firma. Herr Brett war bisher ein aufmerksamer, aber etwas zurückhaltender Kritiker meiner Manuskripte gewesen. Hätte ich seinen Rat angenommen, dann wäre mein Leben leichter geworden, – aber dann hätte ich eben ein anderer Mensch sein müssen. Auf Grund seiner großen Erfahrung als Verleger versicherte er mir, er könnte dreimal so viel Exemplare meines Buches verkaufen, wenn ich einverstanden wäre, die beanstandeten Abschnitte fortzulassen; wenn ich dies ablehnte, würde die Firma mein Buch nicht herausbringen. Ich besprach das Problem mit Lincoln Steffens, einem älteren „Schmutzaufwirbler", als ich es war. Er sagte: „Es hat keinen Sinn, unglaubliche Dinge zu erzählen, selbst wenn sie wahr sein sollten." Aber ich konnte seinen Rat nicht annehmen; es war meine Aufgabe, die Wahrheit zu erzählen.

Ich weiß nicht mehr, welche Verleger noch den „Sumpf" abwiesen. Im ganzen waren es fünf; mit der Zeit wurde ich wütend und beschloß, ihn selbst herauszugeben. Der Herausgeber des „Appell" erlaubte mir großmütig, all meine Schwierigkeiten in seinem Blatt zu schildern. Jack London schrieb ein Aufsehen erregendes Manifest, in dem er alle Anhänger der sozialistischen Bewegung aufrief, sich zu dem Buche zu bekennen, das er als „Onkel Toms Hütte" der Lohnsklaverei bezeichnete. „Es ist lebendig und warm," schrieb er, „es ist voll grausamen Lebens. Es handelt von Schweiß und Blut, von Ächzen und Tränen." Ich machte eine Subskribentenausgabe zum Preis von einem Dollar zwanzig, und nach einem oder zwei Monaten hatte ich viertausend Dollars eingenommen – mehr Geld, als ich in den ganzen vergangenen fünf Jahren zusammen verdient hatte. Erfolg steigt mir immer zu Kopf, ich werde betrunken, ich bilde mir ein, so müßte es für den ganzen Rest meines Lebens weiter gehen; so könnte ich also eine Kolonie gründen oder eine Zeitschrift herausgeben oder ein Stück aufführen lassen oder einen Streik finanzieren – alles, was nötig ist, um die Welt zu dem umzumodeln, was sie sein sollte.

In diesem Fall war es mein erstes, für hundertfünfundzwanzig Dollar ein Reitpferd zu kaufen. Das war nicht so töricht, wie es klingt, denn das Pferd konnte auch an unser Wägelchen gespannt werden, und so hatte ich ein wenig Bewegung, um meinen armen Magen in Ordnung zu bringen, der offenbar weniger leistete als der Kopf. Ich hatte jetzt auch eine Möglichkeit, rasch in die Stadt zu kommen, und das war gut, denn es gab viele Geschäfte zu erledigen, ich mußte Telegramme und Korrekturen absenden. Eine Druckerei in New York war an der Arbeit, den „Sumpf" zu setzen. Gerade als dies Werk getan war, riet mir jemand, das Buch bei Doubleday, Page & Co. einzureichen. So erschien ich eines Tages wieder in New York, um mit Walter H. Page und seinen jungen Mitarbeitern eine Reihe von Konferenzen abzuhalten.

Dieser Verleger und Herausgeber spielt eine wichtige Rolle in der amerikanischen Geschichte, und deshalb will ich erzählen, was ich von ihm weiß. Er war ein ungewöhnlich gütiger und ungewöhnlich naiver Mann; da er selbst gut war, glaubte er an die Güte aller anderen Menschen; und wie er während des Weltkrieges von Balfour und anderen britischen Tories lebendig verschlungen wurde, so wurde er bald darauf beinahe von den Chicagoer Konservenfabrikanten verschluckt. In seiner Angst, auf dieser schönen und guten Welt jemand ein Leid zuzufügen, legte er die Korrekturbogen des „Sumpf" Herrn James Keeley, dem Herausgeber der „Chicago Tribune" vor; Keeley war ein höchst ehrenwerter Herr, der mit einem zweiunddreißig Seiten langen Urteil über das Buch zu Diensten war. Keeley versicherte, einer seiner Reporter, ein uninteressierter und höchst sachverständiger Mann, habe dieses Gutachten vorbereitet. Ich bestimmte die Firma, eine eigene Erhebung über den Gegenstand meiner Enthüllungen anzustellen, und sie sandten einen jungen Rechtsanwalt aus. Der erste Mensch, den dieser Rechtsanwalt in den Schlachthöfen traf, war ein Presseagent der Fabrikanten. Der Rechtsanwalt erwähnte den „Sumpf", und der Agent sagte: „O ja, das Buch kenne ich. Ich habe es teilweise gelesen und einen zweiunddreißig Seiten langen Bericht für James Keeley von der ‚Tribune' vorbereitet."

10

Das Gutachten des jungen Rechtsanwalts stützte mich, so daß Doubleday und Page sich entschlossen, das Buch herauszubringen, während sie mir gleichzeitig erlaubten, meine eigene Ausgabe an die Subskribenten zu liefern. Die Publikation erschien im Februar 1906, und sofort setzte der Kampf ein. Die Antwort der Fabrikanten erschien in einer Serie von Artikeln, verfaßt von J. Ogden Armour in der „Saturday Evening Post", deren Chefredakteur Armours früherer Sekretär war. Der große Industrielle ließ sich nicht herab, mein Buch zu nennen, aber er sprach würdevoll über die skrupellosen Angriffe gegen sein großes Unternehmen, das in jeder Beziehung auf der Höhe sei, in vornehmer Gesinnung geleitet werde und über jeden Zweifel erhabene Produkte herstelle. Ich erinnere mich, wie ich diese literarische Konserve in Princeton las und mir das Gelesene durch den Kopf gehen ließ, während ich nach Hause ritt. Ich kochte vor Wut, und ganz automatisch stiegen alle Einzelheiten meines Materials neu in mir auf. Als ich zu Hause ankam, hatte ich die Antwort schon fertig. Ich setzte mich hin und schrieb die ganze Nacht hindurch, am nächsten Morgen hatte ich einen Artikel von dreißig Druckseiten fertig: „Die verurteilte Fleischindustrie".

Ich nahm den ersten Zug nach New York und eilte zu „Jedermanns Magazin", das gerade erst das Land mit Tom Lawsons Enthüllungen über die Methoden der Börse elektrisiert hatte. Ich nahm an, daß sie für etwas Neues Interesse hätten, und fragte nach dem Verleger der Monatsschrift – der Gegenstand schien mir zu wichtig, um mich der Entscheidung eines einfachen Redakteurs zu unterwerfen. E. I. Ridgway empfing mich, ich sagte ihm, was ich wollte, er rief seinen ganzen Redaktionsstab zusammen, ich las ihnen den Artikel vor, und er wurde auf der Stelle angenommen, Honorar achthundert Dollars. Sie hielten die Maschinen an, die gerade das Maiheft des Magazins druckten, und nahmen eine Erzählung heraus, um Platz für meinen Artikel zu machen. Zwei Rechtsanwälte wurden zu Rate gezogen, wieder einmal mußte ich Punkt um Punkt mein Material vortragen und meine Feststellungen verteidigen. Kein Zweifel, es war Dynamit. Bob Davis von „Muntheys Magazin" – wie segne ich ihn dafür! – hatte mich mit einem wilden einäugigen Iren bekannt gemacht, der Vorarbeiter in Armours Schlachtanstalt gewesen war; unter seinem Eid hatte er die Geschichte erzählt, wie man gemeines Aas, das schon in die Gruben geworfen worden war, um zerstört zu werden, aus den Gruben wieder heraufgeholt hatte, und wie es in der Stadt als Fleisch verkauft worden war. Die Armours waren zu ihm gegangen und hatten ihm fünftausend Dollars geboten, wenn er seine Geschichte widerriefe; auf den Rat eines Rechtsanwalts hatte er das Geld genommen, es für seine kleine Tochter auf die Bank gelegt – und dann in einer zweiten eidesstattlichen Erklärung erzählt, wie und warum man ihn bestochen habe. Ich besaß diese beiden eidesstattlichen Erklärungen; ich besaß auch eine Liste von Gerichtsurteilen aus den Prozessen, die gegen Armour und seine Mitinhaber in verschiedenen Staaten geführt worden waren, weil er aus verdorbenem Fleisch Konserven hergestellt und verkauft hatte. Das bildete ein kostbares Gegenstück zu Herrn Armours literarischer Konserve in der „Saturday Evening Post“.

Von dem Artikel in „Jedermanns“ nahm man an, er würde alle Dächer in die Luft sprengen. Aber oh weh, er erschien in den Zeitungskiosken am 20. April; der 19. April aber war der Tag, den der Herr aller Geschichte gewählt hatte, um San Franzisko durch Erdbeben und Feuer zu zerstören; so hatten die kapitalistischen Telegrammagenturen eine Entschuldigung, über die Aas-Industrie kein Wort zu bringen Dieselbe Art Mißgeschick ist mir im Laufe meines Lebens einige Male widerfahren. Vor mehreren Jahren reiste ich über den ganzen

Kontinent, um die Stadt Boston, die meinen Roman „Petroleum“ verboten hatte, mit Krieg zu überziehen; und als ich mich gerade ans Werk machte, landete Lindbergh nach seinem Europa-Flug wieder in Amerika, und nun stand zwei Wochen lang in den amerikanischen Zeitungen nichts als „Der einsame Adler“ nebst bezahlten Inseraten.

11

Immerhin, dank den Bemühungen des größten Propagandisten jener Zeit, Theodor Roosevelts, kam der „Sumpf“ ein wenig später auf die ersten Seiten. Der Präsident schrieb mir, er habe das Ministerium für Ackerbau mit der Untersuchung betraut, und ich antwortete, ebenso gut könnte er einen Räuber beauftragen, sich selbst zu überführen. Wenn Roosevelt wirklich den Wunsch habe, über die Zustände in den Schlachthöfen unterrichtet zu werden, müsse er die Untersuchung geheim und vertraulich führen.

So wurde ich aufgefordert, nach Washington zu kommen. Ich wurde zum Frühstück ins Weiße Haus eingeladen, wo ich James R. Garfield, Francis E. Leupp und ein oder zwei Mitglieder des „Tennis-Kabinetts“ kennen lernte. Eine Zeitlang sprachen wir über die Konservenfabrikanten. „Teddy“ sagte: „Herr Sinclair, ich habe für diese Gentlemen wenig Liebe, denn ich habe das Büchsenfleisch gekostet, das sie für die Armee in Kuba geliefert haben.“ Plötzlich begann er, die politische Situation in Washington zu schildern; es war die Zeit jenes

Skandals um den Senat der Verräter. Der Präsident nannte die Namen dieser Verräter und erzählte von jedem, was er über ihn wußte. Ich war starr, denn – wenn ich alles überlegte – was wußte Theodor Roosevelt von mir? Ich war ihm fremd, ein junger sozialistischer Agitator, von dem er kaum Diskretion erwarten konnte. Jetzt saß mir der Präsident der Vereinigten Staaten gegenüber, sprach über seine Pläne und politischen Absichten, ließ all seiner Wut gegen seine Feinde freien Lauf – und gab sich nicht einmal die Mühe, mir zu sagen, daß all dies vertraulich sei. Ich erinnere mich, daß er den Senator Hale von Maine einen „Senator der Schiffsrheeder" nannte; diesen Vortrag werde ich nie vergessen, wie Roosevelt mit leiser Emphase sprach, die Zähne bleckte und bei jeder besonders betonten Silbe auf die Tischplatte schlug: „Der absulut un-sau-ber-ste und absulut nichts-nutz-ig-ste Verbrecher, den Gottes Allmacht jemals auf die-se Er-de gesetzt hat!" Nach dieser Sitzung verstand ich die Einrichtung, die die Zeitungsleute von Washington als „Ananiasklub" bezeichneten. Man nahm an, ich wüßte, daß die Worte des Präsidenten nicht weiter gesagt werden durften; hätte ich mich gegen dies Gesetz vergangen, dann hätte „Teddy" einfach erklärt, ich sei ein Lügner. Ein merkwürdiges Beispiel zu diesem Fall: nur wenige Wochen später hielt Roosevelt seine berühmte Rede gegen die „Schmutzaufwirbler". Er nannte keine Namen, aber es wurde allgemein verstanden, daß es sich um David Graham Phillips und seine Artikel „Der verräterische Senat" handle; den Reaktionären war dies hoch willkommen. Und doch hatte Phillips in seinen wildesten Augenblicken nie so ausschweifend über die Senatoren der „Alten Garde“ gesprochen wie Roosevelt mit seinen eigenen Lippen, an seinem eigenen Frühstückstisch und in meiner Gegenwart. Ich kann nicht behaupten, daß dies Erlebnis meine Hochachtung vor dem politischen Spiel, wie man es in Amerika übte, gesteigert hätte. Die beiden Männer, die gewählt worden waren, eine „geheime und vertrauliche“ Untersuchung zu führen, waren Charles P. Neill, ein Arbeitskommissär, und James Bronson Reynolds, Mitglied der „Settlement“-Unternehmung. Ich besprach die Dinge mit ihnen, versprach ihnen Stillschweigen und hielt mein Wort. Aber als ich wieder nach Princeton kam, fand ich einen Brief aus Chicago vor, der mir folgendes erzählte: es war bekannt geworden, daß der Präsident eine Untersuchung über die Schlachthöfe vorbereite; die Fabrikanten hatten Leute angestellt, die in drei Schichten, Tag und Nacht, daran arbeiteten, alles Verdächtige zu entfernen. Ferner wartete auf mich ein Geschäftsgentlemen, der von Dollars zu strotzen schien, und der mein Interesse auf folgendes Unternehmen richtete: ich solle, mit meinem Namen und meinem Ruf, eine unabhängige Fleischkonservengesellschaft begründen. Dieser Gentleman beschattete einen Monat lang mein Leben. Bevor er mich verließ, hatte er sein Anerbieten bis zu dreihunderttausend Dollars Betriebskapital gesteigert. Ob das ein wirkliches Anerbieten war oder nur ein wohlverkleideter Versuch, mich zu kaufen, habe ich nie feststellen können.

Roosevelts Kommissare forderten mich auf, mit ihnen nach Chicago zu fahren; aber mein Werk war längst getan, und ich habe nie daran gedacht, eine Arbeit zu wiederholen. Ich erbot mich, Vertreter zu schicken, um die Kommissare mit den Arbeitern der Schlachthöfe in Fühlung zu bringen. Dazu erwählte ich zwei Sozialisten, Ella Reeve Bloor und ihren Mann. Frau Bloor hatte fünf kleine Kinder, aber das hielt sie nie ab, sich ganz einzusetzen, wenn es um unsere Sache ging. Sie war eine kleine Frau, ruhelos wie eine Katze. Der Krieg hat sie zum Bolschewismus bekehrt, und ihre fünf Kinder sind jetzt für den Kommunismus tätig, sie selbst ist längst „Mutter Bloor", aber unerschrocken, wohlvertraut mit wohl hundert Gefängnissen. Ich trug während einiger Wochen alle Unkosten für sie und ihren Mann, eine Sache von tausend Dollars. Man wird mich jetzt, bis zum Ende dieser Geschichte, immer wieder einen Tausender hier und einen dort hinstreuen sehen; ich errechne etwa fünfundsiebzig solcher Tausender, die ich für Prozesse ausgegeben habe, meist schon, ehe es Prozesse waren.

Die Kommissare überzeugten sich mit eigenen Augen, daß praktisch jede einzelne meiner Anklagen im „Sumpf" begründet war, mit einer einzigen Ausnahme: ich konnte keinen gesetzlichen Beweis dafür führen, daß Arbeiter in die Kessel gefallen und mit Schweineschmalz zerkocht worden waren. Es hatte einige solcher Fälle gegeben, aber die Fabrikanten hatten immer gesorgt, daß die Witwen in ihre Heimat zurückkehrten. Auch so aber reichte es für einen furchtbaren Skandal, wenn es in die Zeitungen kam. Roosevelts Absicht war nur gewesen, den Fleischbeschaudienst zu reformieren und dies Gesetz ohne allen Lärm dem Kongreß vorzulegen. Aber die Fabrikanten selbst verhinderten Roosevelts Plan durch ihre Intrigen gegen das Gesetz. Zuletzt informierte ich, mit schweigender Zustimmung der Kommission, die „New York Times" über die Aufgaben von Herrn und Frau Bloor, und am nächsten Tag erschien die ganze Geschichte auf der ersten Seite. Jetzt mußte Roosevelt den Bericht veröffentlichen, und jetzt kam die ganze Wahrheit heraus.

Ich übersiedelte nach New York und eröffnete in zwei Hotelzimmern eine Art Propagandabüro, mit zwei Sekretären, die den ganzen Tag zu arbeiten hatten. Ich gab Interviews und schrieb für die Presse, bis mir der Kopf rauchte. Wenn ich mich um zwei Uhr morgens hinlegte, um zu schlafen, hörte mein Hirn nicht auf, zu arbeiten. Es schien mir, die Wälle der mächtigen Festung der Geldgier seien im Begriff, einzustürzen: es fehlte nur noch ein Stoß, noch einer und dann ein letzter. Zu allerletzt aber standen sie natürlich unerschüttert: die Fabrikanten hatten ein paar Millionen verloren, aber sie brachten sie rasch wieder herein, indem sie bekannt gaben, jetzt seien ihre Produkte unter Aufsicht der neuen Regierungsinspektion hergestellt und garantiert rein. Ein Jahr später kehrte Frau Bloor nach Chicago zurück, diesmal mit einem Reporter des „New York Herald", sie arbeiteten viele Wochen lang in den Schlachthöfen und

fanden all die alten Formen der Mißwirtschaft unverändert.
Ich war jetzt „arriviert". Die Neuyorker „Evening World" schrieb: „Seit Byron eines Morgens erwachte und sich berühmt fand, hat es keinen Fall wie den von Upton Sinclair gegeben, der durch ein Buch an einem einzigen Tag Weltruhm gewonnen hat." „Der Sumpf" wurde in siebzehn Sprachen übersetzt und war sechs Monate lang in Amerika und England Bestseller. Fotografen und Berichterstatter reisten nach Princeton, mieteten sich Pferde und kutschierten zu meiner Farm; meine Nachbarn, die mir verrostetes Werkzeug und ausrangierte Maulesel verkauft hatten, erkannten plötzlich, daß sie mich verkannt hatten. Die Zeitungen schrieben oder telegrafierten mir Aufträge, und ich konnte meine Honorare selbst bestimmen. Mein Freund Dinwiddie wurde von der „New York Evening Post" geschickt, um einen Beitrag von mir zu bekommen; er ließ mich zuerst einen Kontrakt über fünf Cents das Wort unterschreiben, dann sagte er: „Sinclair, vor allem müssen Sie einmal lernen, Preise zu machen." Darauf verdoppelte ich der nächsten Zeitung gegenüber meinen Anspruch – und ebenso gut hätte ich ihn vervierfachen können.
Was ich empfand, als ich plötzlich berühmt war? Ich kann ehrlich sagen, daß es mir persönlich sehr wenig bedeutet hat. Ich jubelte nicht. Ich hatte zuviel gelitten, das Organ, das auf eine solche Überrraschung mit Jubel reagieren sollte, war überanstrengt. Wenn ich getan hätte, was ich wirklich zu tun wünschte, ich hätte den nächsten Zug in die Wildnis genommen und wäre nie

wieder zu den Menschenmassen und ihren Kämpfen zurückgekehrt; aber ich blieb, denn „Ruhm“ bedeutete, daß jede Zeitung und jedes Magazin etwas von dem verbreitete, was ich zu sagen hatte, und auf diesem Wege konnte ich die Lohnsklaven in den Riesenindustrien Amerikas Vieles zu ihrem Nutzen wissen lassen.

13

Im dritten Kapitel dieser Erzählung habe ich einen gewissen Jonesy erwähnt, einen städtischen Fruchtinspektor, der der Held von „Jeromes Zitronengeschichte“ war. Ich habe versprochen, über diesen Jonesy eine weitere Geschichte zu erzählen, und jetzt ist sie am Platze.

Ich hatte die Schlachthäuser in und bei New York einer Inspektion unterzogen und in einem Zeitungsartikel festgestellt, daß die Bedingungen bei uns nicht besser seien als in Chicago. Daraufhin erhob sich das Haupt des Neuyorker Städtischen Gesundheitsamtes, nannte mich einen „Schmutzaufwirbler“ und forderte mich auf, meine Anklage zu belegen. Die Reporter kamen angerast; zu einem von ihnen, der zufällig ein Freund von mir war, sagte ich lachend: „Ich kenne beispielsweise einen gewissen Fruchtinspektor, der sich ein Auto und eine Mätresse hält, obwohl er nur zweitausend Dollars Jahresgehalt bekommt. Er ist bei der Gesundheitskommission angestellt, wie glauben Sie, bringt er das zuwege?“ Diese Bemerkung sollte nicht veröffentlicht werden, aber am nächsten Morgen stand sie in der Zeitung. Um etwa zehn

Uhr dieses Abends rief ein Reporter mich in meinem Hotel an. „Ich will Ihnen einen Wink geben", sagte er. „Der Kommissar will Sie annageln wegen Ihrer Behauptung, es gebe einen Städtischen Fruchtinspektor, der ein Auto und eine Mätresse hat. Er schreibt Ihnen einen Brief, in dem er Sie Lügner nennt und Sie auffordert, den Namen des Mannes zu sagen. Diesen Brief hat er den Zeitungen geschickt, ich halte einen Durchschlag in der Hand."

Das war eine Bescherung! Wie die Dinge im Augenblick standen, besaß ich keinen schlüssigen Beweis für Jonesys Erpressungen – nur die Erzählungen seiner Familie, die häufigen Familienwitze. Es wäre falsch gewesen, ihn zu nennen, – aber noch viel falscher, einen Tammany-Politiker zerstören zu lassen, was ich begonnen hatte, nur weil er zufällig Jonesys Busenfreund war.

Ich rief in Jonesys Wohnung an; seine Frau, die ich kannte, teilte mir mit, er sei aus. Ich versuchte es in seinem Klub, an verschiedenen anderen Orten, und zuletzt rief ich abermals seine Frau an. Ich erklärte ihr, es sei eine höchst dringende Angelegenheit, und es gebe für mich nur einen Weg: ich bäte sie, mir die Telefonnummer der Geliebten ihres Gatten zu geben.

So bekam ich endlich mein Opfer an den Apparat und sagte ihm folgendes: „Der Kommissär hat den Zeitungen einen Brief geschickt, in dem er mich auffordert, den Fruchtinspektor namhaft zu machen, der ein Erpresser ist. Ich hatte die ganze Sache nicht veröffentlichen wollen, es tut mir leid, daß es geschehen ist, aber ich lasse mich von dem Kommissär nicht vor der Öffentlichkeit brandmarken und lasse mein Werk nicht zerstören. Wenn seine Herausforderung veröffentlicht wird, nenne ich Ihren Namen."

Der Ton, in dem Jonesy antwortete, war so, wie ich eine Stimme in meinen Zweigroschen-Romanen „eisig" zu nennen pflegte. Er sagte: „Ich nehme an, Sie wissen, daß es in diesem Lande ein Gesetz gegen Verleumdung gibt." Ich antwortete: „Darauf ziele ich gerade hin. Ich glaube, ich weiß, wo ich meine Beweise finde, wenn ich sie nötig habe. Ich sage Ihnen das im Voraus, so daß Sie den Kommissar aufhalten können. Rufen Sie ihn sofort an und teilen Sie ihm mit: wenn sein Brief gedruckt wird, nenne ich Sie und nenne ihn als Ihren Freund und Komplicen."

Was dann geschah, habe ich nie erfahren. Ich weiß nur, daß der Brief in keiner einzigen Neuyorker Zeitung erschien.

14

Roosevelt schickte mir durch Frank Doubleday eine Nachricht: „Sagen Sie Sinclair, er soll nach Hause gehen und mich das Land eine Zeit lang regieren lassen." Aber ich nahm den Ratschlag nicht an. Ich unterbreitete der Redaktion von „Everybody's Magazine" den Vorschlag, in einer Reihe von Artikeln die Bedingungen zu schildern, unter denen Kinder in der Industrie beschäftigt wurden. Sie fanden den Vorschlag vielversprechend und erklärten sich bereit, eine Serie von acht oder zehn solcher Artikel zu bringen. Leider war ich so neu im Hand-

werk, daß ich es unterließ, die Redaktion durch einen Vertrag zu binden. Ich nahm Frau Bloor mit, wir besuchten in der Hochsommerhitze die Glasfabriken im südlichen New Jersey; ich verbrachte meine Zeit damit, Knaben von zehn oder zwölf Jahren zu beobachten, die ganze Nächte hindurch vor rotglühenden Schmelzöfen arbeiteten. Einen Fall werde ich nie vergessen: ein ganz erschöpftes Kind kroch bei Tagesanbruch nach Hause, sank auf den Trambahnschienen nieder, schlief ein und wurde von dem nächsten Zug überfahren. Ich lebte mit den Arbeitern in ihren Häusern, ich sprach mit ihnen und aß ihr Essen, und in späteren Jahren habe ich einige von ihnen in meinen Büchern geschildert. Die Kritiker behaupten immer – ohne etwas von diesen Leuten zu wissen, – daß ich sie „idealisiere“. Ich kann nur sagen: wenn es in der Welt irgendeinen schöneren Menschentyp geben sollte als den bescheidenen Arbeitsmann, der Brüderlichkeit zu seiner Religion gemacht hat, der diesem Glauben seine Zeit, sein Geld und oft seine Stellung opfert, dann bin ich ihm nicht begegnet.
Meine nächste Reise ging nach dem Stahlland Allegheny, der eigentlichen Hochburg amerikanischer Lohnsklaverei. Das Leben dort ist heute noch schlimmer geworden, aber es war damals schlimm genug, und was ich schrieb, schien „Jedermann“ so entsetzlich, daß sie ihre Absicht bezüglich meiner Artikelreihe änderten. So mußte ich ausspannen, ob ich wollte oder nicht.
Es war hohe Zeit; an einer meiner Zahnwurzeln war ein Geschwür entstanden, es war eine böse Zeit, als ich an einem Sonntag in der Stadt Trenton umherrannte und

vergeblich hoffte, einen Zahnarzt in seinem Hause anzutreffen. Nach zwei Nächten des Leidens kam ich zu einem Zahnarzt in New York, er durchbohrte mir die Zahnwand, und zum ersten Male im Leben wurde ich beinah ohnmächtig. Danach wankte ich davon, nahm in dem ersten Hotel, an dem ich vorbeikam, ein Zimmer und fiel auf das Bett. Zufällig war es ein elegantes Hotel, und das erregte ein Freudengeschrei der Zeitungen, die bei einem Sozialisten die Laster der herrschenden Klasse feststellten.

Es gibt ein Sprichwort unter Frauen, daß jedes Kind einen Zahn kostet. Auf mich angewendet müßte es heißen: Jeder meiner Kreuzzüge kostet einen Zahn. Natürlich wäre das nicht nötig gewesen; Schuld war nicht nur Überarbeitung, sondern meine Unkenntnis der Ernährungsgesetze; ich hatte von weißem Mehl, Zucker und anderen denaturierten Nahrungsmitteln gelebt und die Kost mit Steinsalz gewürzt. Von so wichtigen Fragen verstand ich nicht das geringste. Auf der Hochschule war über Diät und Gesundheit so wenig gelehrt worden wie über Sozialismus, Geld, Liebe und Ehe. Statt solcher Dinge hatte ich gelernt, was eine Hapax Legomenon ist, eine Pons Asinorum, ein Glyptocrinus Dekadactylus, und war stolz auf so viel Weisheit.

Während des Sommers und Herbstes 1906 versuchte ich, aus dem „Sumpf" ein Theaterstück zu machen. Arch und Edgar Selwyn waren damals Schauspielagenten und empfahlen mir Edgars Frau als Mitarbeiterin. Margaret Mayo schrieb später eine sehr erfolgreiche Farce für das Theater „Baby Mine", aber der „Sumpf" war etwas

wesentlich anderes, und ich fürchte, unsere Dramatisierung war kümmerlich. Wir hatten einen Manager, der nur daran dachte, Geld zu machen, und ein paar Possenkomödianten brachten mir zweifelhafte Witze in den Text, die ich in meiner Unschuld erst wahrnahm, als ich die Galerie kichern hörte. Das Stück wurde sechs Wochen lang in New York gegeben und kostete Geld – mindestens hörte ich das von den Managern, bei denen ich dreitausend Dollars investiert hatte.
Was den „Sumpf" anlangt, habe ich einmal geschrieben, „ich zielte nach dem Herzen des Publikums und traf es aus Versehen in den Magen". Man glaubte wohl, ich habe geholfen, die Schlachthöfe zu säubern und die Fleischversorgung des Landes zu verbessern – das dürfte aber zum großen Teil Illusion sein. Daß ich die Lebenslage der Schlachthofarbeiter gebessert hätte, das wird nicht einmal behauptet. Sie sind kaum organisiert, ihre Löhne sind im Verhältnis zu den Lebenshaltungskosten genau so niedrig, wie sie vor achtundzwanzig Jahren waren. Dennoch will ich nicht pessimistisch sein, ich halte mich an ein Wort, das Jack London zu mir sagte: Mit all seiner Arbeit für die Revolution habe er sie vielleicht um zehn Minuter näher gebracht. Ich glaube, es gibt eine große Schar von Amerikanern, in deren Herzen ein neuer Traum erwacht ist, wenn sie auch noch nicht wissen, wie man ihn verwirklichen kann. Es kommt ein Tag, an dem wir von ihnen hören, dann werden wir die Saat aufgehen sehen, die wir in so viel harten Jahren gesät haben. Dieser Gedanke macht es mir möglich, zu lächeln, selbst über den Fleischtrust.

UTOPIA

1

Drei Winter auf einer einsamen Farm hatten genügt, um die Romantik des „zurück zur Natur"-Lebens in einem jungen Schriftsteller zu dämpfen. Die Straßen waren entweder tief mit Schlamm bedeckt oder von Schlittenspuren zerrissen, so daß wir nur die Feldraine entlang spazieren gehen konnten. Vier Sommer hatten auch den romantischen Traum zerstört, Landwirtschaft sei ein Beruf für einen Literaten. Die Kühe brachen in den Obstgarten ein, überfraßen sich und gingen ein; die Knechte, die wir aus der Stadt holten, betranken sich und verkauften die Gutsprodukte zum eigenen Vorteil. „Fort von der Natur " wurde die Parole.

Der junge Schriftsteller, der während der letzten fünf oder sechs Jahre dem Verhungern nahe gewesen war, besaß jetzt dreißigtausend Dollars, in der Hand oder bestimmt unterwegs, sie brannten Löcher in seine Taschen. Wie man Geld anlegt, hatte er nie gehört, und er hätte es für unmoralisch gehalten, über solche Dinge nachzudenken. Er wollte sein Geld im Dienste der Menschheit ausgeben, und es war charakteristisch für ihn, daß er selbst den Plan, sich ein neues Heim zu grün-

den, mit einem sozialen Problem verband. Auch hierin wollte er seinen Mitmenschen ein Beispiel geben.
Als Sozialist glaubte Thyrsis natürlich an Kooperation und sah in dem Heim das älteste Überbleibsel von Individualismus. Jeder Mensch hatte sein eigenes Heim oder sollte es wenigstens haben, lebte darin sein eigenes, kleines, selbstisches Leben, verschwenderisch, ausschweifend und reaktionär. Thyrsis übersah, daß nicht jedes Heim so unglücklich sein müßte wie sein eigenes. Hätte irgendjemand ihm diesen Gedanken eingegeben, dann hätte er geantwortet, es solle niemand auf der Schattenseite des Lebens glücklich sein. Er würde versucht haben, den Zufriedenen mit seinen Argumenten unzufrieden zu machen.
Sein Plan war, eine Haushalts-Kooperative aufzubauen und zu demonstrieren, wie praktisch das sei, und welche weiteren Möglichkeiten sich daraus ergäben. Der Gedanke war nicht revolutionär; er war in vielen Teilen von Amerika längst verwirklicht, – aber von Leuten, die nicht wußten, was sie eigentlich taten. Oben in den Adirondacks gab es Vereinigungen, deren Mitglieder gemeinsam Land besaßen und zwar individuelle Hütten bauten oder sie von der Commune mieteten, aber Küche und Speiseraum gemeinsam hatten und all ihre häuslichen Angelegenheiten auf der Basis von Gleichheit und Demokratie erledigten. Nur daß sie keine radikalen Redensarten gebrauchten und keinen Lärm in den Zeitungen machten.
Thyrsis hingegen mußte Lärm in den Zeitungen machen, denn wie konnte er sonst erwarten, daß irgend jemand den Verein mit ihm gründete? Er kannte nur wenig

Menschen, und von denen waren kaum zwei oder drei zu seinem Experiment bereit. Wie waren die anderen zu finden? Vielleicht wäre es durch persönliche Umfrage möglich gewesen, aber das wäre eine langwierige Sache geworden, und was Thyrsis wollte, das wollte er gleich. Für ihn als ganz modernen Amerikaner war der beste Weg, etwas zu erreichen, der durch die Zeitung. So schrieb er einen Artikel für den „Independent", in dem er seinen Plan einer „Wohnkolonie" auseinandersetzte und alle Menschen, die sich dafür interessierten, um Mitteilung bat. Bald darauf mietete er einen Saal und kündigte durch Inserate eine Reihe von Diskussions- und Organisationstagungen an.

2

Es kamen viele Menschen; einige waren ernst zu nehmen, einige waren Narren, einige waren beides. Die Aufgabe, sie auseinander zu sondern, war sehr schwierig und konnte nur schweren Herzens vollbracht werden. Es gibt keine Normalform des Narren, mit Vielen hätte Thyrsis recht gut arbeiten können, aber sie waren für die übrigen Mitglieder seiner Gruppe nicht annehmbar. Einige zogen sich stillschweigend wieder zurück – vielleicht hatten sie die Überzeugung gewonnen, daß Thyrsis selbst ein Narr sei.

Immerhin, die neue Organisation bekam Gestalt. Es wurde eine Gesellschaft gegründet, Anteilscheine wurden ausgegeben, und man lud die Welt ein, sich zu beteiligen. Bei diesem wie bei anderen Reformplänen erfuhr Thyrsis, daß es möglich ist, vielleicht ein Zehntel des notwendigen Geldes aufzubringen, neun Zehntel muß der Reformer aus seiner eigenen Tasche geben. Dann ging man auf die Suche nach einem passenden Gebäude, Häuseragenten kamen in Schwärmen, stillgelegte Hotels wurden besichtigt und untauglich gefunden. Endlich kam eine gute Kunde; ein paar Mitglieder des Komitees waren auf ein Gebäude gestoßen, das den poetischen Namen „Helicon-Hall" führte.

Es lag auf einem Hügel, von dem man Englewood, New Jersey überblickte, gerade oberhalb der Fähre, die New York mit Fort Lee verbindet. Es war eine Knabenschule gewesen. Ein ästhetischer Pädagoge, der geglaubt hatte, seine Jungens würden Kultur annehmen, wenn sie in schöner Umgebung lebten und zum Abendessen Smokings trügen, hatte die Architektur entworfen. Es gehörten zwei oder drei Acker Land dazu, der Preis betrug sechsunddreißigtausend Dollars, zehntausend bar, der Rest in Hypotheken. Natürlich verstand Thyrsis nichts von Liegenschaften und ihrem Wert, oder wie man dergleichen kaufte; aber die Verkäufer waren gern bereit, ihn zu unterweisen, und in ein oder zwei Tagen war das Geschäft abgeschlossen.

So kam es, daß der junge Utopist vom ersten November 1906 bis zum 7. März 1907 so lebte, wie er es sich erträumt hatte. Es war nicht ganz so, natürlich, denn nichts wird so, wie man geplant hat. Es gab Störungen wie in allen menschlichen Unternehmungen. Aber wo auf Erden ist das Heim, in dem ein Schriftsteller sich gänzlich ungestört seinem Werk widmen könnte?

3

Einen ausgesprochenen Erfolg hatten wir mit den Kindern. Es waren vierzehn in der Kolonie, und die Sorgfalt, mit der sie gepflegt wurden, bewies, daß das kooperative Leben nicht nur sparsam, sondern auch moralisch ist. Unsere Kinder führten ein soziales Leben und lernten die Rechte ihrer Mitmenschen achten, was in einem individuellen Heim nicht immer der Fall ist. Es gab einen wohlgebauten Theatersaal im Hause, und er wurde die eigentliche Welt der Kinder. Die meiste Arbeit, die für sie nötig war, taten sie selbst und hatten Freude daran; sie bekamen ihre Mahlzeiten im eigenen Speisesaal, mit Tischen und Stühlen nach ihrer Größe, sie bekamen das für sie geeignete Essen zu den richtigen Stunden. Dann und wann diskutierten sie in einem Kinderparlament ihre Probleme, faßten Beschluß darüber, was für sie richtig oder falsch war. Von einem drei Jahre alten Knirps erzählte man, daß er aufstand und bemerkte „Ich schließe mich dem Vorredner an."

In der Kinderabteilung war eine feste Angestellte; im übrigen arbeiteten verschiedene Mütter dort zusammen und wurden nach Vereinbarung entlohnt. Viele Menschen hatten den Einfall lächerlich gefunden, daß Mütter bei der Pflege ihrer Kinder gemeinsam tätig sein sollten, aber tatsächlich lief unsere Maschine ohne ernstliche Reibung. Es gab einander widersprechende Gesichtspunkte; wir hatten Eltern, deren Erziehungsprinzip absolute Freiheit der Kinder war, aber in der Praxis jedes Tages stellte es sich heraus, daß niemand den Kindern mehr Freiheit einräumen sollte, als sich mit dem Glück und dem Frieden der anderen verträgt.

Ich erinnere mich besonders an eine Mutter, die ständig unzufrieden war, eine höchst angesehene und antisozialistische Dame aus Tennessee, die Gattin eines Arztes; sie behauptete, ihre Lieblinge müßten jeden Tag warmes Brot bekommen, und machte endlich von ihrem Recht Gebrauch, die Kinder in ein individuelles Heim zu überführen. Sie nahm auch ihren Gatten mit sich, und dieser versuchte bei seiner Abreise, unser Serviermädchen als Geliebte mit sich zu nehmen, aber ohne Erfolg. Natürlich wurden von den Kolonisten viele Witze über diesen Fall gemacht, es handelte sich um die Kontroverse zwischen sozialistischer und kapitalistischer „freier Liebe".

Die Zeitungsleute von New York hielten es allgemein für selbstverständlich, daß ich die Kolonie hauptsächlich gegründet hätte, um recht viele Mätressen bei der Hand zu haben. Sie äußerten sich stets unter solchen Gesichtspunkten über uns – nicht in offenen Worten, denn das hätte ihnen eine Klage eingetragen –, aber in leicht verständlichen Andeutungen. So ging es unserer sozialistischen Kolonie wie den Kolonien im Neu-England der alten Tage – die Wälder waren voll von Indianern, die uns mit den scharfen Pfeilen ihres Witzes zu treffen suchten. Es erschienen Reporter unter falschen Vorwänden, und sie schrieben unwahre Berichte; andere führten sich als Gäste ein, fuhren wieder ab und machten sich lustig über uns, weil wir zum Mittagessen Bohnen gehabt hatten.

Ich wüßte keine Gemeinschaft von vierzig erwachsenen Menschen, in der je ein höherer Stand der sexuellen Moral geherrscht hätte als in Helicon-Hall. Unsere Kolonisten waren zum größten Teil junge Literatenehepaare, die je ein oder zwei Kinder hatten und nicht wußten, wie sie mit ihrem Beruf und den Kindern fertig werden sollten; kurz gesagt, es waren Menschen, die vor denselben Problemen standen wie ich. Professor W. P. Montague von Columbia hatte zwei Jungens, und seine Frau studierte Medizin. Vielleicht hätte sie, wie altmodische Moralisten es verlangten, zu Hause bleiben und ihre Kinder behüten sollen; aber tatsächlich hatte sie dazu keine Lust, und sie fand, es sei besser, die Kinder unter der Obhut ihrer Koloniegenossinnen als unter der einer unwissenden Dienerin zu wissen. Es war aber hart für Montague, daß Leute zu Gast kamen und am Sonntag Abend unseren Tänzen beiwohnten, die später erzählten, er habe mit dem Serviermädchen getanzt, die zufällig ein vollendet anständiges Mädchen aus Irland war, das auf unserer Farm schon ein, zwei Jahre als Dienstmädchen gearbeitet hatte, ruhig und freundlich, bei jedermann beliebt. Da in unserer Kolonie keine Art Arbeit als sozial minderwertig galt, tanzte Minnie mit jedem und fühlte sich wohl in ihrer Stellung. In der Neuyorker Rinnsteinpresse aber sah das nicht so harmlos aus. Als Montague später in Barnard den jungen Damen Vorlesungen über Philosophie hielt, begegnete er einer übertriebenen Wachsamkeit von Seiten der leitenden Dame jenes exklusiven Instituts.

Als Montague zu uns kam, war er in bezug auf soziale

Theorien, ja überhaupt auf sozialistische Wissenschaft völlig unschuldig. Plötzlich regte sich in ihm Widerstand gegen unsere viersitzige Kaminecke, in der wilde Scharen von Sozialisten, Anarchisten, Syndikalisten seine Argumente angriffen. Es war uns nicht bewußt, daß wir irgendeine Bresche in die Mauern seiner Gesinnung legten; aber plötzlich tauchten Gerüchte auf, er sei im Fakultätsklub der Columbia-Universität, wo er mittags aß, als ein „Roter" verschrien und werde von Republikanern, Demokraten und Reaktionären bedroht. Selbstverständlich erschien, was in Helicon-Hall blassestes Rosa war, den Leuten der Columbia-Universität wie flammendes Rot.

4

Da waren Professor William Noyes vom Lehrer-College und seine Frau Anna, die später eine Privatschule leitete. Da waren Edwin Björkman, Kritiker und Übersetzer Strindbergs, und seine Frau, Frances Maule, eine Frauenstimmrechts-Agitatorin. Da waren Alice MacGowan und Grace MacGowan Cooke, die Romanschriftstellerinnen. Da war Michael Williams, ein junger Schriftsteller, der jetzt Herausgeber des katholischen Wochenblattes „Gemeinwohl" ist. Im ganzen zählte ich ein Dutzend Kolonisten, die wohlbekannte Schriftsteller waren oder es später wurden. Zwei von der Universität Yale entlaufene Studenten kamen zu uns, Sinclair Lewis und Allan Updegraff, um unsere Heizung zu bedienen und ähnliche Arbeit zu machen; man kann mir glauben, daß sie bei uns wesentlich mehr lernten, als sie in Yale gelernt hätten. Beide haben inzwischen erfolgreiche Romane geschrieben, Updegraff heiratete später das Mädchen, das in der Kolonie meine Sekretärin war, sie hieß Edith Summers, war blond und ungemein tüchtig, hatte eine angenehme Stimme, trat bescheiden auf, und wir ahnten nichts von ihrem Talent. Heute ist sie Frau Edith Summers Kelley, die Verfasserin des Romans „Unkraut". Wenn der literarische Aufruhr über dieses Buch sich gelegt hat, wird es eins der bleibenden Werke sein, die man Studenten zu lesen gibt, wie man ihnen heute empfiehlt, „Evangeline" oder „Hermann und Dorothea" zu lesen.

Die fleißigen Arbeiter in unserer Kolonie hatten ein Gesetz gemacht, wonach man niemand in seinem Zimmer besuchen durfte, ohne eingeladen zu sein; so hatte jeder das Privatleben, das er brauchte. Wenn man seine Arbeit getan hatte und Lust spürte, sich zu unterhalten, fand man immer jemand in der viersitzigen Bierecke oder im Billardzimmer. An den Abenden kamen interessante Menschen aus vielen Teilen der Welt zu Besuch. John Dewey kam häufig, William James einige Male; unsere zwei oder drei Anhänger des Spiritismus versuchten, ihm einige ihrer Phänomene zu zeigen, und es passierten, wie so oft bei dieser Gelegenheit, seltsame Dinge. Unser dicker und liebenswürdiger Superintendent Randall nahm an einem Experiment mit Tischrücken teil und war überrascht und erschreckt, als der Tisch folgende Worte buchstabierte: „Providence das Kind ist zu Bett gebracht worden". Randalls Familie lebte in der Stadt Providence, auf eine telegraphische Anfrage erfuhr er, daß eins seiner Kinder krank war. Ein anderer Gast, dessen ich mich erinnere, war John Coryell, ein Anarchist, der seinen Lebensunterhalt in der seltsamsten Weise verdiente: unter dem Namen Berta M. Clay verfaßte er sentimentale Romane, die alle Dienstmädchen lasen und wohl heute noch lesen. Sadakichi Hartmann, der Kunstkritiker, kam zu uns, er war einer der Wenigen, die wir nicht gerne sahen; er pflegte eine Postkarte vorauszuschicken: „Sadakichi Hartmann trifft um sechs Uhr nachmittags ein“; er kam pünktlich, aber unglücklicherweise betrunken, und sein Begleiter Joe Davidson, der Bildhauer, war nicht imstande, ihn zu bändigen. Wenn es Zeit wurde, aufzubrechen, hatte er keine Lust zu gehen, sondern bestand darauf, auf den gepolsterten Sitzen vor unserem Kamin zu schlafen. Wir mußten ihn in den Schnee hinausschleppen, am nächsten Tag schrieb er den Zeitungen einen Brief über uns, und es entstand ein ungeheurer Lärm.

Während der Monate in der Kolonie schrieb ich „Die industrielle Republik“, eine Prophezeiung des Sozialismus in Amerika. Ich habe nie eine Neuauflage dieses Buches erscheinen lassen, wegen der peinlichen Tatsache, daß ich Hearst als radikalen Präsidenten der Vereinigten Staaten voraussagte. Er machte damals wirklich den Eindruck eines Radikalen, und ich war zu naiv, um mir die Tiefe seines Zynismus und seiner Verkommenheit vorzustellen. Als er, in dem Bestreben, Gouverneur von New York zu werden, mit Murphy, dem Oberbonzen von Tamanny, gemeinsame Sache machte – nachdem er ihn vorher im Sträflingskittel karrikiert hatte –, war ich nahe daran, mein Buch zu vernichten. Zufällig hatte ich den Sozialismus in Amerika für das Jahr 1913 angekündigt; statt dessen bekamen wir den Weltkrieg und die russische Revolution, und ich fürchte, zwischen uns und einer freien Gesellschaft liegen noch mehrere Weltkriege und Revolutionen. Die Welt scheint noch schlechter, als ich damals glauben konnte, aber immer noch setze ich all meinen Glauben in die Demokratie.

5

An einem Sonntag morgen um drei Uhr fand die Helicon-Wohnkolonie ein jähes Ende. Das erste Signal, das mich erreichte, war der Klang furchtbarer Hammerschläge gegen die Tore des Hauses. Später erfuhr ich, daß die überhitzte Luft große Mauerstücke herausgesprengt hatte. Ich spürte Rauch und sprang aus dem Bett. Mein Schlafzimmer war in einem Turm, und ich mußte über eine Leiter in mein Arbeitszimmer hinuntersteigen. Dort war eine Tür, die auf einen Balkon ging, der rings um den Hof an der ganzen Innenfront des Hauses entlangführte, drei Stockwerke über der Erde. Ich öffnete die Tür, schwarzer Rauch schlug mir entgegen – er schien wirklich gefährlich, schwere dunkle Wolken von Ruß fielen auf mich nieder. Ich schrie „Feuer“ und lief auf den Balkon hinaus und von dort zu einem Atelierraum, in dem wir die Schlafgelegenheit für acht oder zehn Arbeiter unserer Kolonie eingerichtet hatten. Diesen Raum durchlief ich laut schreiend, um die Schläfer zu wecken, aber ich bekam keine Antwort. Anscheinend war alles schon geflüchtet, – niemand hatte sich eine Sekunde aufgehalten, um mich zu warnen. Am nächsten Tag erfuhr ich, daß ein Mensch zurückgeblieben war; es war ein Fremder, der für uns als Tischler gearbeitet hatte, er hatte sich am Abend betrunken niedergelegt und dafür mit seinem Leben bezahlt.

Als ich aus dem Atelier zurückkam, fegten die Flammen mit furchtbarer Glut über den Balkon hin. Wenn ich hundert Jahre alt werden sollte, dieses Entsetzen werde ich nie vergessen; es war als ob die Hand eines Dämons über mich hinstrich: die Flamme nahm von einer Seite meines Kopfes alle Haare fort und versengte die eine Hälfte meines Schlafanzugs. Ich entrann, indem ich mich gegen die Mauer drückte und tief gebeugt so rasch wie möglich rannte. Zum Glück waren die Treppen noch nicht in Flammen, so erreichte ich den inneren Hof, der voll von zerbrochenem Glas und lodernden Bränden war, schlimm genug für meine nackten Füße. Ich raste in die Schlafstube der Kinder und überzeugte mich, daß sie alle draußen waren; dann floh ich ins Freie und half zwei Damen auffangen, die sich aus den Fenstern des zweiten Stockes fallen lassen mußten. Es ist schwerer, einen menschlichen Körper im Sturz aufzuhalten, als ich es mir vorgestellt hatte!

Wir standen im Schnee und sahen unser schönes Utopia in Rauch und Flammen aufgehen, bis es zusammenkrachte und in wilder Glut dahinging. Dann kehrten wir in die Wohnungen unserer vornehmen Nachbarn ein, die

nicht gewußt hatten, was sie von uns denken sollten, solange wir Erfolg hatten, aber hilfreich und gütig waren, als wir zugrunde gingen. Sie versorgten uns mit alten Kleidern, denn es hatte kaum einer von uns einen ganzen Faden gerettet. Ich mußte mir die Fußsohlen von einem Arzt behandeln lassen und wurde nach New York gebracht, um dort bei meinen Freunden, den Wilshires, ein paar Tage zu verbringen. Es ist ein seltsames Gefühl, plötzlich keinen Kamm und keine Zahnbürste mehr zu besitzen, nur noch einen halben Schlafanzug. Einige Manuskripte waren in den Händen von Verlegern, so daß ich glücklicher war als viele meiner Freunde.
Zwei oder drei Tage später wurde ich nach Englewood zurückgebracht, um auf Krücken der Sitzung des Gerichtshofes beizuwohnen. Da hörte ich, was die Außenwelt über unser kleines Utopia gedacht hatte. Sie hatten es nicht nur für ein „Nest der freien Liebe" gehalten, sondern der als Beisitzer fungierende Dorf-Veterinär glaubte, wir hätten selbst das Feuer gelegt, um die Versicherungssumme zu bekommen. Sie dachten auch, und das war noch schlimmer, wir hätten alles so eingerichtet, daß wir jetzt die Lieferanten um das Geld prellen könnten, das wir ihnen schuldig waren. Es war ein Verdachtsmoment, daß wir kurz vor dem Feuer Strickleitern angeschafft hatten, denen viele ihre Rettung verdankten. Dafür schmähten sie uns. Aber zugleich hielten sie uns vor, unser Feuerschutz sei ungenügend gewesen. Während der vielen Jahre, in denen das Haus eine Knabenschule gewesen war, hatten sie gegen ganz die gleichen Schutzmaßregeln keinen Einwand erhoben. Mit einem

Wort, sie waren ganz und gar nicht mit uns zufrieden, und alles, was sie sagten oder andeuteten, erschien auf der ersten Seite der gelben Presse.

Sobald meine Füße wieder in Ordnung waren, wurde jeder Dollar, den die Helicon-Wohnkolonie schuldete, bezahlt, also nach ein oder zwei Wochen. Zugleich bekamen alle Menschen, die durch den Brand mittellos geworden waren, Unterstützung. Ich kaufte mir selbst neue Kleider, und dann überlegte ich, was jetzt zu beginnen war. Hätte ich bares Geld verfügbar gehabt, dann wäre ich sofort an den Wiederaufbau von Helicon Hall gegangen; aber vor uns lagen langwierige Verhandlungen mit den Versicherungsgesellschaften, und ich beschloß, in der Zwischenzeit einen neuen Roman zu schreiben. Ich zog mit meiner Familie nach Point Pleasant in New Jersey, mietete eine kleine Villa und kehrte damit zum Einfamilienleben zurück. Mir war, als verließe ich die Zivilisation unserer Zeit und käme wieder in dunkles Mittelalter. Auch heute noch empfinde ich so, und Jahre lang habe ich Anstrengungen gemacht, eine neue Kolonie zu gründen, obwohl die Schwierigkeiten inzwischen nur gewachsen sind.

6

Wir nahmen einen ehrlichen Rechtsanwalt und machten ehrliche Angaben über den Wert unseres Eigentums, aber die Versicherungsgesellschaften boten nur ein Drittel und sagten uns, wenn wir damit nicht zufrieden seien, könnten wir klagen und etliche Jahre auf unser Geld warten. Zu spät erfuhr ich, daß dies ihre gewöhnliche Praxis ist; um dem zu begegnen, muß man den Wert seines Anspruches verdoppeln. Außerdem muß man einen unehrlichen Rechtsanwalt haben.

Warten konnten wir nicht, denn viele von uns waren in Not, und ich wollte sie nicht leiden sehen, obwohl sie gegen mich oder die Genossenschaft keinen gesetzlichen Anspruch hatten. Wir brachten die Versicherungsgeschichte zum Abschluß, boten das Land zu irgendwelchem Preis zum Verkauf an, und nachdem die Hypotheken ausgezahlt waren, blieben mir von den dreißigtausend Dollars, die der „Sumpf" eingetragen hatte, ein paar tausend Dollars. Mein Freund Wilshire war mit seiner Goldmine in Bedrängnis geraten, und da er mir schon öfters Geld geliehen hatte, lieh ich ihm diesmal etwas; das heißt, ich investierte es in seiner Mine, und er bestätigte mir in einem Brief, daß er die Einlage auf Anforderung zurückzahlen würde. Aber seine Geschäfte gerieten später in solchen Verfall, daß ich sie nie forderte. Dies war das Ende meines ersten „Vermögens".

Trotz allem klagte ich nicht; ich mache ein neues Vermögen, dachte ich. Nachdem ich die Arbeiter Amerikas geschildert hatte, machte ich mich jetzt an die gegensätzliche Aufgabe, die Reichen und ihren Lebensstil zu porträtieren. Viele Einladungen hatten mich erreicht, um diese Reichen kennen zu lernen; es waren Intelligenzen unter ihnen, wie „Robbie" Collier und Frau „Clarrie" Mackey oder Frau „Olly" Belmont. Einige von ihnen lebten in Neugier und Langerweile, einige hatten einen Stich ins Zweifelhafte. Der Vorschlag, „Die Metropole" zu schreiben, kam zuerst von einer Dame, deren gesellschaftliche Position unantastbar war; sie bot mir ihre Hilfe an und hielt ihr Versprechen. Ich hatte dafür nichts zu leisten als das Versprechen, niemals ihren Namen zu erwähnen.

Auf diesen Umstand lege ich Gewicht, weil in dem Sturm von Verleumdung, mit dem die „Metropole" begrüßt wurde, auch Stimmen von Kritikern laut wurden, die erklärten, es sei schwerer, die „Gesellschaft" zu studieren als die Schlachthöfe. Aber tatsächlich bot es mir damals nicht die geringste Schwierigkeit, mit den obersten Fünftausend von New York zusammen zu kommen. Schon viele Schriftsteller waren über die goldene Leiter geklettert, und auch meine Füße standen auf ihren Sprossen. Meine radikalen Ansichten schadeten mir nicht ernstlich; ich bedeutete etwas Neues, und die Reichen – besonders, solange sie jung sind – fürchten nichts auf der Welt als die Langeweile.

Daß „Die Metropole" trotzdem kein besonderes Buch wurde, lag nicht daran, daß ich kein Material hatte, sondern daran, daß ich zuviel hatte. Außerdem schrieb ich in Hast, unter sehr unglücklichen Umständen. Es ist schwer genug für einen Mann, seinen Weg als Erzähler zu machen; das Gründen von Kolonien und Reformbünden, die Leitung politischer Kampagnen sollte er lieber Männern von härterem Guß überlassen. Um diese Lehre ganz zu erfassen, brauchte ich dreißig Jahre; darüber habe ich das Publikum verloren, das der „Sumpf" mir gebracht hatte. Ich schrieb meinen Roman über die vornehme Welt in einem Gemäuer, in dem zuletzt eine Negerfamilie gewohnt hatte, und dessen Wände voll von Wanzen waren. Ich stellte Zyankaligas her, und geriet dabei fast ebenso in Gefahr wie die Wanzen. Ich arbeitete den Frühling und Sommer über, und als der „New York Herald" mir bot, was ich nur verlangte, um eine zweite Untersuchung der Schlachthöfe vorzunehmen, widerstand ich der Lockung und gab den Auftrag an Ella Reeve Bloor weiter. Das Resultat war, daß ein großer „Fall" im Sand unterging, wie ich schon früher verzeichnet habe.

Ich litt an meinen gewöhnlichen Magen- und Kopfschmerzen, den Zeichen von Überanstrengung, auf die ich nicht achten wollte. Im Hochsommer erkrankte auch Corydon, ein Anfall von Blinddarmreizung hätte beinah alle Konflikte, die zwischen uns lagen, beendet. Ein Landarzt hielt ihre Erkrankung für eine Menstruationsstörung, und als ich einige Tage später einen Arzt aus New York rief, sagte er, es sei zu spät, um zu operieren. So lag mein Jugendtraum vom Glück eine Woche oder länger an den Pforten des Todes. Dann hatte ich ein Erlebnis, aus dem ich etwas über die Macht der Suggestion lernte, die dem Wunder so nahe ist; ich rettete Corydons Leben, sie wußte es und hat es mir später oft bestätigt.

Buchstäblich zog ich sie unter den Pforten des Todes wieder hervor. Sie lag in halber Erstarrung, völlig zerstört von Schmerzen, die mehr als eine Woche gedauert hatten; sie hatte sich aufgegeben, als sie meine Stimme hörte. Ich betete nicht zu Gott – ich wußte nicht, wie man das tut –, sondern ich betete zu ihr! Ich rief sie auf, weiter zu leben, sich am Leben festzuhalten, und diese Stimme wirkte auf sie wie eine Art Befehl, goß neue Kräfte in ihre Seele. Wenn heute moderne Psychotherapeutiker feststellen, daß wir sterben, weil wir sterben wollen, so verstehe ich absolut, was sie meinen.

Corydon wurde zu ihrer Erholung in das Battle Creek-Sanatorium gebracht. Ihre Mutter und ein älterer befreundeter Arzt begleiteten sie. Wie leicht ist es für uns Menschen, unsere Ansprüche zu steigern. Vor vier Sommern noch hatten Corydon und Thyrsis mit ihrem Baby in einem Zelt in den Wäldern gelebt und waren sich reich vorgekommen, weil sie monatlich dreißig Dollars sicheres Geld hatten. Jetzt aber brauchte Corydon sechzig Dollars wöchentlich für ihren Aufenthalt in einem Sanatorium von bescheidener Klasse, noch einmal halb so viel für den Aufenthalt ihrer Mutter, und zu all dem gehörte ein eigener Arzt. Das Kind mußte eine Pflegerin haben und außerdem eine Verwandte, die es in der Point Pleasant-Villa betreute, indessen der Vater in die Wildnis von Adirondacks fliehen mußte, um all diesem Trubel zu entgehen! So ist es, wenn man in Amerika Erfolg hat, im Land der unbegrenzten Möglichkeiten.

7

Ich schleppte mein Boot an einen der einsamsten Seen der Adirondacks, fand ein verlassenes offenes Lager, breitete meine Decke aus und machte mich an die Arbeit, um „Die Metropole" zu beenden. Meine Gesellschaft bestand bei Tage aus Nußhähern und Eichhörnchen, bei

Nacht aus einem großen, fetten Stachelschwein. Ich lebte von Reis, Bohnen, Backpflaumen, Speck und Fisch – nie hatte ich frisches Obst oder Gemüse – und wunderte mich, daß ich an Verstopfung und Kopfschmerzen litt. Damals begann ich, über Fragen der Diät nachzudenken, und stellte die Tatsache fest, daß Bohnen, Reis und Backpflaumen keine Lösung meines Problems bedeuteten.

Eines Tages traf eine Gesellschaft von jungen Leuten an meinem See ein, vielleicht ein Dutzend Menschen, die augenscheinlich reich waren, mit Führern und kostspieliger Ausrüstung versehen. Sie machten ein Lagerfeuer unten am Strand, sie sangen Lieder durch die Nacht, und der einsame Schriftsteller pflegte in die Nähe zu paddeln und in der Dunkelheit zu lauschen; er dachte an seine kranke Frau, die auch so gerne sang. Dann, eines Nachmittags, kamen ein paar von den jungen Männern zu ihm; einer von der Gesellschaft war in einen Bienenschwarm geraten und bös zerstochen worden, ob ich nichts hätte, um ihm zu helfen? Sie luden mich an ihr Lagerfeuer ein, ich kam und traf eine lustige Gesellschaft, ich plauderte mit ein paar hübschen Mädchen. Eins der Mädchen, das neben mir saß, fragte nach meinem Beruf, und ich gab zu, daß ich Bücher schriebe. Das finden die Leute immer interessant; sie halten das Leben eines Schriftstellers für romantisch, von der Verstopfung und den Kopfschmerzen wissen sie nichts.

Ich vermeide es immer, meinen Namen bekannt zu geben, denn seit langer Zeit weiß ich im voraus all die unmöglichen Fragen, die die Leute an den Autor des

„Sumpf“ zu stellen haben. Diese Leute fragten aber nach meinem Namen, und als ich ihn nannte, war ich in eine seltsame Lage geraten, ringsum herrschte Lachen und Tuscheln, und endlich erfuhr ich mein Mißgeschick – das Mädchen an meiner Seite war die Tochter von J. Ogden Armours rechter Hand! Wieder einmal wurden nun die alten Kämpfe ausgefochten, und ich erfuhr, entweder von dem Mädchen selbst oder von einem anderen in der Gesellschaft, daß Mister Armour sich fast ununterbrochen drei Tage und drei Nächte lang mit seinen Rechtsanwälten eingeschlossen hatte, nachdem der „Sumpf“ erschienen war. Er hatte darauf bestanden, mich wegen verleumderischer Beleidigung zu verklagen, aber die Rechtsanwälte hatten ihm entgegengehalten, daß er mit seiner Klage nicht durchdringen würde. Ich glaube, dergleichen ist in mehr als einem Chefbüro vorgekommen, seit ich meinen Feldzug gegen die große Geschäftswelt Amerikas begonnen habe. Es ist bemerkenswert, daß ich ihn seit achtundzwanzig Jahren führe, und noch ist keine einzige Klage wirklich gegen mich erhoben worden. Das Geheimnis liegt darin: man muß sicher sein, daß der Verbrecher schlimmere Verbrechen begangen hat, als man sie ihm nachsagt.

8

Doubleday, Page & Co. lehnten „Die Metropole“ ab. Sie sagten, das sei kein Roman, und schlugen mir vor, noch ein Jahr zu opfern und die Geschichte neu zu schreiben. Ich hatte weitere Sitzungen mit Walter H. Page, dieser liebenswürdige Herr glaubte wieder, was andere Leute ihm erzählten. Die vergnügten jungen Herren in seinem Büro waren überzeugt, die Neuyorker Gesellschaft sei nicht entfernt so schlecht, wie ich sie schilderte; wenn ich ihnen erzählte, was ich wußte, stellte ich ein gewisses Erschrecken fest. Ich schrieb es der Tatsache zu, daß ihr Magazin „World's Work" in New York herausgegeben und gedruckt wurde, und daß ihr Einkommen aus den Geschäftszweigen der Banken und Aktiengesellschaften stammte, die ich in meinem Buch bloßstellte. Es ist ein anderes Ding, über die Erpressung in Chicago zu sprechen, das tausend Meilen fern liegt, oder von dem zu erzählen, was in der eigenen Finanzfamilie vor sich geht. Doubleday, Page & Co. hatten mit dem „Sumpf" ein Vermögen gemacht und gebrauchten es, um das reichste und reaktionärste Verlagshaus des Landes zu werden. Ich sagte ihnen traurig „Ade".

Beim „Amerikanischen Magazin" – damals Eigentum von Reformern – las man das Manuskript und unternahm es, Stücke daraus in Fortsetzungen zu veröffentlichen. Ich ließ das Manuskript bei Moffat, Yard & Co. und reiste ab, um meine Frau im Battle Creek Sanatorium zu besuchen. Dort blieb ich drei Wochen lang und versuchte eine Kur. Ich hörte auf Dr. Kellog, der mir die schlimmen Folgen der Fleischnahrung ausmalte, und versuchte es für die nächsten drei Jahre mit vegetarischer Kost. Solange ich im Sanatorium behandelt wurde, fühlte ich mich etwas gesünder und dachte, nun sei die Frage gelöst, wie ich mich ungestraft überarbeiten dürfte.

Michael Williams, einer von unseren Helicon Hall-Kolonisten, kam ins Sanatorium, um es für irgendeine Zeitschrift zu schildern; wir sahen uns sehr häufig. Mike war ein Kanadier von wallisischem Ursprung, hinter ihm lag ein hartes Leben, er hatte als Lastträger begonnen, hatte sich bei dieser Arbeit Tuberkulose und Trunksucht zugezogen. Vom Trunk hatte er sich selbst geheilt, jetzt versuchte er, sich von der Tuberkulose mit Battle Creek-Methoden zu heilen. Er war ein glühender Sozialist und ein Schriftsteller von nicht geringem Talent; ich war überzeugt, daß er der Sache dienen würde, und freute mich, ihm helfen zu können. Wir entwarfen einen herrlichen Plan für eine Ferienreise und ein gemeinsames Buch; wir wollten zwei gedeckte Frachtwagen mieten, unsere beiden Familien quer über den Kontinent führen, ein Freiluftleben führen und Amerika ganz aus der Nähe betrachten. Eine „literarische Karawane" nannten wir es; „Utopia auf der Walze". Das „Amerikanische Magazin" war begeistert von unserer Idee und versprach, unsere Abenteuer in einer Serie von Artikeln zu bringen. Aber das war ein Sommerplan, und es war November. Wir beschlossen, mit unseren Familien den Winter über nach den Bermudas zu gehn und dort ein Buch über neue Hygiene zu schreiben. Moffat & Yard interessierten sich stark für „Die Metropole" und erwarteten viel davon. Ich erinnerte mich, daß mein Zeitungsfreund mir gesagt hatte, ich müßte lernen, Preise zu machen, und erzielte einen Vorschuß von fünftausend Dollars auf die Buchrechte. So lag der Pfad des Lebens rosig vor Mike und mir. Wir würden zwischen den Korallenriffen der

Bermudas ein Zweifamilienutopia gründen; ich zahlte die Rechnungen, und Mike würde mir aus seinen künftigen Honoraren später das Geld zurückgeben. „Es wird mir eine Ehrenschuld sein", erklärte er mit Stolz immer wieder.

Die erste Station unserer Reise war New York, dort langten wir am Vorabend eines großen Ereignisses an. Wallstreet tobte von wilden Spekulationen, aber „irgendjemand verlangte einen Dollar", und da brach die Panik von 1907 aus. Ich habe im „Sündenlohn" die besonderen Umstände erzählt, durch die ich Kenntnis von dem Getriebe hinter den Kulissen bekam, das diesen Ereignissen zugrunde lag. Hier genügt es zu sagen, daß ich den größten Sensationsstoff in den Händen hielt, den es jemals in Amerika gegeben hat, mindestens Zeit meines Lebens. Ich war in der Lage, nicht nur Anklage zu erheben, sondern beweisen zu können, daß der ältere Morgan diese Panik unbedenklich entfesselt hatte, um die unabhängigen Trustgesellschaften außer Gefecht zu setzen. Das „American Magazine" verlangte die Geschichte und unterzeichnete den Vertrag; aber nach zwei oder drei Wochen bekam es „kalte Füße" und bat mich, es freizugeben; was ich tat.

9

So saß ich nun mit Mike in einem Zauberland, das von Juwelen übersät schien, im einsamsten Teil der Bermudas und fern dem Strom lärmender Touristen. Das Haus aus weißem Kalkstein, das wir bewohnen, steht auf einem Felsen am Strand und blickt über eine kleine Bucht hin, hinter der die Sonne jeden Abend ins Meer taucht. Nicht weit davon steht eine Ruine, verlassen, nur eine wundervolle Mahagonitreppe fand sich noch im Innern. Wir erzählten den Kindern, hier sei einst die Burg eines großen Piraten gewesen. Das Meer ist leuchtend blau, wo es seicht ist, schimmert es smaragdgrün; darüber schwingt sich der Fregattenvogel, schneeweiß, mit einer langen, leuchtenden Feder im Schwanz, die wie ein Wimpel gehißt ist. Fast das ganze Jahr scheint die Sonne. Wir hatten einen Tennisplatz, der von immer blühendem Oleander eingeschlossen war. Wir hatten Rosen und einen Garten, in dem ein Negerjunge unsere vegetarische Kost bestellte. Das Haus war schön und geräumig, es hatte so viele Veranden, daß alle Mitglieder der beiden Familien im Freien schlafen konnten.

Mike arbeitete an seinem autobiographischen Roman – er ist inzwischen unter dem Titel „Das hohe Lied" erschienen. Ich schrieb „Das tausendjährige Reich", ein Theaterstück, und zusammen arbeiteten wir an unserem Gesundheitsbuch, – den Namen dieses Werkes nenne ich nicht, denn ich habe seither meine Ansichten gründlich geändert. Ich hatte eine Sekretärin mitgebracht, Mike verfügte über die Hälfte ihrer Zeit, und sein Anteil an ihrem Gehalt wurde zu jener „Ehrenschuld" gerechnet, deren Beträge wir sorgfältig buchten. Dann hatten wir eine schwedische Gouvernante, die unparteiisch für meinen Sohn und die beiden Williams-Kinder sorgte, außerdem ließ Mikes Frau sich von einer älteren Freundin helfen. Minnie besorgte für uns alle die Hausarbeit, –

jene irische Minnie, die in Helikon Hall mit den Universitätsprofessoren getanzt hatte. Unser Utopia beherbergte im ganzen zwölf Menschen, meine fünftausend Dollars reichten genau für die Miete und die Lebenshaltung von sechs Monaten.

Dann erschien „Die Metropole“. Achtzehntausend Exemplare wurde verkauft, und damit war gerade der Vorschuß gedeckt; neue Tantiemen waren nicht zu erwarten, und so saß ich fest in einem fremden Land, ohne Geld, um die Familie nach Hause zu bringen. Mike übernahm es freiwillig, nach New York zu fahren und einen Verleger für unser Gesundheitsbuch zu finden. Vom Vorschuß wollte er mir die Hälfte überweisen. Er fuhr, brachte das Buch bei Frederick A. Stokes unter, bekam einen Vorschuß und steckte alles in seine eigene Tasche. So saß ich abermals fest

Ich lieh mir irgendwo Geld und fuhr nach Hause. Mike und seine Familie gingen nach Kalifornien, er begann wieder zu trinken und bekam einen Blutsturz. Später hörte ich wieder von ihm, er hatte in der Religion seiner Kindheit Zuflucht gefunden. Alles, was damit zusammenhängt, kann man in seiner Erzählung „Das hohe Lied“ lesen. Die heilige Therese erschien ihm und manifestierte sich, indem sie ihn Rosenduft atmen ließ, während er über eine Großstadtstraße ging. Dies war ein Wunder, und seither wußte Mike, daß er einer der Erwählten sei! Daß jeder Hypnotiseur imstande wäre, Dutzende solcher Wunder zu tun – er hätte Mike eins, zwei, drei, alle Blumen, die im Frühling erblühen, zugleich riechen lassen können –, das hat mit dieser Sache nichts zu tun!

So endete mein Versuch, einen neuen sozialistischen Schriftsteller zu entdecken und auszubilden. Es ist eine häßliche Geschichte, die ich da erzähle, – man wird sehen, die einzige trübe Geschichte in einem Buch der Freundschaft. Um keinen Preis hätte ich sie erzählt, wenn sie nicht eine Fortsetzung hätte. Zehn Jahre waren vorübergegangen, und Mike war so gut wie vergessen. Ich gründete ein Magazin und veröffentlichte darin „Religion und Profit", eine Untersuchung der Geschäftsmethoden der Kirchen. Mike war jetzt ein Vorkämpfer des Katholizismus – seine Verleger priesen ihn als „einen der einflußreichsten Laienkatholiken Amerikas" – und machte einen Ausfall, um mein Buch zu erledigen. Das war in der Ordnung; ich billige jedem Menschen das Recht zu, anderer Meinung als ich zu sein, – je schärfer er sich äußert, desto besser, es ist immer Reklame. Mike aber fand seine Aufgabe schwierig, denn alle Angaben in „Religion und Profit" hatte ich aus katholischen Quellen genommen, aus Erbauungsschriften, päpstlichen Erlässen, Hirtenbriefen, den Leitartikeln von Kirchenzeitungen, – jede einzelne Quelle trug das heilige Imprimatur „Nihil obstat".

Da so an dem Buch nicht viel anzugreifen war, zog Mike es vor, den Verfasser anzugreifen. Er beschuldigte mich, ein Lohnschreiber zu sein, und betitelte seine Kritik „Ein Prophet für Profit". Ich habe diesen Vorwurf oft gehört, aber es schien mir, daß ein einziger Mensch in ganz Amerika kein Recht hatte, ihn zu erheben, – und

das war mein alter Freund und Hausgast Michael Williams!
Vor vier Jahren bemühte sich ein Katholik, Präsident der Vereinigten Staaten zu werden. Er hatte nur ein schweres Hindernis zu überwinden: die Doktrin der katholischen Kirche, nach der „Amerikanismus“ gleichbedeutend mit Gottlosigkeit ist. Die Gottlosigkeit des „Amerikanismus“ war durch die eine, endgültige, unfehlbare, höchste Stelle der katholischen Kirche wieder und wieder feierlich verdammt worden, man weiß, daß es Gott selbst ist, dessen Gedanken der Papst ausspricht, wenn er seine Enzykliken erläßt. Durch diese höchste Stelle hatte das amerikanische Volk erfahren, daß die Grundlagen, auf denen ihre Republik errichtet ist, – Freiheit des Wortes, Freiheit des Denkens und Glaubens, Trennung von Kirche und Staat, Unterordnung der Kirche unter den Staat in allen zweifelhaften Fällen – daß all diese Doktrinen schreckliche Gottlosigkeit waren, für ewig verdammt und verflucht. Anathema! Anathema marantha! Fiat, fiat, fiat!
Durch sechzig Jahre oder mehr hatten die Päpste diese Doktrin immer wieder postuliert, sie stand unanfechtbar da als ein Gesetz der katholischen Kirche, das alle Frommen kannten, das in allen Seminaren gelehrt, von allen Kanzeln gepredigt wurde. In den letzten beiden Jahrzehnten aber vollendete Amerika seinen ungeheuren Industrieapparat und wurde der Gläubiger aller anderen Länder der Welt. Selfmademillionäre kamen aus Amerika nach Rom – Maschinenbarone, Gaskönige, Stahllords und Kupferherzöge – sie wurden mit Sternen

und Orden und Rittersporen geschmückt, denn sie zahlten Preise wie niemals zuvor in der ganzen Kirchengeschichte. Der Peterspfennig wurde zum Petersdollar, zur Petersmillion, und so wurde der „Amerikanismus", diese todeswürdige Gottlosigkeit, zu etwas, das der liebe Gott zweimal anschauen mußte, ehe er es verdammte. Die Möglichkeit, daß ein Katholik Präsident dieses neuen Aladinlandes wurde, machte die römische Kurie unsicher, und so trat plötzlich eine Unterbrechung der päpstlichen Bannstrahlen ein.

In dieser Krisis erschien ein neuer katholischer Papst – dieses Mal ein Laienpapst – und das war kein anderer als mein alter Freund, Genosse und Mitkolonist Michael Williams! Mike erzählte dem amerikanischen Volk die wahre katholische Lehre, er erzählte sie als das gerade Gegenteil dessen, was jeder katholische Gläubige und Priester in Amerika bisher gehört hatte. Noch tat kein katholischer Lehrer oder Priester in Amerika seinen Mund auf – und ebenso wenig in Rom! Mike erzählte dem amerikanischen Volk, die päpstlichen Erlasse seien nicht unbedingt „bindende Gesetze der Kirche", sondern manchmal nichts anderes als „persönliche Ansichten eines individuellen Papstes". Oh, welch ein Gipfel aller Gotteslästerung! Das Papier selbst, auf das Mike diese Worte geschrieben hatte, hätte in Flammen aufgehen und zu Asche zerfallen müssen.

„Aber ich möchte die Kritiker der Kirche wissen lassen, daß ich den Gegenstand wirklich beherrsche, von dem ich spreche!" erklärte mein Freund Mike majestätisch! Nun, Mike, ich habe die „Katholische Enzyklopädie" auch durchstudiert! Dort habe ich auch den entsetzlichen Bannfluch gegen Gotteslästerer gelesen, der eines Tages in deine Ohren dröhnen wird:

„Deshalb, im Namen Gottes, des Allmächtigen, Vaters, Sohnes und Heiligen Geistes, im Namen des heiligen Petrus, des höchsten der Apostel, und im Namen aller Heiligen, in Ausübung der Macht, die uns gegeben ist, im Himmel und auf Erden zu binden und zu lösen, schließen wir Mike selbst und alle seine Mitläufer und all seine Anhänger von den Segnungen der Kommunion aus, die da ist Leib und Blut unseres Herrn! Wir schließen ihn aus von der Gemeinschaft aller Christen, wir weisen ihn fort von dem Busen unserer heiligen Mutter, der Kirche, im Himmel und auf Erden, wir verhängen über ihn die Exkommunikation und das Anathema, wir verurteilen ihn zu ewigen Feuern bei Satan und den Höllenkreaturen und allen Verdammten, solange er die Fesseln des Satans nicht zerbricht, Buße tut und die Kirche um Vergebung anfleht! Wir liefern ihn dem Satan aus, der seinen Körper peinigen möge, auf daß seine Seele am Tage des Jüngsten Gerichts gerettet werde. Fiat, fiat, fiat!"

11

Meine satirische Komödie „Das tausendjährige Reich" machte starken Eindruck auf den führenden Theaterimpresario jener Zeit, David Belasco. Er verpflichtete sich, sie im Laufe des kommenden Winters in hervorragender Ausstattung und Besetzung auf die Bühne zu bringen. Er lag im Kampf mit dem Trust und hatte zwei große Theater in New York, in denen er jedes Jahr zwei große Vorstellungen herausbrachte. Aber nachdem er mich ein Jahr hatte warten lassen, und nach vielen Versprechungen, schloß er plötzlich Frieden mit seinen Feinden, und nun brauchte er bescheidene Stücke, die billig ausgestattet werden konnten. Er ließ also „Das tausendjährige Reich" fallen und führte statt dessen „Der leichteste Weg" von Eugen Walter auf, ein Stück, das nur acht Rollen enthält. Damit zerrann wieder einmal jener Traum, der mich zehn Jahre und länger verfolgte, eine Menge Geld zu verdienen und eine neue Kolonie zu gründen.

Ich bekam Vorschuß von einem Verleger und brachte meine Familie an den Placid-See in den Adirondacks, mietete ein kleines „Camp" und machte mich daran, die Geschichte, wie der ältere J. P. Morgan die Panik des vergangenen Herbstes verursacht hatte, in einen Roman zu verarbeiten. „Die Wechsler" war der Titel, ein Gegenstück zu „Die Metropole". Ich plante eine Trilogie, als Ersatz für jene Romantrilogie, die mit „Manassas" untergegangen war. Ich trug mich immer noch mit grandiosen Plänen. „Die Wechsler" erfüllten meine Hoffnungen nicht, hauptsächlich wegen der unglücklichen Situation, in der ich lebte. Meine Gesundheit machte unausgesetztes Arbeiten unmöglich. Ich bitte den Leser um Verzeihung, weil ich immer wieder auf diesen Gegenstand komme, aber die Gesundheit ist ein wichtiger Faktor im Leben eines Schriftstellers. Zum Glück kann ich ein Happy End versprechen – insofern nämlich, als ich das Problem, gleichzeitig zu arbeiten und vernünftig zu leben, später gelöst habe.

Zur Erholung kletterte ich in die Berge, spielte Tennis und schwamm im See. Ich schlief im offenen Lager unter den Tannenbäumen und unterwarf mich allen Gesundheitsregeln, die ich kannte. Wir hatten die irische Minnie mit uns, außerdem eine Freundin Corydons, eine junge Studentin, die sie im Sanatorium kennen gelernt hatte. Es war ein sehr frommes Mädchen, eine Siebentags-Adventistin. Corydon versuchte, sich auf die verschiedensten Arten seelisch zu heilen, und ich tat alles, um sie glücklich zu machen, während ich weiter bestrebt war, die Probleme der Welt zu lösen.

Für mich selbst fand ich gute Gesellschaft in jenem Sommer in einem Mann, den ich zwei Jahre zuvor, als der „Sumpf" erschien, kennen gelernt hatte. Er war Engländer, zwölf Jahre älter als ich, war nach New York gekommen und hatte mir einen Empfehlungsbrief von Lady Warwick, unserer sozialistischen Gräfin, übersandt. Sein Name war H. G. Wells, ich hatte ihm gestehen müssen, daß ich noch nie von ihm gehört hätte. Er sandte mir sein „Modernes Utopia" mit der reizenden Widmung „Dem hoffnungsvollsten aller Sozialisten von dem zweithoffnungsvollsten". Ich fand dies Buch unvergleichlich und schrieb ihm einen Brief, den er als „eine Krönung" entgegennahm. Diesen Sommer in den Adirondacks verbrachte ich mit ihm, und zwar durch den Zauber von acht oder zehn seiner frühen Dichtungen, den entzückendsten Büchern, die je für einen Sommerurlaub geschrieben wurden. „Dreißig seltsame Geschichten" war das eine betitelt, und ich lächelte gönnerhaft, denn ich sagte mir, ein Mensch könne wohl eine seltsame Geschichte schreiben oder vielleicht ein Dutzend – aber dreißig! Doch da waren sie, und jede einzelne war seltsam, und ich wußte, daß ich einem großen, erfinderischen Talent begegnet war. Seither habe ich dreiundzwanzig Jahre lang die überliterarischen Kritiker H. G. Wells kleinmachen sehen; ich aber weiß, daß er mit Bernard Shaw eine neue Epoche in der englischen Literatur geschaffen hat.

„Die Wechsler" erschienen, und meine Enthüllungen waren ein oder zwei Wochen lang eine Sensation. Das Buch wurde ungefähr so stark verkauft wie „Die Metropole", und so hatte ich wieder Wind in den Segeln, gerade genug, um ein anderes Buch schreiben zu können. Dann aber schien es, als sei die Zeit meines Schaffens zu Ende; ich war einem nervösen Zusammenbruch nahe, ich mußte weit fort aus meinem unglücklichen Familienleben und mir vollkommene Ruhe gönnen. Corydon wünschte sich eine Wohnung, die ihr allein gehörte, in New York, um ihre eigenen Probleme zu lösen. Mein Freund Gaylord Wilshire besaß damals eine Goldmine, hoch oben in den östlichen Ausläufern der Sierra-Berge; auch George Sterling lud mich ein, ich sollte nach Carmel kommen, ihn besuchen; so trat ich eine Argonautenfahrt an, natürlich im Pullmanwagen.

WANDERFAHRT

1

Es war meine erste Reise quer über den amerikanischen Kontinent; die erste Station machte ich in Chicago, um nach vier Jahren die Schlachthöfe wiederzusehen. Mich erwartete eine riesige Halle und eine applaudierende Menschenmenge, die Sozialisten hatten eine Massenversammlung einberufen. Vor dem Rednerpodium saß eine Reihe von Zeitungsberichterstattern, ich erzählte ihnen von der Untersuchung, die der New York Herald vor einem Jahr über die Verhältnisse in den Schlachthöfen angestellt hatte, und wie der Bericht unterdrückt worden war. „Eine gute Geschichte, nicht wahr?“ fragte ich die Reporter an den Pressetischen. Sie nickten und grinsten. Ja, das war eine gute Geschichte; aber weder über diese Geschichte noch über die Versammlung erschien am anderen Morgen in den kapitalistischen Zeitungen von Chicago ein einziges Wort.

Den nächsten Aufenthalt nahm ich in Lawrence in Kansas, wo ich den Mann treffen sollte, den ich für den kommenden Dichter Amerikas hielt. Er war Student an der Staatsuniversität, ich hatte seine Gedichte in Zeitschriften entdeckt und ihm geschrieben. Er hatte mir Pakete mit Manuskripten geschickt und mir sein Herz ausgeschüttet. Das war einmal ein wirkliches Genie, – einer, der wie im Fieber Tag und Nacht schrieb. Als barfüßiger Vagabund war er auf die Universität gezogen, jetzt schlief er in einem Dachstübchen über einem Stall, eingehüllt in eine Pferdedecke. Es drängte ihn so sehr, mich zu sehen, daß er sich Geld lieh, eine Fahrkarte kaufte und in meinen Zug einstieg, zwei Stunden, ehe ich Lawrence erreichte; er aß mit mir im Speisewagen, es sei das erste Mal in seinem Leben, versicherte er mir.

Als wir in die Stadt kamen, wurde ich begleitet und angestarrt, wurde gebeten, zu einer Gruppe von Studenten zu sprechen, es waren sogar ein oder zwei Professoren dabei. Das war eine große Stunde für den Dichter aus der kahlen Mansarde: ich der Gegenstand allgemeiner Aufmerksamkeit, er mein Gastgeber und Impresario! Wir machten einen Spaziergang in die Umgebung der Stadt, und er erzählte mir seine Nöte. Nie im Leben hatte er etwas mit einer Frau zu tun gehabt, hier liebäugelten die Mädchen mit ihm – aber keine nahm ihn ernst, weil er ein armer Teufel war, und Poesie war mit Geld verglichen ein Nichts. Schon einigemal sei er dem Selbstmord nahe gewesen, aber, verdammt, diese Genugtuung wolle er ihnen nicht geben. Das war Harry Kemp in jenen Tagen, als sein Ruhm noch fern war; ich war dreißig, er fünfundzwanzig, und die Zukunft lag vor uns beiden in Schleiern. So gern war er mit mir zusammen, daß er sich nochmals Geld lieh und zwei oder drei Stunden in meinem Zug mit mir reiste.

Denver, Ben Lindsay, der Richter am Jugendgerichtshof; ein neuer Gedanke und ein neuer Mann. Ich sah den Gerichtshof am Werk und nahm an einer Sitzung der Freunde des Richters im Y.M.C.A. (Christlicher Verein junger Männer), teil. Er stand in der Mitte eines jener politischen Kämpfe, die er ungefähr jedes Jahr zu bestehen hatte, bis ihn schließlich „die Bestie" bezwang. Er verriet mir, daß er eine Geschichte seines Krieges gegen die organisierte Korruption von Denver geschrieben hatte, ich nahm das Manuskript, las es im Zug, telegraphierte „Every body's Magazine" darüber, sie entsandten Harwey O' Higgins, und so entstand eine neue große Artikelserie „Die Bestie und der Dschungel".

Das Buch wurde später bei Doubleday, Page & Co. gedruckt, aber nicht in Umlauf gebracht, derselbe Trick, mit dem sie Theodore Dreiser hereingelegt hatten, aber niemals Upton Sinclair hereinlegen werden, darauf kann man sich verlassen! Wenn es eine neue Generation von Schmutzaufwirblern in Amerika geben sollte, hier mein Tip: Setzt eine Klausel in eure Verträge, die besagt: Wenn der Verleger es je unterläßt, das Buch vorrätig zu haben und an Jederman zu verkaufen, der es verlangt, dann fällt dem Autor das Recht zu, den Satz zu benutzen, um eine neue Ausgabe selbst zu drucken und zu verkaufen. Dadurch wird es dem Verleger unmöglich, „Ausverkauft" zu haben; der Schein-Käufer wird, wenn er diese Klausel liest, bemerken, daß er nichts kauft.

Ein Tag in Ogden, ein Spaziergang hinauf in den Canyon; dann ein Tag in Reno, in Nevada, ein Spaziergang von vielen Stunden zu den Bewässerungsanlagen in den Bergen, dann, am Abend, ein Besuch in den Spielsälen.

Eine merkwürdige kleine Stadt mit einer schönen Staatsuniversität. Ein paar Hundert Gäste aus aller Welt, die sich vorübergehend dort aufhielten, um von ihren Ehegatten geschieden zu werden, brachten eine elegante Note in das Stadtbild. Die Katholiken und die Fundamentalisten von Amerika versuchten gemeinsam, verheiratete Männer und Frauen zum Zusammenleben zu zwingen, wenn sie sich längst zu trennen wünschten; nun wurden die Rechtsanwälte und Politiker dieser kleinen Minenstadt reich, indem sie die Scheidung an jene wenigen Glücklichen verkauften, die sich sechs Monate Ferien erlauben konnten. Corydon hatte davon gesprochen, dieser Ehescheidungskolonie beizutreten, und so untersuchte ich das Terrain mit persönlichem Interesse.

2

Einen Tag lang fuhr ich auf einer kleinen Eisenbahn in die Roten Einöden von Nevada. In der kleinen Stadt Bishop in Californien traf ich die Wilshires, wir ritten nach ihrer Mine, die achtzehn Meilen entfernt in den Bergen lag, den Bishopfluß entlang, an bizarren Bergen, an kalten, klaren Seen vorüber. Der erste Schnee des Jahres fiel, die Forellen bissen nicht mehr an, aber ich kletterte die Hügel hinauf, und im Speisesaal der Minenarbeiter nahm ich an gewaltigen Mahlzeiten teil. Das Lager wurde auf genossenschaftlicher Basis verwaltet, es wurden hohe Löhne gezahlt und viel sozialistische Propaganda gemacht; wir schliefen in einer ländlichen Herberge, an den Abenden diskutierte ich die Betriebsfragen mit dem Verwalter, einem Vorarbeiter und einem Schürfer. Das waren alterfahrene Bergleute, und sie waren einstimmig der Meinung, daß dies die größte Goldmine Amerikas sei. Über die ganze Bergwand hinauf konnte man die Ader verfolgen, man durfte sich Gesteinsproben abschlagen, hinunter an die Arbeitsstellen tragen und war anwesend, wenn sie untersucht wurden.

Aber, leider gab es beim Quarzminenbau Schwierigkeiten, die über mein Verständnis gingen. Der größte Teil der Ader war von geringer Ergiebigkeit, nur bei großer Förderung konnte sie gewinnbringend sein. Wilshire hatte nicht das nötige Kapital, um in diesem Stil zu arbeiten, bei dem Versuch, das Geld aufzutreiben, verblutete er selbst und mit ihm Tausende von Lesern seines Magazins, die er dazu gebracht hatte, seine rosigen Hoffnungen zu teilen. Ich stand ihm bei dieser Feuerprobe zur Seite und kann bezeugen, daß er alles tat, ausgenommen das eine, seine Mine an eine große Kapitalistengruppe zu verkaufen, die Appetit darauf hatte und seine alten Aktionäre kaltstellen wollte.

Sozialisten sollten sich in einer kapitalistischen Gesellschaft nicht dadurch zum Narren machen, daß sie großkapitalistische Pläne verfolgen. Das habe ich viele hundert Male sagen hören und weiß, daß es richtig ist; aber es muß doch etwas dagegen bemerkt werden. Die amerikanischen Sozialisten waren niemals imstande, ein Propagandaorgan im Stil der nationalistischen Blätter zu erhalten; das Land ist zu groß, das dazu nötige Kapital geht über ihre Kräfte. Der „Appell an die Vernunft“ war ein Geschenk, daß ein Grundstücksspekulant mit sozialem Gewissen, der alte I. A. Wayland, ihnen gemacht hatte, möchten die Unternehmer jener anderen Welt ihm gnädig sein. (Seine katholischen Feinde stellten ihm eine Falle, in der eine Frau als Köder saß: mit ihr zusammen verstieß er gegen ein Gesetz, auf dessen Übertretung im frommen Amerika Gefängnis steht, und als er sich ertappt sah, schoß er sich durch den Kopf.) „Wilshires Magazin" war ein Geschenk, das ein Plakatsäulenunternehmer mit Sinn für Humor uns gemacht hatte. Solange sein Geld reichte, nahmen wir das Geschenk mit Dank an; wenn sein Goldminenspiel geglückt wäre, hätten wir alle Geld gemacht, wir besäßen heute ein noch größeres Monatsblatt, und alles wäre wunderschön geworden. Mein alter Freund „Gay" starb kürzlich in einem Hospital in New York, ganz von der Gicht verkrüppelt. Wie fehlt mir sein fruchtbarer Geist, sein schlaues, ruhiges Lächeln!

3

Weiter nach Carmel. Diese Stadt bietet auf einem Quadratkilometer Raum mehr Schönheit als irgendeine andere Stadt, die ich kenne. Ein breiter Strand auf der einen Seite, den tiefe Tannenwälder einschließen, und im Hintergrunde felsiges Hochland; auf der anderen Seite ein Tal mit Bauernhöfen, von einem breiten Bach durchflossen, dahinter Berge. Vor zwanzig Jahren gehörte das Territorium einem Grundstücksspekulanten vom Typ der Boheme-Leute, das heißt einem Mann, der einen Künstlerspleen im Kopf hatte und jeder Berühmtheit, die ihn eine Stunde lang ihres Besuches würdigte, ein Stück Land zu schenken pflegte. Es ist überflüssig zu sagen, daß George Sterling, der Poeta laureatus des Bohemeklubs, eine Menge Land bekommen hatte; auf einem Hügel am Waldrand, fern dem städtischen Trubel, hatte er sich ein Häuschen gebaut.

George war damals vierzig, aber er wies kein Zeichen des Alters auf. Er war groß und hager, wie ein Indianer gebaut, seine Ähnlichkeit mit Dante ist häufig festgestellt worden. Wenn er mit der liederlichen San Franzisko-Gesellschaft zusammen war, trank er, aber wenn er allein war, führte er das Leben eines Athleten im Training; er fällte Bäume, jagte, wanderte meilenweit in die Berge und schwamm meilenweit hinaus. Er war ein prächtiger Kamerad, offenherzig wie ein Kind, bitter nur gegen Grausamkeit und Gier; und dabei ein erlesener Dichter, zart und hingebungsvoll.

Sein Freund Adolf Gente überließ mir ein Landhaus, und dort wohnte ich zwei oder drei Wintermonate lang in einem Frieden und einem Glück, wie ich sie bisher nicht gekannt hatte. Ich hatte die Literatur der Gesundheits-Narren gelesen und mich zu einem ausgefallenen Experiment entschlossen; ich wollte Rohkost ausprobieren, über die so viel gesprochen wurde. Ich aß täglich zwei Mahlzeiten, die aus Nüssen, Obst, Oliven und Salaten bestanden; mein einziges gekochtes Essen waren zwei oder drei Biskuits aus Weizenmehl oder ein paar Grahambrötchen. Diese Diät bekam mir wundervoll, nie hatte ich während der ganzen Zeit Körperschmerzen oder Kopfweh. So triumphierte ich; die Tatsache, daß ich meine nervenzerstörende schöpferische Arbeit unterbrochen hatte, übersah ich vollkommen. Ich las, wanderte, ritt, spielte Tennis, sah George und andere Freunde; wenn ich mein ganzes Leben lang so gelebt hätte, wüßte ich nicht, was Kopfweh und Leibschmerzen sind.

In Oakland bestand der Ruskin-Club, ein Verein sozialistischer Intellektueller, die mir ein Bankett gaben und eine Rede von mir hören wollten. George und ich fuhren in die Stadt, George machte im Boheme-Club halt, stand mit seinen Zechkumpanen an der Bar, ich stand gleichfalls dort und trank ein Glas Orangensaft, wie es meine Gewohnheit ist. Dann, als wir auf die Fähre gingen, sprach George sehr rasch, und ich hörte ihm mit einem seltsamen Gefühl von Unsicherheit zu. Ich konnte nicht verstehen, was George sprach, und wußte den Grund nicht. Erst in Oakland stellte ich ihn fest, mein California-Dante war betrunken. Als wir zum Essen gingen, nahm ihn jemand, der ihn besser als ich kannte, zur Seite und gab ihm Mineralwasser zu trinken. Das sozialistische Gedicht, das er für diese Gelegenheit geschrieben hatte, mußte jemand anders vortragen.

Ich fuhr nach Carmel zurück und fühlte mich sehr bedrückt. Ich wußte, wie mein armer alter Vater sich betrunken hatte, und hatte ein paar meiner Verwandten oft in derselben Lage gesehen, aber nie zuvor hatte ich es erlebt, daß ein großer Geist sich durch Alkohol zerstörte. Ich teilte George auf einer Karte mit, daß ich Carmel verließe, weil ich hier nicht glücklich sein könne. George kam in mein Häuschen gerannt und bat mit Tränen in den Augen um Verzeihung. Er schwur, er habe nicht mehr als zwei Gläser getrunken; alles sei nur so gekommen, weil er einen leeren Magen hatte. Aber ich kannte diese Art von Trinker-Gerede, und es rührte mich nicht. Dann schwur er, ich sollte bleiben: solange ich in Californien sei, werde er keinen Tropfen mehr berühren. Dies Versprechen nahm ich an, und er hielt es treu. Oft habe ich mir gesagt, mein bester Dienst für die Literatur wäre es gewesen, wenn ich für den Rest meiner Tage dort geblieben wäre.

4

Während ich über den Strand und die Hügel von Carmel wanderte, auf meinem Pferd durch die tiefen Wälder ritt, begann in meinem Hirn eine Tragödie in Blank-Versen zu entstehen; es war die Geschichte eines Kindes aus den Kohlenminen, das von reichen Leuten adoptiert und erzogen worden ist, und das zuletzt ein Führer der sozialen Revolution wird. Der erste Akt spielte in den Tiefen des Bergwerks, er enthielt ein Zusammentreffen des reichen Kindes mit einem armen. In einer gespenstischen Szene sah man alle Märchengestalten, die durch die Phantasie eines Bergwerkjungen spuken, der seinen ganzen Tag in der Dunkelheit verbringt, dessen Arbeit es ist, den Maultiergespannen die Tür zu öffnen und zu schließen. Der zweite Akt sollte in Utopia spielen und den Begriff des jungen Helden von einer Welt zeigen, in der er der geistige Führer ist. Der dritte Akt spielte im Wohnzimmer eines vornehmen Hauses an der Fifth

Avenue, man sah durch die Fenster, wie der Held von dem Straßenmob zum Tode geführt wird. Die Verse dieses Dramas, das mir wunderbar schien, strömten mir zu wie die Wellen am Strande von Carmel; aber im Interesse meiner Gesundheit schob ich es auf, sie niederzuschreiben, und nun sind sie für immer dahin. Ich glaube, es ist ganz natürlich, daß ich an dies Drama als an den größten Stoff denke, den ich je berührt habe, – nach dem Prinzip nämlich, daß gerade der Fisch, den man nicht gefangen hat, der größte war. Es ist seltsam, im Mittelpunkt des zweiten Aktes stand eine Erfindung, dank deren die ganze Welt zugleich die Worte meines Helden hören konnte. Das fiel unter meinen Begriff von Utopia; und heute, zweiundzwanzig Jahre später, sitzen die Menschen meiner Heimatstadt den ganzen Abend da und lauschen den Ankündigungen eines neuen Haarwuchsmittels oder der Reklame des „Freundlichen Schneiders", der seine Anzüge mit zwei Paar Hosen empfiehlt; dann und wann brüllen fünfzig oder mehr Sendestellen zugleich den Bericht über einen sensationellen Boxkampf, und ganz Amerika hört entzückt, daß zwei menschliche Kampfmaschinen aufeinander eindreschen; oder man vernimmt vielleicht den Gesang der Jazz-Boy-Babys „Du bist die Sahne in meinem Kaffee"; oder auch das kalte, nasale Gerede von Cal Coolidge, der uns mitteilt, „der Handel Amerikas ist Handel".

Meine Ferien gingen zu Ende, als mir eine Aktiengesellschaft in San Franzisko vorschlug, die Dramatisierung von „Prinz Hagen" aufzuführen. Die Reporter erschienen in meinem Haus und machten Notizen über meine

„Eichhörnchen-Diät", fragten nach meinen Ansichten über Liebe und Ehe, die sie gehörig aufpfefferten. Ich dachte, Amerika brauche ein sozialistisches Theater, setzte mich hin und schrieb drei kleine Einakter, zu denen man nur drei Schauspieler und gar keine Ausstattung brauchte. Da ich mich in meiner wiedergefundenen Gesundheit sehr stark fühlte, beschloß ich, eine Theatergesellschaft zu gründen und zu zeigen, wie man so etwas in die Hand nimmt. Ich schloß einen Vertrag mit dem Direktor einer Theaterschule, der mein Ensemble ausbilden und dafür den Gewinn mit mir teilen sollte. Zwei oder drei Wochen lang ließ ich alle Genossen in den Städten an der Bucht Handzettel verteilen, auf denen unsere dramatische Weltsensation angezeigt wurde.
Eins dieser Stücke hieß „The Second Story Man", es erschien später in den „Kleinen blauen Büchern" bei Haldeman Julius; dann und wann schreibt mir ein Schauspieler, dies Stück sei „wunderbar" und bittet, ich möchte es ihn als Volksstück mit Musik und Liedern aufführen lassen; er zimmert es zurecht, und dann erklären die Leute vom Bau „Um Gottes Willen, was ist das für radikales Zeug!" Das zweite Stück war eine Unterhaltung zwischen „John D." und „dem Verfasser", es spielte am Strand von Californien und handelte vom Sozialismus, wobei „John D." sich für ihn einzusetzen hatte. Im dritten Stück, „Der unzufriedene Abonnent", handelte es sich um einen Zeitungsleser, der den Redakteur eines Morgenblattes in einem Boot weit hinaus auf einen See lockt und ihn draußen zwingt, zum ersten Male in seinem Leben zuzuhören; es schließt damit,

daß er ihn über Bord wirft und sich davon macht. Das Boot bestand in dieser Inszenierung aus zwei Stühlen, die an den beiden Enden eines schmalen Tisches festgebunden waren; der Redakteur saß in dem einen Stuhl, der unzufriedene Abonnent in dem anderen, und als Ruder dienten zwei Besen. Das Publikum war entzückt von der Komödie, es jubelte, wenn meine beiden Helden auf einen imaginären See hinausruderten, die imaginäre Landschaft bewunderten; und wenn der Redakteur über Bord flog, brüllten eintausend soziale Rebellen vor Glück.

Diese drei Stücke wurden sieben oder achtmal gegeben, und die Theater waren überfüllt; dramaturgisch gesehen war das Unternehmen ein Erfolg, aber ach, ich hatte das Wirtschaftliche meines Planes nicht genügend durchgerechnet. Mein Ensemble war zwei oder dreimal wöchentlich engagiert, die Schauspieler aber bekamen täglich Gehalt. Die Entfernungen waren groß, meine Einnahmen fraß die Eisenbahn auf. Hätte ich das Ganze im mittleren Westen unternommen, wo die Schauspieler auf elektrischen Bahnen nur kurze Strecken zu fahren brauchten, dann hätten wir zweifellos auch einen geschäftlichen Erfolg gehabt. So, wie ich es angefaßt hatte, kostete mich der Spaß ein paar tausend Dollars.

5

Corydon teilte mir mit, unser Sohn habe seinen ersten Winter in New York damit gefeiert, daß er sich eine Mandelentzündung zuzog; auch Corydon selbst hatte die Freiheit kein Glück gebracht, sie wünschte, wieder eine Zeitlang nach den Ideen ihres Gatten zu leben. David Belasco versprach, „Das Tausendjährige Reich“ im folgenden Herbst aufzuführen, so telegraphierte ich Corydon, sie möchte nach Miami in Florida kommen. Ich selbst nahm den Zug nach Galveston in Texas und von dort den Dampfer nach Kay West.

Meine „Eichhörnchendiät“ war auf der Eisenbahn schwer zu bekommen; vielleicht hatte ich mich auch bei meinem Theaterunternehmen überarbeitet – jedenfalls bekam ich auf dem Dampfer im Golf von Mexiko Fieber. Ich erinnere mich an eine heiße Nacht, in der es unmöglich war, in der Kabine zu schlafen, und ich ging auf Deck hinauf; die ganze Nacht verbrachte ich hustend in einem Liegestuhl und hatte zur Gesellschaft einen Mann aus der vornehmen Welt einer unserer Großstädte, – ich habe vergessen welcher, aber sie sind ja alle gleich. Dieser Mann war etwas älter als ich, er hatte gerade mit seiner Frau gebrochen und war auf Reisen gegangen, um sich von ihr zu trennen. Er hatte eine Flasche in seiner Tasche und den Inhalt einer anderen im Magen, das war genug, um ihm die Zunge zu lösen. Er erzählte mir die Zerwürfnisse mit seiner Frau, jedes Wort, das sie gesprochen hatte, und jedes Wort, das er gesprochen hatte, wieder und wieder, er erzählte mir jede Untat, die sie begangen hatte, und viele seiner eigenen. Er erzählte mir, wie schwierig es sei, in einer großen amerikanischen Stadt reich und vornehm zu leben. Er erzählte mir die geschlechtlichen Ausschweifungen und Ehebrüche seiner Freunde – kurz, mein halbdelirierender Kopf mußte ein ganzes soziales Delirium aufnehmen. Jenes seltsame

Blendwerk, das man in manchen meiner Bücher findet, mag aus den Erfahrungen jener Nacht stammen, in der die Elemente einer eleganten Schreckenswelt vor meinem geistigen Auge wogten und wirbelten, verschwanden und wieder auftauchten, riesengroß wurden und zu Sternschauern auseinanderplatzten, wie in einem Zukunftsfilm menschliche Gesichter, Lokomotiven, Aeroplane und Wolkenkratzer.

In Kay West wurde ich vom Dampfer geholt und in eine Klinik gebracht, in der ich eine Woche lag. Dann, noch etwas wacklig, traf ich Corydon und unseren Sohn in Miami, wir suchten uns ein kleines Landhaus an der Küste aus, in dem einsam gelegenen Dorf Cocoanut Grove. Es war April und heiß, und ich lag viel in der Sonne; ich machte lange Märsche auf einer weißen Landstraße, rannte geradeaus westlich in einen flammenden Sonnenuntergang, rechts und links lagen Wälder mit riesigen Tannen. Plötzlich waren mein Gesicht, meine Hände und Beine von zahllosen Renntierfliegen bedeckt. Ich weiß nicht, wie man diese Insekten in Florida nennt, vielleicht gibt man ihre Existenz gar nicht zu; aber in Adirondacks und Canada hießen sie so, diese dünnen kleinen Teufel mit den schwarz-weißen Flügeln, die einen wie mit Nadeln stechen.

Wir schwammen in die weite, flache Bucht hinaus, das Wasser war warm wie in einer Badewanne; eine halbe Meile weit mußte man gehen, ehe man ins tiefe Wasser kam, auf dem Grund lagen große runde schwarze Tiere, die davonglitten, wenn man sich näherte. Ich wollte versuchen, eines zu fangen, aber zu meinem Glück tat ich es nicht, – es waren sehr gefährliche Stachelrochen. (Da ich ein treuer Californier geworden bin, macht es mir Vergnügen, über das Insekten- und Fisch-Leben Floridas und seine Gefahren zu sprechen.) Ein Grundbesitzer versuchte, uns für fünf- oder sechstausend Dollars einen großen Baugrund am Strand zu verkaufen, und wir sprachen eine ganze Zeitlang darüber, ohne uns entschließen zu können; ich bin überzeugt, daß der Besitzer ihn während der Nachkriegskonjunktur für ein oder zwei Millionen verkauft hat, und daß heute ein zwanzigstöckiges Geschäftshaus darauf steht.

Während dieser sechs Wochen schrieb ich „Die Maschine“, das Theaterstück, das eine Fortsetzung zu „Die Wechsler“ bildet. Das war eine seltsame Trilogie geworden, zwei Romane und ein Theaterstück Aber es war das beste, was ich damals machen konnte. Ich sah mich selbst schon als erfolgreichen Broadway-Dramatiker, als freundlich geduldeten Hofnarren des Kapitalismus. Aber dieser Traum erwies sich als Luftspiegelung.

6

Für den Sommer 1909 mietete ich ein Landhaus am Ufer von Cutchogue, nahe dem Ausläufer von Long Island; vor uns lag schönes, blaues Wasser, hinter uns standen hohe, schattige Bäume. Ich trieb immer noch meine Rohkostdiät, und auch meine Familie versuchte sie. Zu unserer Unterstützung hatten wir einen Mann, der zugleich Diener und Sekretär war und ein noch komischerer Bursche als ich selbst. Sein Name war David Howatt, er war blond und rotbackig, er ernährte seinen großen Körper mit zwei Handvoll indianischer Nüsse oder Mandeln, zwei Tellern voll eingeweichter roher Pflaumen und einer bestimmten Anzahl reifer Bananen täglich – es mögen ein oder zwei Dutzend gewesen sein, das weiß ich nicht mehr. Dieser blonde, angelsächsische Affe tollte mit meinem Sohn, leitete seine Erziehung, tippte meine Briefe, wusch unsere Wäsche und die Pflaumen für die ganze Familie. Das war ein Junge nach meinem Herzen: Vegetarier, Antialkoholiker, Nichtraucher, Pazifist, philosophischer Anarchist, überzeugter Feind des Kapitalismus, Träumer und ein Menschenbruder der Tat. David war in Macfaddens „Stadt für physische Kultur" gewesen und hatte Harry Kemp schon als Knabe gekannt. So tauschten wir unsere Erinnerungen an den kommenden Dichter aus.

Aber trotz allen idealistischen Theorien und Hoffnungen, – jene Diät, die mich am Strand des Pazifischen Ozeans so wunderbar geheilt hatte, versagte am Strand des Atlantischen. Der Unterschied war der, daß ich jetzt wieder schöpferisch tätig war; wenn ich Hirn und Nerven unter unausgesetztem Druck hielt, hatte ich anscheinend nicht die Kraft, Rohkost zu verdauen. Dave Howatt, in seiner Rolle als Führer und Mentor, schrieb meine Indigestion der schlechten Gewohnheit zu, gekochte Backwaren mit der Diät zu vereinigen; so wechselte ich für eine Zeitlang von der Eichhörnchen- zur Affenkost. Dann glaubte er, ich äße zuviel, und ich halbierte das Quantum, wodurch der Ballon, der in mir zu sitzen schien, kleiner wurde; aber dafür war ich ununterbrochen hungrig, so daß ich oft beim Tennisspiel plötzlich abbrechen, nach Hause gehen und eine Pflaume essen mußte.

Unter diesen schwierigen Bedingungen schrieb ich ein anderes Buch; es war ein Versuch, die sozialistische Lehre in eine einfache Geschichte zu kleiden, damit sie ein Publikum erreichte, zu dem sie sonst nicht vordringen würde. Ich dachte an etwas Elementares und Naives, so etwa in der Art von „Der Vikar von Wakefield" oder „Des Pilgers Aufstieg". Die Grenze zwischen dem Naiven und dem Banalen ist schwer zu ziehen, und so gehen die Ansichten über „Samuel, der Suchende" auseinander. Einige meiner Freunde bezeichnen die Geschichte als ein armseliges Produkt, und mit ihnen stimmte das Publikum überein. Andererseits wieder schrieb mir Frederik van Eeden, ein großer holländischer Erzähler und Dichter, einen begeisterten Brief über „Samuel" und erklärte ihn für mein bestes Werk. Robert Whiteaker, ein pazifistischer Pfarrer, der das Verbrechen begangen hat, das fünfte Gebot wörtlich zu nehmen, und dafür während des Krieges einige Monate im Gefängnis in Los Angeles zubrachte, geriet gleichzeitig an das Buch, und auch er hielt es für wohlgelungen. Der Verlag Bauza in Barcelona wollte eine Ausgabe meiner Romane herausbringen und fand es richtig, mit „Samuel Busca la Verdad" anzufangen. So werden vielleicht in einer Zeit der kooperativen Gesellschaft die Pädagogen einen neuen Klassiker entdecken, der sich für Vorlesungen an ihren Hochschulen eignet.

7

Gegen Ende des Sommers war meine Gesundheit zu elend geworden, und ich richtete die Gedanken auf eine neue Heilmethode, eine Hungerkur. Ich hatte die Zeitschrift „Physische Kultur" gelesen und schrieb an Bernarr Macfaddan, der damals ein Konkurrenzinstitut des Battle-Creek-Sanatoriums leitete. Er lud mich ein, mit meiner Familie zu ihm zu kommen, er wolle sich an meinem Übel versuchen.

Bernarr Macfaddan, Athlet, Theatermann, Dozent, Herausgeber, Verleger und Hygieneexperimentator, – ich könnte ihn zum Gegenstand einer interessanten Abhandlung machen. Für die geistigen Snobs ist er der Inbegriff von amerikanischer Vulgarität und Alltäglichkeit; es würde ihm nichts nützen, wenn ich ihn in Schutz nähme, denn ich stehe auf derselben Liste. Ich will nur feststellen, was Macfaddan für mich tat, – er lehrte mich, frei, gratis und umsonst, mehr darüber, nach welchen Prinzipien man leben muß, um gesund und arbeitsfrisch zu bleiben, als alle rückständigen approbierten Ärzte, die mir viele tausend Dollars dafür anrechneten. Man glaube mir, ich war bei den besten Ärzten auf jedem Gebiet, manche von ihnen hatten Mitleid mit einem Schriftsteller, die meisten behandelten mich wie einen Millionär. Unter meinen Freunden ist eine Anzahl von Ärzten, und je besser sie mich kennen, um so freimütiger geben sie zu, daß ihre Wissenschaft noch in einem armseligen Zustand ist. Ein führender Spezialist von New York, mein Studiengenosse, hat die Lage gut gekennzeichnet, als er von den Wunderdoktoren sagte: „Sie heilen ohne Diagnose, wir machen Diagnosen ohne zu heilen“.

Mein Besuch bei Macfaddan im Jahre 1909 fiel in die dunklen Zeiten, in denen die Worte „Vorbeugung“ und „Medizin“ noch nicht zueinander gefunden hatten. Ich hatte Doktor um Doktor konsultiert, um zu erfahren, wie ich mich gesund erhalten könnte, und keiner von ihnen schien zu verstehen, wovon ich sprach. Sie versuchten, meine Krankheit zu heilen, und dann schickten sie mich fort und ließen mich genau dieselben Diätfehler wieder begehen, die meine Krankheit erzeugt hatten. Das Geheimnis der natürlichen Lebensweise gehörte einer kleinen Gruppe von abenteuerlichen Personen, die man als „Gesundheitsnarren“ bezeichnete. Es hat mir viel Vergnügen gemacht, festzustellen, daß die Hauptideen dieser „Narren“, eine um die andere, von medizinischen Leuchten wiederentdeckt wurden und auf diesem Weg in die Zeitungen und ins Publikum kamen. Es war nicht Doktor Rollier in der Schweiz, der die „Sonnenkur“ erfand; man fasse sich, die Halbverrückten in der „Stadt für physische Kultur“ liefen in lichtdurchlässigen Hosen herum, Männer und Frauen, und wurden durch die Dorfpolizisten verhaftet, ehe das Wort „Nacktkultur“ noch bei uns eingeführt war.

Dieselbe Geschichte ist es mit den „Vitaminen“, mit dem Übel der „denaturierten“ Nahrungsmittel, mit der Bedeutung der Kalorienlehre, – wir kannten all das, ehe Sir Arbuthnot Lane darüber auf medizinischen Kongressen gesprochen hatte. Was das Fasten anlangt, habe ich mich zwanzig Jahre lang von meinen ärztlichen Freunden verspotten lassen, und jetzt finde ich im „Journal für Metabolismus" die Ergebnisse experimenteller Behandlung sowohl an Menschen wie an Hunden; sie beweisen, daß die Wirkung einer ausgedehnten Hungerkur in einer dauernden Erhöhung der metabolischen Verhältnisse besteht – was, mit einem anderen Wort ausgedrückt, „Verjüngung" bedeutet. Genau das haben wir „Gesundheitsnarren" immer behauptet.

8

Hier in Battle-Creek war ein Institut mit vielleicht einhundert Patienten, die solche ausgefallene Kuren treulich probierten. Sie fasteten längere oder kürzere Zeit; da war ein Mann, der es bei dem Versuch, ein seelisches Leiden zu kurieren, auf fünfundfünfzig Hungertage brachte; allen Dogmen zum Trotz wurde er geheilt. Später traf ich einen Mann, der fast dreihundert Pfund wog und über neunzig Tage hungerte, soviel ich weiß, ist dies der Rekord. Das war noch vor der Zeit der Suffragetten und Hungerstreiks, damals glaubte man, ein Mensch würde ohne Nahrung nach drei oder vier Tagen zugrunde gehen.

Nach dem Fasten begannen wir mit „Milchdiät"; es wurde jede halbe Stunde ein Glas frischer Milch getrunken, manchmal sogar alle zwanzig Minuten, bis wir es auf acht Liter den Tag brachten. Die Fastenden saßen blaß und schwach im Sonnenschein, während die Milchtrinker, blühend, lachend und scherzend, um den Milchstand herumschwärmten. Das Ganze war ein Laboratorium der Ideen, und wenn man eine hatte, mochte sie noch so verrückt klingen, fand sich immer ein Mensch, der sie ausprobierte oder wenigstens ausprobieren wollte. War man mit der Milchdiät fertig, dann konnte man eine seltsame Kost versuchen, so etwa saure Milch und Datteln. In dem großen Speisezimmer bekam man jede Art von vegetarischem Essen – es gingen dunkle Gerüchte um, der Duft von Beefsteak käme aus Macfaddans Privatwohnung. Ich fragte ihn danach und er erzählte mir, er mache gerade ein neues Experiment.

Ich traf ihn kürzlich, als er sechzig Jahre alt wurde; da er noch immer vom Geist des Experimentierens besessen ist, wollte er wissen, was ich in den zwanzig Jahren gelernt hätte. Er besitzt jetzt eine ganze Masse von Magazinen und Zeitungen, ich weiß nicht, wie viele, und ich wage es nicht, auszurechnen, wie viele Millionen sie ihm jedes Jahr einbringen. Auch die Zahl seiner blühenden Töchter kenne ich nicht, – ich glaube, acht von ihnen waren auf einer Photographie, die auf seinem Schreibtisch stand. Seine Muskeln sind immer noch wie Stahl, er nimmt zwei Spiele Karten in die Hand, legt sie aufeinander und reißt sie mit einem Ruck in zwei Hälften. In seiner Jugend war er ein Schwächling, dann hat er sich diesen mächtigen Körper aufgebaut, ist vor das Volk getreten und hat ihn demonstriert; das ist sehr vulgär, natürlich, kein „ethischer“ Arzt würde daran denken, so etwas zu tun. Aber es veranlaßte eine große Anzahl von Männern und Frauen, sich für ihre Gesundheit zu interessieren und gegen jene Gewalten der modernen Zivilisation zu kämpfen, die den Körper zerstören.

Meine eigenen Erfahrungen habe ich in einem Buch „Die Hungerkur“ erzählt; so will ich hier nur bemerken, daß ich eine Hungerkur von zehn oder zwölf Tagen, dann eine Milchdiät von drei Wochen durchmachte und dabei einen Zustand unglaublichen Wohlbefindens erreichte. Meine Frau machte dasselbe, und wir wurden Enthusiasten. Ich machte ein zweites Fasten von etwa einer Woche, und als ich das Sanatorium verließ, hatte ich etwa zwanzig Pfund zugenommen, genau, was ich brauchte. Aber ich erhielt sie mir nicht, denn kaum hatte ich das Sanatorium verlassen, begann ich schon ein neues Buch.

9

Harry Kemp kam nach Battle-Creek, uns zu besuchen; er war auf der Rückreise zur Universität, nachdem er einen Sommer lang als Arbeiter an den großen Seen Geld verdient hatte. Er hatte einen Handkoffer mit Manuskripten und einem zweiten Hemd, und er lief beinah über von literarischen Plänen. Corydon sah er zum ersten Male und fand sie interessant; Corydon ihrerseits wandte sich dem weltverlorenen Dichter mütterlich zu.

Das Schicksal webte sein Gespinst, ohne daß einer von uns es bemerkte. Der Zufall wollte es, daß ganz nahe von uns, im Kellogg-Institut, eine junge Dame aus dem Mississippi-Delta wohnte als Begleiterin ihrer Mutter und einer Kusine, die dort eine Kur gebrauchten. Der Name dieser jungen Dame war Mary Craig Kimbrough, sie ging eines Tages mit ihrer Kousine spazieren, und die fragte sie: „Hast du Lust, einen Schriftsteller kennen zu lernen? Dort drüben geht Upton Sinclair mit seiner Frau“. Die hochmütige junge Dame sagte: „Ich kann mir das nicht sehr interessant vorstellen.“ Aber die Kusine bestand darauf: „Komm nur mit. Ich habe ihn vor ein paar Tagen kennen gelernt, und er ist nicht so schlimm, wie er aussieht.“ Sie rief den Schriftsteller über die Straße hinüber an, man stellte sich einander vor und plauderte ein paar Minuten lang. Der propagandabesessene Schriftsteller war noch ganz begeistert von seiner Hungerheilung, und da er weder Manieren noch Takt oder Geschmack oder irgendetwas dergleichen besaß, teilte er der furchtbar stolzen, jungen Schönheit aus den Südstaaten mit, sie sei viel zu dünn, sie brauche eine Hungerkur und eine Milchdiät. Zum ersten Male in ihrem Leben hatte ein Mann sie anders angesprochen als mit Komplimenten, wie es im Süden üblich ist.

Ich lud sie, ihre Kusine und ihre Mutter ein, am Abend zu Macfaddans zu kommen, wo ich eine Ansprache in freier Luft halten sollte. Sie kamen; ich war in guter Laune und erzählte von den vielen verrückten Behandlungen, die ich in der Sorge für meine Gesundheit durchgemacht hatte. Die Zuhörerschaft brach in Lachen aus, als ich erzählte, wie ich im Lauf meiner ersten Hungerkur einmal den Hügel vom Sanatorium hinuntergegangen war und nicht die Kraft hatte, wieder hinaufzusteigen. Niemand fand das lustiger als die junge Dame aus Mississippi, die später meine zweite Frau werden sollte.

Wir machten dann einen Spaziergang rund um die Piazza

des Sanatoriums, und dieses höchst beherrschte und zurückhaltende Mädchen – damals fünfundzwanzig Jahre alt – gestand mir, daß es einen Herzenskummer habe und meinen Rat brauche. Rat zu geben, war meine Spezialität, und so eröffnete mir die junge Dame, daß sie nicht mehr imstande sei, zu glauben, was man sie aus der Bibel gelehrt hatte. Das verursachte ihr tiefen Kummer, sie wisse kaum, was sie von sich selbst denken sollte. Ob ich je von einem ähnlichen Gewissenskonflikt gehört hätte?

Ich versicherte ihr mit allem nötigen Ernst, solche Fälle seien mir schon öfters begegnet. Das war ihr ein Trost; im Mississippi-Delta, sagte sie, gäbe es wenig solche Menschen. Ihr immer stärker werdender Unglaube sei für die Familie die Ursache großer Bestürzung; ihre Mutter pflegte Damen aller in der Stadt vertretenen Bekenntnisse zu sich einzuladen, das irrende Lamm wurde hereingerufen und gezwungen, mit ihnen niederzuknien, während eine der Frommen nach der anderen Gott um die Rettung ihrer Seele anflehte. Wenn sie damit geendet hatten, musterten sie das irrende Lamm, um festzustellen, ob ihr Bemühen genützt hatte; aber bisher habe die Medizin keine Wirkung getan.

Ich versicherte der jungen Dame, daß auch ich eine verlorene Seele sei und gab ihr die Titel von einer Anzahl von Büchern, die sie lesen sollte – darunter Huxleys Essays. Sie kaufte sie treulich zusammen, als sie nach Hause kam, entdeckte sie ihr Bruder und nahm sie mit in sein Anwaltsbüro, wo nur Männer von diesem Gift verdorben werden konnten.

10

Für den Winter ging ich mit meiner Familie nach Fairhoke in Alabama, an der Mobile-Bucht. Dort bestand eine „Bodenreformer"-Kolonie; da ich keine eigene Kolonie errichten konnte, wollte ich die anderer Leute studieren. Hier lebten zwei- oder dreihundert gleichgesinnte Lebensreformer, die ihre Angelegenheiten nach der Lehre Henry Georges organisiert hatten; sie versuchten, ihren Lebensunterhalt aus den Erträgnissen eines ganz armen Bodens zu gewinnen, und waren überzeugt, daß sie damit der übrigen Welt ein Beispiel gäben. Das Klima gestattete ein Freiluftleben, wir fanden ein Landhaus am Strand, abgelegen vom Dorf, das zu vermieten war. Dave Howatt war wieder bei uns; da er inzwischen eine Rohköstlerin zum Weib genommen hatte, wohnten wir getrennt, er kam aber täglich zu seiner Arbeit.

Wieder überarbeitete ich mich; wenn mein störrischer Magen mir zuviel zu schaffen machte, fastete ich einen Tag, manchmal auch drei Tage oder eine ganze Woche. Ich versuchte es wieder mit der Rohkost und hatte denselben Mißerfolg wie schon früher. Ich war jetzt ein fertiger Phys-Kulturmann und folgte meinem spartanischen System. Vor unserem Haus begann ein Pier, der in das tiefe Wasser der Bucht hinauslief. Die Quadern dieses Piers waren oft mit Reif bedeckt, was auf nackte Füße als Stimulans wirkte, eisige Winde fegten über ihn hin, die auf die Haut anregend wirkten; eine tägliche Schwimmübung in der Bucht war ein Teil meines Gesetzes. (Zarathustra spricht: „Sage mir, ob du deinen Willen zu deinem Gesetz machen kannst.") Unter den Weisheiten, die in Fairhope gelehrt wurden, war die Lehre des Dr. Salisbury, der Fleischdiät predigte. Ich muß noch einmal daran erinnern, daß man zu jener Zeit keinerlei wirkliche Kenntnis über Diät hatte; Salisbury war einer der ersten wirklichen Ärzte, der an sich selbst und anderen Menschen Experimente machte, um festzustellen, wie bestimmte Nahrungsmittel unmittelbar auf den menschlichen Körper einwirken. Er sammelte eine „Meerschweinchen-Mannschaft" von gesunden, jungen Leuten um sich, nährte sie nach verschiedenen Diätsystemen und studierte die Leiden, die sich bei ihnen entwickelten. Mit dieser Methode wollte er beweisen, daß Überzufuhr von Kohlehydraten bei den Menschen Tuberkulose erzeugt. Seine Behauptung war falsch – aber nicht so falsch, wie es scheint. Ich glaube, daß Stärke und Zucker im denaturierten Zustand am meisten beitragen, dieser Krankheit Boden zu schaffen. Es gibt Menschen, die von weißem Mehl, Zucker und Schweineschmalz leben, und wenn der Körper sich durch diese Nahrung geschwächt hat, beginnt der Einmarsch der Bakterien.

Jedenfalls setzte Salisbury seine „Meerschweinchen-Mannschaft" auf eine Diät von gehacktem und leicht gekochtem, mageren Fleisch und heilte sie in einer oder zwei Wochen von ihren Krankheitserscheinungen. Er hatte einen Satz, mit dem er den großen Irrtum meiner Diät veranschaulichte: „Sie machen einen Hefebehälter aus ihrem Magen." Das war es, was ich getan hatte, und jetzt beschloß ich, zum Entsetzen meines Freundes Dave Howatt, das Salisbury-System auszuprobieren. Ich erinnere mich noch an die Aufregung, mit der ich vor dem Laden des Dorfmetzgers auf und ab ging und Mut sammelte, um bei ihm einzutreten. Zu meinem Trost erregte ich keinerlei Aufsehen. Es schien dem Metzger etwas ganz natürliches, daß ein Mann bei ihm eintrat, um sich ein Stück Beefsteak zu kaufen.

Ich war ein praktischer und – was schlimmer war – ein lehrender Vegetarier gewesen, volle drei Jahre lang; nun wurde ich Renegat. Mein sozialistischer Genosse, Eugen Wood, verbrachte zufällig den Winter in Fairhope, und er schrieb eine lustige Glosse „Amerikas führender Rohkostadvokat, der gerade jetzt nach einer Beefsteakdiät lebt". Ich mußte mein Haupt beugen. Es ist jetzt zweiundzwanzig Jahre her, seit ich diesen Glaubenswechsel durchmachte, aber es ist mir noch nicht gelungen, das Publikum darüber aufzuklären; sie halten mich immer noch für einen Vegetarier. Wenn ich zum Essen eingeladen bin, sagt die Hausfrau ängstlich: „Ich wußte absolut nicht, was ich für Sie kochen lassen soll."

Vielleicht wartet sie, bis ich die erste Auster gegessen habe, und ruft dann aus: „Oh, ich bin ja so froh! Ich hatte den Eindruck, daß Sie immer noch an Hungerkuren glauben!" Ich sage dann demütig: „Haben Sie gedacht, ich hätte diese ganzen Jahre gefastet?"

11

In Fairhope gab es die „organische Schule“, eine Erfindung von Frau Marietta Johnson. Das war damals noch eine sehr primitive Geschichte, die Schule war in zwei Schuppen untergebracht, aber seither ist sie berühmt geworden. Unser Sohn David, der nun acht Jahre alt war, trat dort ein. Seine Erziehung war bisher sehr unregelmäßig gewesen, da seine Eltern jeden Winter und jeden Sommer den Aufenthalt wechselten. Aber er hatte immer die beste Lektüre der Welt gehabt, und das übrige hatte er selbst ergänzt. Fairhope war nach seinem Geschmack; an unserem einsam gelegenen Landhaus war ein Vorderbalkon und ein Hinterbalkon, er breitete seine Decke und sein Kissen auf dem vorderen Balkon aus, ich auf dem rückwärtigen und so schliefen wir jede Nacht im Freien. Ich fragte, ob er nichts gegen dieses harte Lager habe, und seine Antwort scheint mir nach den Tagen zu klingen, in denen die Welt noch voll göttlicher Einfalt war: „Oh Papa, das ist schön! Ich wache so gern nachts auf und sehe den Mond und höre die Eulen schreien!“

Ich versuchte während der Arbeit eine Hungerkur; wundervoll wäre es, wenn ein schaffender Künstler gar keinen Magen hätte! Ein Theaterstück saß mir plötzlich ganz ausgewachsen im Kopf, ich schrieb es in zwei und einem halben Tag ununterbrochener Arbeit nieder, einen Dreiakter „Das Natur-Weib“. Diese Tatsache verzeichne ich als eine Warnung für meine Schriftsteller-Kollegen; versucht das nicht! Während des Fastens lebt man von seinen Nerven. Als ich fertig war, konnte ich kaum einen Teelöffel voll Orangensaft vertragen.

„Das Natur-Weib“ hatte so wenig Erfolg wie all meine übrigen Stücke. Es erschien zwei Jahre später in dem Band „Protest auf dem Theater“ und fand keinen Absatz. Neuerdings haben die Studentinnen vom Smith-College, die unter Sam Elliot Dramaturgie studieren, das Stück in New York aufgeführt, und diese emanzipierten jungen Damen fanden das Stück entzückend, fantastisch und altmodisch; sie spielten es im Stil einer liebenswürdigen Posse. Daß der Autor es gerade so gemeint haben könnte, ist ihnen offenbar nie aufgefallen.

Ich habe die merkwürdige Tatsache oft festgestellt, daß die Welt einem Manne, der neue Lehren vertritt, das Recht auf Humor nicht zubilligt; Humor ist anscheinend das Vorrecht von Leuten, die überhaupt keine Ideen haben. Sechsundzwanzig Jahre lang bin ich wegen einer Stelle im „Sumpf“ ausgelacht worden, in der ich über die moralischen Vorstellungen sterbender Schweine spreche, – und dieser Absatz war durchaus als ein Scherz gemeint. Die „New York Evening Post“ bezeichnete ihn als „literarisches Brechmittel“ – und weigerte sich, meine Richtigstellung abzudrucken.

Corydon war für eine Weile nach Fairhope gekommen, und dann war sie in eigenen Angelegenheiten nach Norden gereist; es war ausgemacht, daß sie sich von mir scheiden ließ. Ich dachte, ein Roman über eine moderne Ehe, in dem die Gatten sich scheiden lassen, aber Freunde bleiben, würde nützlich und interessant sein. So begann ich „Leidweg der Liebe“. Im Frühling reist ich nach

Norden und nahm Aufenthalt in einer anderen „Bodenreformer“-Kolonie, in Arden, die Frank Stephens, ein Bildhauer aus Philadelphia, gegründet hatte und leitete. Es war ein entzückender Platz, etwa zwanzig Meilen von der großen Stadt, mit vielen Hütten und Häuschen am Rande der Wälder. Frank war glücklich, als ich kam, – und noch glücklicher, als ich, anderthalb Jahre später, wieder ging! Die Philadelphia-Zeitungen hatten mich nämlich ausgeforscht, und von nun an war in den Berichten, die über Arden erschienen, der Sozialismus wichtiger als die Lehre der „Bodenreformer“, und ich wichtiger als der Begründer. Das war mein Mißgeschick, nicht meine Schuld. Ich verlangte nichts als allein zu sein und mein Buch zu schreiben; aber das Schicksal und die Redakteure wollten es anders.

12

Da kein Häuschen zu haben war, pachtete ich ein Stück Land und brachte meinen Haushalt in drei Zelten unter. Corydon, die es noch nicht an der Zeit fand, sich scheiden zu lassen, okkupierte eines der Zelte. David fand ein Rudel Kinder, mit denen er über den ganzen Platz tollte, und ich hatte mein Buch, in dem ich aufging. Es wurde länger als ich geplant hatte, – das ist mir bei meinen Büchern öfter so gegangen.

Die Siedlung der Bodenreformer, bekannt als eine „Enklave“, war von einer Gruppe von Männern gegründet worden, die es müde waren, in Schmutz, Gier und Hetze zu leben, und die sich in ein Märchen retten wollten, in den Hochwald von Arden. Einige besaßen ein paar Dollars und konnten die ganze Zeit in der Kolonie sein; andere fuhren nach Philadelphia und waren den Tag über Sklaven. An Sonntagabenden machten sie ein großes Lagerfeuer vor dem Freilufttheater, sangen Lieder und rezitierten, dann und wann spielten sie „Robin Hood" oder „Sommernachtstraum". An Festtagen veranstalteten sie eine Maskerade, tanzten nachts in der Scheune, es waren Menschen, die wirklich, ohne sich zu betrinken, fröhlich sein konnten. Ein anarchistischer Schuhmacher war der einzige Mensch, der meines Wissens in Arden trank, und er ist seither längst den Weg aller Trinker gegangen.

Ich persönlich hatte nie viel für Maskeraden übrig – schon seit meinem sechsten Jahr nicht, als meine Mutter mich in ein Bäckerjungenkostüm gesteckt hatte. Aber es machte mir Freude, die anderen so sorglos froh zu sehen; es freute mich auch, daß ich hier junge Kameraden zum Tennisspiel fand. Da war Donald Stephens, der Sohn des Begründers, da waren einige der Kinder von Ella Reeve Bloor. Einer von ihnen, Hal Ware, war mein Gegner in den Endrunden eines Turniers – man mag ihn fragen, wie es ausging! Nach der russischen Revolution fuhr Hal als Leiter der ersten amerikanischen Traktoreneinheit nach Rußland; es war ein seltsamer Einfall des Schicksals, durch einen Bewohner der Wälder von Arden den Bauern der Steppen den Traum eines Utopia auf der Basis von Maschinen zu schicken. Don Stephens hatte ein Jahr im Staatsgefängnis von Delaware gesessen, weil er Kriegsverweigerer aus Gewissensgründen war, dann trug er von New York aus zur Traktorisierung Rußlands bei.

Da war auch ein junger Professor der Universität von Pennsylvanien, Scott Nearing; er war ein gemäßigt Liberaler, den meine sozialistischen Theorien erbosten. Ob meine Argumente je irgendwelchen Eindruck auf ihn gemacht haben? Ich erfuhr es nie; aber später wurde er von der Universität gejagt, und jetzt folgt er mir nach und bezeichnet mich als den einzigen Revolutionär, den die sozialistische Partei noch aufweist. Da war ferner Will Price, ein Architekt aus Philadelphia, genial und dick – er war ein großartiger Komiker auf den Brettern unseres Waldtheaters! Heute sitzt er im Himmel der „Bodenreformer" und führt geistreiche Debatten mit William Morris über dessen Theorie von Schienenwegen, die dem Staat gehören, und auf denen jederman befugt ist, Züge laufen zu lassen!

Corydon wechselte Briefe mit der jungen Dame aus dem Mississippi-Delta, die auf meinen Rat hin gefastet und entsprechend zugenommen hatte. Sie war danach mit einer „Gesundheitsnärrin" als Pflegerin nach Hause gekommen und hatte ihre beiden Eltern eine Hungerkur machen lassen, die sie, zum Entsetzen der dortigen Ärzte, von ihren „unheilbaren" Leiden befreite. Sodann schrieb dieses Fräulein Kimbrough ein Buch, „Die Tochter der Föderation", in dem sie das tragische Leben von Winnie Davis, der Tochter Jefferson Davis', schilderte. Winnie hatte sich in einen „Yankee" verliebt, war gezwungen worden, auf ihn zu verzichten, und war an gebrochenem Herzen gestorben. Der Richter Kimbrough war Frau Davis' Rechtsanwalt gewesen und hatte den literarischen Nachlaß Jefferson Davis' geordnet. Jetzt schrieb Mary Craig Kimbrough, sie brauche Beistand zu ihrer literarischen Arbeit, und Corydon folgte ihrem Ruf in den Süden.

David und ich setzten einen eisernen Ofen in unser Zelt und bereiteten uns vor, in den schneestarrenden Wäldern von Arden zu überwintern. Wieviele der sogenannten Notwendigkeiten kann ein Mensch doch entbehren, wenn die Not ihn zwingt! Es ist mir kürzlich passiert, daß ich einen jungen Gast zwei Meilen weit in meinem Wagen fahren mußte, weil er von einem Friseur rasiert werden wollte; ich war zu höflich, diesem Gast mitzuteilen, daß ich in meinem ganzen Leben nie von einem Friseur rasiert worden bin. In New York hörte ich einen anderen jungen Mann vornehmer Abkunft erheblich klagen, weil das Dienstmädchen manchmal vergaß, ihm das Badewasser einzulassen; ich war versucht, ihm davon zu erzählen, wie ich jeden Morgen jenes Winters in Arden in einem Zinkschaffel badete und als Teppich eine Zeitung auf den Zeltboden gelegt hatte. Ich erinnere mich an unseren Weihnachtstruthahn, den wir in der Kälte vor dem Zelt ausgehängt hatten; wir brieten ihn in vereinter Arbeit, indem wir ihn an einen Draht in den kleinen runden Ofen hineinhängen ließen. Kein Truthahn hat je besser geschmeckt.

Als Mitchell Canerley „Leidweg der Liebe" annahm und mir einen Vorschuß von zwölfhundertfünfzig Dollars bezahlte, entschloß ich mich, auf meinem „Bodenreformer"-Bauplatz am Waldrand ein Haus zu bauen. Frank

Stephens war der Baumeister, und ich habe ihm keinen Vorwurf zu machen, als daß er, wie alle anderen Baumeister, die Kosten zu niedrig veranschlagte. Es kam auf zweitausendsechshundert Dollars zu stehen, so daß ich wieder eine gute Weile blank war. Ich schrieb Beiträge für „Physische Kultur“ und verdiente monatlich hundertfünfzig Dollars, mit denen ich mich über Wasser hielt. Mein Häuschen wurde im Frühling 1911 fertig. Es war außen braun angestrichen und innen bunt. Nach vorn ging ein Wohnzimmer mit offenem Kamin, der leider rauchte. Rund um das Zimmer lief ein hohes Bücherregal, auf dem fast alle meine Bücher Platz fanden. Nach rückwärts lag ein kleines Schlafzimmer, daneben eine noch kleinere Küche und außerdem ein Badezimmer ohne Wasserleitung. Darüber hatten wir einen Dachraum, den ich später einmal in zwei Zimmer verwandeln wollte. Wir zogen ein und fühlten uns nach dem Zeltleben sehr üppig untergebracht. Nahe dem Haus stand eine einzimmrige Hütte, sie gehörte Scott Nearing, und ich mietete sie als Arbeitszimmer; so besaß ich an materiellen Gütern alles, was ein Schriftsteller sich nur wünschen kann.

Der Wald von Arden wurde wieder grün, ein Teppich von Blumen bedeckte seinen Grund, der Tennisplatz wurde gewalzt und markiert, alles war herrlich. Die jungen Leute bereiteten den „Kaufmann von Venedig“ vor, die Esperantisten von Amerika hielten eine Zusammenkunft in der großen Scheune ab. Ich studierte diese Sprache drei Wochen lang, und wenn ich zum Essen in das Wirtshaus kam, pflegte ich zu sagen: „Mi desiras lo pudding", – oder so ähnlich, es ist zwanzig Jahre her. Ich arbeitete an einer Fortsetzung zu „Leidweg der Liebe", ich habe das Buch zwar vollendet, aber nie erscheinen lassen.

Ohne daß ich es bemerkte, hatte das Schicksal ein Netz um mein Leben geschlungen; jetzt war es so weit, daß die Maschen zusammengezogen wurden. Corydon schrieb mir, daß Mary Craig Kimbrough nach New York fahre, um mit einem Verleger zu sprechen, und Corydon begleite sie. Es kam auch ein Brief von Harry Kemp, er hatte seine Universitätsstudien abgeschlossen, wollte sich jetzt einen Weg nach dem Osten „schlagen" und Arden besuchen. George Sterling war unterwegs von Kalifornien nach New York, – auch er sollte in jenes Netz geraten.

Ein seltsames Begebnis diente dazu, den Vorhang über der Haupttragödie zu lüften. In Arden war ein kleiner Diskutierklub, und dort geriet ich in einen Disput mit George Brown, dem anarchistischen Schuhmacher. Die Mitglieder dieses Klubs pflegten ihre Sitzungen in dem Freilufttheater abzuhalten, Brown wollte kommen und seine Ansichten über die Physiologie des Geschlechts kund tun, was die Frauen und Mädchen keineswegs zu hören wünschten. Sie riefen ihm zu, er möge aufhören, aber er bestand auf dem elementaren Rechte des Anarchisten, überall und jederzeit alles sagen zu dürfen. Er sprengte verschiedene Zusammenkünfte – bis endlich die Leiter des Klubs einen Arrestbefehl gegen ihn erwirkten, weil er den Frieden gestört hatte.

Natürlich erfuhren das die Zeitungsberichterstatter und

brachten mein Bild wieder in die Zeitungen. Ich hatte weder mit dem Diskussionsklub, noch mit dem Arrest Browns zu tun, aber ich lebte in Arden und gehörte in das Gesamtbild. Der Anarchist wurde zu fünf Tagen Staatsgefängnis verurteilt; er kam kochend vor Wut zurück und plante eine furchtbare Rache; er wollte alle Mitspieler der Baseballmannschaft arretieren lassen, weil sie am Sonntag spielten, jetzt sollten sie einmal im Gefängnis sitzen! Er wollte auch Upton Sinclair dabei haben, der am Sonntag Tennis gespielt hatte, das würde eine Strafe für die ganze Kolonie sein, denn es würde auf der ersten Seite jeder amerikanischen Zeitung mitgeteilt werden. Diesen Plan führte er wirklich aus, elf Mann von uns wurden vor Gericht zitiert, und nach einem längst vergessenen Paragraphen, der aus dem Jahre 1793 stammte, wurden wir zu je achtzehn Stunden Strafhaft verurteilt. Es war eine der lustigsten Zeitungsmeldungen, die je über die Welt telegraphiert wurde. Wer neugierig ist, findet Einzelheiten in „Sündenlohn". Was der anarchistische Schuhmacher nicht wußte, und was niemand sonst wissen konnte, war, daß er damit zu dem Sinclair-Kemp-Ehescheidungsskandal die Bühne erbaute und das Publikum zusammenrief.

IM EXIL

1

Die Geschichte von Corydon und Thyrsis erreichte jetzt ihren schmerzlichen Höhepunkt. Elf Jahre lang waren sie verheiratet gewesen, und seit sieben oder acht Jahren wußten sie, daß sie nicht zueinander passten. Sie sprachen viel von Scheidung. Nach ihrer Übereinkunft sollte Corydon sich als schuldigen Teil erklären. Aber die Welt machte die Scheidung schwierig und einer geschiedenen Frau das Leben schwer. So zauderte Corydon und tat immer zwei Schritte zurück, wenn sie einen Schritt vorwärts getan hatte.

Wäre dies nur die Geschichte von Thyrsis, dann würde ich alles erzählen. Das Vergangene ist ja vergangen und kehrt nie wieder, und der einzige Nutzen, den unsere Fehler bringen können, ist, andere zu warnen, damit sie sie nicht auch begehen. Aber es ist auch die Geschichte Corydons, und Corydon hat inzwischen einen neuen Gatten gefunden, ein neues Leben begonnen, sie hat sich aus dem Lichte der Öffentlichkeit ganz zurückgezogen.

Thyrsis war ein unglücklich verheirateter Mann, der unter seinen Freunden im Rufe stand, „Puritaner" zu sein. Das war einmal eine Tugend, jetzt galt es als gefährliche Krankheit. Am Bett des Patienten lauern die Psychoanalytiker und die zeitgerechten Intellektuellen. Sie messen seine Temperatur oder seine Unter-Temperatur, und sie schütteln ihr Haupt sorgenvoll über seinen unternormalen Zustand.

Jack London war sehr bekümmert über Thyrsis und schrieb warnende Briefe; doch im Laufe der Zeit geriet Jack selbst in eine Lage, in der er nicht seine Frau und eine andere Frau zugleich haben konnte, und deshalb verließ er freiwillig die Welt. Dann übernahm Frank Harris die Pflege Thyrsis und verschrieb dem Kranken eine stürmische Liebesaffäre, ohne die offenbar kein Mensch ein großer Schriftsteller werden kann; ebensowenig wie eine moderne Autobiographie würdig sein kann, von der Polizei verboten zu werden, wenn sie nicht mehrere Ehebrüche enthält.

Immerhin mag die Tatsache verzeichnet sein, daß Thyrsis imstande war, sich zu verlieben, und wenn es nicht häufig geschah, so nur, weil er viele andere Pflichten zu erfüllen hatte. Es gibt eine Geschichte aus jener Periode, die ich hier erzählen muß, weil sie den Liebhabern der Liebe Freude machen wird, und weil auch diejenigen, die den puritanischen Thyrsis nicht mögen, gern hören werden, wie es „ihn packte".

Es war im Winter 1910 auf 1911, Corydon war in den Süden gereist, wieder einmal fest entschlossen, sich scheiden zu lassen. Thyrsis glaubte, frei zu sein, – zugleich war er einsam und ruhelos. Er war damals zweiunddreißig Jahre alt und fuhr nach New York, um an einer Versammlung in der Carnegie-Hall teilzunehmen, wo die akademische sozialistische Vereinigung den sozialistischen Abgeordneten Viktor Berger empfing. Thyrsis traf rechtzeig ein, und in einem der Nebenkorridore stand er plötzlich vor einer hübschen jungen Frau von ein- oder zweiundzwanzig Jahren, die an ihrem Arm die rote Binde der Saalordner trug. In ihren lebendigen Augen und ihrer freien, offenen Haltung lag etwas, was er lange gesucht hatte. Es war wie ein Kurzschluß der Gefühle, es zog die beiden automatisch zueinander. Ohne Zögern sagte sie, „Sie sind Thyrsis" und er fragte, „Sie sind Inez Milholland?" Als Tochter eines reichen Vaters in Vassar war Inez der sozialistischen Partei beigetreten und eine sehr tätige Suffragette geworden, all dies hatte natürlich in den Zeitungen Aufsehen erregt. Am Abend nach dem Meeting begleitete Thyrsis sie in ihr Hotel, sie saßen bis drei Uhr morgens in der Halle zusammen und plauderten noch, als außer dem Nachtportier alle Menschen längst den Raum verlassen hatten. Über Alles sprachen sie, über alle Fragen der sozialistischen und der Suffragettenbewegung in Amerika und in England, wo Inez die Schulen besucht hatte. Sie sprachen über die Menschen, die sie kannten, die Bücher, die sie gelesen hatten, ihre Abenteuer, über denen noch der Schleier der Zukunft lag. „Nie habe ich mit einem Menschen so leicht sprechen können!" sagte Thyrsis, und Inez gab ihm das Kompliment zurück. „Aber Sie dürfen sich nicht in mich verlieben", setzte sie hinzu und als er fragte, „warum nicht?", antwortete sie, „ich liebe einen anderen, Sie würden nur unglücklich werden". Später erzählte sie ihm, daß auch sie unglücklich sei. Es war ein verheirateter Mann, und sie wollte das Glück einer anderen Frau nicht zerstören, sie zerstörte nur das eigene Herz. Wieder einmal die alte Geschichte, von der Heine singt, und gegen die weder Sozialisten noch Suffragetten ein Heilmittel wissen.

Inez wünschte, Berger kennen zu lernen, und er kam am nächsten Morgen. Wir machten zu Dritt eine Spazierfahrt und aßen am Claremont. Nachmittags gingen wir im Park spazieren, speisten im Hotel und verbrachten den Abend zusammen, alle Probleme der menschlichen Gesellschaft lösend. Der sozialistische Abgeordnete gestand: „Thyrsis, wenn ich nicht meiner Familie gehörte, würde ich mit diesem Mädchen so rasch davonlaufen, daß Sie sie niemals wiedersähen!" Thyrsis erzählte es Inez, sie lächelte und sagte, „Er ist im Irrtum, so stehen die Dinge nicht."

Thyrsis überhörte den schwesterlichen Rat, den sie ihm gegeben hatte. Er verliebte sich – mit einer so verzweifelten und entsetzlichen Heftigkeit, wie er es in seinem nüchternen Leben voll harter Arbeit nie für möglich gehalten hatte.

Zum ersten Male begriff er, was jenes alte Symbol von dem kleinen Schützen mit Bogen und Pfeil bedeutet. So abgegriffen das Bild erscheint, kein anderes ließe sich gebrauchen. Es war, als hätte ihn ein Schuß getroffen, – ein konvulsivischer Schmerz, ein Gefühl von völligem Zusammenbruch, eine grausame Angst raste in ihm, Tag um Tag, und er hatte keine Hoffnung, zu genesen. Er vermochte Inez nicht aufzugeben. Das war die Frau, die für ihn geschaffen war, glaubte er, und wenn er sie verlor, war

es, als habe er nie gelebt. Er ging nach Arden zurück und schrieb Briefe – so wahnsinnige, wilde, schmerzzerrissene Briefe – daß der ausschweifendste Intellektuelle, der unerbittlichste Hasser des Puritanismus damit zufrieden gewesen wäre! Inez versicherte ihm später, daß sie diese Briefe vernichtet habe, und das war gütig von ihr.
Der Sturm ging vorüber wie alle Stürme, und ein neues Leben begann für Thyrsis. Vier Jahre später traf er Inez Milholland wieder. Sie war jetzt verheiratet, und es schien Thyrsis, die Welt habe ihre Alles gleichmachende Hand auch an sie gelegt. Sie war nicht mehr einfach wie die Götter der Vorzeit. Lag es daran, daß der Zauber gebrochen war? Oder daran, daß Thyrsis einen unüberwindlichen Abscheu vor modernen Kleidern hatte, vor malerischen Hüten und langen Ohrgehängen aus Jade? Es vergingen wieder zwei Jahre, Inez kam als Politikerin nach Kalifornien und setzte alle Kräfte ein, die Wahl Hughes durchzusetzen, denn sie glaubte, er stünde ihrer Sache wärmer gegenüber als Woodrow Wilson. Es war angeblich Strategie, aber Thyrsis hielt es für Wahnsinn. Auf jeden Fall, welch ein trauriger Abstieg von der jugendlichen Begeisterung in der Akademisch-sozialistischen Gesellschaft.

2

Corydon änderte wieder einmal ihre Absichten und beschloß, den Sommer in Arden zu verbringen. George Sterling kam aus Kalifornien, Harry Kemp aus Kansas, und dann gab es einen entzückenden jungen Mann, den

Corydon in Mississippi kennen gelernt hatte, und der aus geschäftlichen Gründen gezwungen war, in den Norden zu fahren, – wenigstens behauptete er das. Mary Craig Kimbrough hatte ihre Arbeit über Winnie Davis abgeschlossen, ein Verleger hatte das Buch gelesen und wollte mit ihr verhandeln. So kam auch sie.

George Sterling suchte Corydon in der Wohnung ihres Vaters in New York auf. Dort lernte er die junge Dame vom Mississippistrand kennen, und sofort lag er auf den Knieen vor ihr, wie romantische Poeten es tun, selbst wenn sie über die Vierzig hinaus sind. Sie war blaß von der Arbeit eines Winters, den sie über ihrem Manuskript verbracht hatte, George nannte sie einen „Stern aus Alabaster" und gab ihr noch andere ausgefallene Namen, über die sie nur lachen konnte. Später traf Thyrsis die Beiden auf der Straße und blieb stehen, um sie zu begrüßen. Als ein Mann der Tatsachen und als Diätiker begann er: „Sie sehen nicht gut aus, Craig. Wahrhaftig, Sie sehen aus wie ein Gespenst!" George wütete: „Diesen Menschen bring ich noch um!" Aber Craig sagte: „Das ist der erste Mann auf Erden, der mir je die Wahrheit gesagt hat!"

George Sterling war unglücklich verheiratet und wollte Craig heiraten. Sie versicherte ihm: „Ich kann niemals einen Mann lieben." Als er den Grund wissen wollte, erzählte sie ihm, eine Jugendliebe daheim habe ihr das Herz gebrochen; sie wisse, daß sie nie wieder lieben könne. Aber diese Behauptung ließ der Dichter nicht gelten; er begann Sonette an Craig zu dichten, – im Laufe des nächsten Jahres wurden es mehr als hundert. Achtzehn

Jahre später war es meine traurige Pflicht, diese „Sonette an Craig“ für den Buchhandel herauszugeben; die hochliterarische Kritik nahm sie mit einer gewissen Unsicherheit entgegen. Sie haben den fatalen Mangel, verständlich zu sein. Der literarische Geschmack bewegt sich in Wellen, gerade jetzt schwärmen die Liebhaber von Poesie für Exzentrizitäten der Sprache und des Gedankens. Aber der Tag wird kommen, an dem sie wieder das echte Gefühl suchen werden, in musikalischen Worten ausgedrückt, und dann werden sie diese Gedichte mit Ergriffenheit lesen.

Im Zusammenhang mit dieser unglücklichen Liebesgeschichte stand noch eine andere, seltsame Verwirrung menschlicher Beziehungen. Jener Jüngling, den Craig in ihrer Mädchenzeit im Süden geliebt hatte, war der Verfasser eines Gedichtes, das sie oft zu Tränen gerührt hatte, und das sie noch immer auswendig konnte. Es war betitelt „Der Mann, der ich nicht bin“ und war der erschütternde Notschrei derer, die in die Netze des Königs Alkohol geraten sind. Jetzt erschien der Verfasser dieses Gedichtes unter uns, und auch er liebte sie. Und beide unglücklichen Werber, der Jüngling aus dem Süden und der gekrönte Dichter aus Kalifornien, sollten ihr Leben mit eigener Hand beschließen.

Thyrsis wurde nach New York gebeten, um wegen des „Lebens der Winnie Davis“ Ratschläge zu geben. Es war im April, zufällig schien die Sonne, und er trug Tennisschuhe, weil sie bequem waren; um diese Formlosigkeit auszugleichen, trug er Lederhandschuhe – diese Zusammenstellung war für Mary Craig Kimbrough aus

Mississippi das Unmöglichste, was sie je gesehen hatte. Sie sagte nichts, sie war die verkörperte Höflichkeit; aber ihre lebhaften Augen nahmen alles wahr. Sie studierte diese seltsame neue Menschensorte, die sich „Radikale“ nennen; ihre Ideen schienen Craig zum Teil annehmbar, zum Teil verrückt. Wenn sie Thyrsis beobachtete, dachte sie: „Was für ein komischer, komischer Mensch!“ Heute beobachtet sie ihn seit zweiundzwanzig Jahren und denkt noch immer so; aber sie muß es nicht mehr höflich verschweigen.
Corydon, Thyrsis und Craig bezogen zusammen das kleine Landhaus am Rande des Waldes von Arden. Der Frühling war gekommen, die Ardenleute führten den „Sommernachtstraum“ auf, Corydon spielte die Titania in gelben Trikots und mit einer goldenen Krone. Zu diesem Ereignis erschien Harry Kemp, der Dachstubenpoet, der wieder ein Jahr auf der Universität von Kansas zugebracht hatte, er hatte zwei Handkoffer voll Büchern und Manuskripten mit, außerdem ein zweites blaues Hemd und ein paar Socken. In Arden war ein Mädchen, das für Gedichte schwärmte, und Thyrsis, der gerne Matchs veranstaltete, glaubte, der Poet werde sich für dieses Mädchen interessieren. Aber das Schicksal hatte andere Absichten und zögerte nicht, sie auszuführen. Es war Corydon, die sich für den Dichter interessierte.

3

Corydon kam nach New York und bezog die Wohnung ihrer Eltern, die im Sommer leer stand. Harry folgte ihr nach, dann erschien Thyrsis, und der große Ehescheidungsskandal brach aus. Da er von den Zeitungen gemacht wurde, mußte die ganze Geschichte in „Sündenlohn“ erzählt werden, und es erscheint überflüssig, sie hier zu wiederholen; jedenfalls las Thyrsis plötzlich in der kapitalistischen Presse, er habe seine Frau in die Ideen der freien Liebe eingeführt und dann weggejagt, als sie ihn beim Wort nahm. Die Zeitungen erfanden Tatsachen, stellten Fallen und täuschten jedes Vertrauen, – als sie von ihrem Opfer abließen, waren seine Haare grau geworden.

Corydon und Harry flohen vor dem Sturm. Ein paar Tage später aber kamen sie wieder zurück; und jetzt erschienen Interviews von vielen Spalten, die Sonntagsbeilagen brachten zahllose Bilder, und im Verlauf dieser ganzen Affäre erfuhr Amerika jede Einzelheit über Thyrsis' absurde Diätlehre, seinen Haß gegen Kaffee und Zigaretten. Corydon entfesselte ein stürmisches Lachen der oberen Füntausend von New York, als sie erklärte, daß ihr Lebensgefährte durchaus monogam sei; die das lasen und darüber lachten, hatten schon wieder vergessen, daß man ihnen erst in der vergangenen Woche erzählte, er huldige der „freien Liebe“. Tatsächlich wußten weder die Schreiber noch die Leser, was sie mit diesen Ausdrücken eigentlich sagen wollten, und so störte sie der Widerspruch nicht.

Thyrsis reichte seine Scheidungsklage im Staate New York ein, der nach katholischen Gesetzen regiert wird, und in dem katholische Richter ihres Amtes walten. Wenn man in seinen Schriften eine gewisse Feindseligkeit gegen die katholische politische Regierung findet, muß man in Betracht ziehen, daß er mit ihr Erfahrungen gemacht hatte, deren Spuren in seiner Seele zeitlebens haften werden. Der katholische Richter betraute einen Referenten damit, den Tatbestand dieser Ehescheidungssache aufzunehmen, der Referent stellte, aus Dummheit und purer Neugier, Fragen über Corydons eheliches Verhalten, die der Ehegatte nach den Neuyorker Gesetzen nicht beantworten durfte. Aber der Referent bestand darauf, daß diese Fragen beantwortet wurden, und was konnte Thyrsis da tun? Er antwortete. Nun hatte der katholische Richter einen Vorwand, die Klage zurückzuweisen.

Inzwischen hatte Thyrsis schon mehrere hundert Dollars seines hart verdienten Geldes an Vorschüssen entrichtet, die nach dem Gesetz verfielen, obwohl er die Scheidung nicht erlangt hatte. Er reichte eine zweite Klage ein und bezahlte noch mehr Geld, und im Trommelfeuer journalistischer Angriffe und Alarmnachrichten mußte er abermals drei oder vier Monate warten. Ein anderer Referent nahm den Tatbestand auf, er war wenigstens darauf bedacht, nur die gesetzlich vorgeschriebenen Fragen zu stellen, und so erfolgte in kurzer Zeit die Entscheidung eines anderen katholischen Richters, die jedoch gleichfalls vom Parteistandpunkt diktiert war. Diesmal lautete das Urteil, Thyrsis habe es unterlassen, seine Frau durchzuprügeln, sie zu würgen, zu dolchen oder zu vergiften, kurz, er habe in keiner Weise seine männliche Empörung über ihre Treulosigkeit kundgetan; so war er „kollusionsverdächtig", und seine Forderung wurde abermals zurückgewiesen. Natürlich sprach der Richter nicht wörtlich aus, daß Thyrsis in so heftiger Form hätte reagieren müssen; aber seine Entscheidung ließ sich nicht anders deuten. War ein Gatte kameradschaftlich und ehrlich bemüht, seine enttäuschte Frau das Glück finden zu lassen, nach dem sie sich sehnte, – dann galt sein Benehmen als gefährlich und antikirchlich, dann war er radikaler Ideen verdächtig. Männer und Frauen, in deren Herzen solche Ideen wohnen konnten, mußten bestraft werden, indem man sie in die heiligen Bande der Ehe noch fester einspannte, damit sie sich gegenseitig in Stücke zerrissen wie zornige Katzen.

Im Februar 1912 nahm Thyrsis seinen Sohn und schiffte sich mit ihm nach Europa ein. Sie fuhren zweiter Klasse auf einem drittklassigen italienischen Dampfer; Thyrsis war krank an Leib und Seele, er wußte nicht, ob er dem Tod oder dem Leben näher war, und es lag ihm auch nicht viel daran. Es war ihm gelungen, etwas Geld für diese Reise zusammenzuborgen, und er hatte den Auftrag, monatlich einen Artikel für das „Magazin für physische Kultur" zu liefern, der mit je hundertfünfzig Dollars bezahlt wurde. Als Buchautor war er erledigt, niemand glaubte, er würde je wieder ein Publikum finden. Mitchell Kennerley, der Verleger von „Leidweg der Liebe", bemerkte: „Wenn die Leute für zwanzig Cents alles über Sie erfahren können, denken sie nicht daran, anderthalb Dollars dafür zu zahlen." „Leidweg der Liebe" war anderthalb Monate vor dem Ehescheidungsskandal erschienen und hatte einen phanthastischen Erfolg gehabt, tausend Exemplare wurden jede Woche verkauft; in der ersten Woche nach dem Skandal war es zu Ende, der Verleger verkaufte nicht mehr als hundert Stück im Jahr.

4

Frühling in Florenz! „Kennst du das Land, wo die Zitronen blühn?" Kann es einen Menschen geben, der im März unter dem Himmel von Toskana wandelt und nicht glücklich ist? George G. Herron besaß eine Villa auf den Hügeln bei Fiesole, wo er in allem Frieden lebte, der ihm beschieden war; Thyrsis verbrachte zwei Wochen bei ihm, sie sprachen von den alten Zeiten und davon, wie die Welt sich gewandelt hatte. Nur zwei und ein halbes Jahr vor ihnen lag die zukünftige, furchtbare Welterschütterung. Carrie Herron spielte im Dämmerlicht Schumanns „Widmung", – ihr war es bestimmt, an Krebs zu sterben, noch ehe der Weltkrieg begann.

War Thyrsis glücklich? Er wußte kaum, wo er lebte, und was er tat. Orte und Erlebnisse zogen an ihm vorüber wie im Traum, nichts hatte Sinn für ihn, wenn es nicht von Not und Sklaverei, gleich, ob in Amerika oder in Italien, handelte. Das grimme Schloß der Strozzi war auch nur eine andere steinerne Verkörperung des Stahltrusts oder des Fleischtrusts. Scharen olivenfarbiger hungernder Kinder mit hohlen Augen, die sich aus ihren

Elendsquartieren über die Vorortsstraßen von Florenz ergossen, glichen ganz den Neuyorker „Elendsrudeln". Galerien, in denen es unzählige Madonnen und gekreuzigte Märtyrer gab, erzählten von Tammany Hall und seiner katholischen Verwaltung. Katholische Pfaffen fesselten die Arme sozialistischer Arbeitermädchen, katholische Erzbischöfe schritten durch die Seitengänge eines Domes und gaben der Polizei Auftrag, Frauen zu verhaften, die das Volk über Geburtenkontrolle aufklärten. Katholische Richter saßen in schwarzseidenen Roben in ihren Stühlen und straften sozialistische Aufwiegler, weil sie sich gegen ihre verirrten Frauen anständig benommen hatten.

Mailand: eine große Stadt mit viel Interessantem, doch für Thyrsis gab es hier nur eines, das ihn anzog, – eine sozialistische Zeitung, die in einem düsteren Arbeiterviertel gedruckt wurde, und deren Redakteur Thyrsis' Bücher übersetzte. Dann kam die Schweiz mit ihren schneeglänzenden Bergesriesen und ihren klaren blauen Seen, – und einem anderen sozialistischen Redakteur. Dann Deutschland, die Lietz-Schulen, die eine neue Kindererziehung anstrebten. Thyrsis hatte seinen Sohn angemeldet, es war ein lieblicher Ort im Harz, dort führte ein Haufen glücklicher Jungens ein Freiluftleben. Nahe der Schule erstreckten sich meilenweit Kartoffel- und Rübenfelder, auf denen Scharen polnischer Frauen wie Negersklavinnen arbeiteten. In Schloß Bieberstein gab es eine andere Schule für die älteren Knaben, schöne, kraftstrotzende Burschen, die nacktbeinig und nacktarmig herumliefen, gegen die Kälte abgehärtet und reif für die Schlachtfelder. Drei Jahre später sollte aus den meisten von ihnen Dung für Kartoffel- und Rübenäcker werden.

Dann kam Holland, wo Frederik van Eeden es unternehmen wollte, Thyrsis jene Freiheit zu verschaffen, die in New York nicht zu erreichen war. Ein Rechtsanwalt wurde konsultiert, er leitete die Sache an die Amsterdamer Gerichtshöfe. Nach holländischem Gesetz mußte der Ehegatte nicht beweisen, daß er seine Frau geprügelt, gewürgt oder vergiftet hatte; auf Grund eines von seiner Frau unterzeichneten Dokuments, in dem sie ihre Untreue zugestand, konnte er die Scheidung erlangen. Wie aber konnte diese Gnade einem durch die Welt reisenden, einem amerikanischen Schriftsteller zuteil werden? Wie lange mußte er auf holländischem Boden leben, um der Segnung eines so zivilisierten und erleuchteten Gesetzes teilhaftig zu werden? Die Richter beschlossen schließlich, diesem einen Amerikaner Milde zu erweisen – aber dergleichen sollte nie wieder geschehen! Amsterdam hatte nicht die Absicht, zu einem zweiten Reno zu werden!

5

Ein Besuch in England. Gaylord Wilshire war im Hampstead, er versuchte, in London seine Goldmine zu finanzieren. Der große Kohlenarbeiterstreik war ausgebrochen, Tom Mann, der Redakteur einer syndikalistischen Zeitung, wurde zu sechs Monaten Gefängnis verurteilt. Wilshire, der sich der politischen Sache der Arbeiter leidenschaftlich angeschlossen hatte, sprang in die Bresche, er und Thyrsis brachten zusammen einige Nummern der Zeitung heraus; Thyrsis' Beitrag bestand in Artikeln, in denen er allen Ideen des Herausgebers widersprach. Anscheinend gefiel das der Londoner Polizei, die beiden verrückten Amerikaner durften unbehindert weiter diskutieren. Die Reporter erschienen in Massen, es war ein ganz neues Erlebnis für Thyrsis, Interviews zu geben und am anderen Morgen zu lesen, was er wirklich gesagt hatte, nicht, wie er aussah, was er aß, und daß seine Frau mit einem Dachstubenpoeten durchgebrannt war.

Manchmal gefiel ihm England und manchmal nicht. Entsetzlich war es, zu sehen, wie seit Jahrhunderten dauernde Not die Rasse zugerichtet hatte! Hier gab es Geschöpfe, die kaum mehr menschenähnlich schienen; scharenweise zogen sie an den Feiertagen ins Freie, um zu spielen, aber sie hatten verlernt, wie man läuft, beinahe, wie man geht; wackelnd, wie Affen, häßlich wie Paviane, stießen sie ein unaufhörliches Gegröhle aus, ihre Sprache war ein Kauderwelsch, das kaum zu verstehen war. Sie lagen in den Parks herum, Männer und Weiber einander in den Armen, und dieser Anblick war für einen Amerikaner unfaßbar. Ob sie betrunken oder nüchtern waren, konnte der Fremde kaum unterscheiden.

Das Streikkomitee der Kohlenarbeiter hielt seine Sitzungen im Westminsterhotel ab; jenseits der Straße, im Parlamentsgebäude, bereiteten die Mitglieder der Arbeiterpartei dem sozialistischen Autor einen Empfang. John Burns führte Thyrsis auf die Tribüne, um ihn die Parlaments-Debatte über die Beilegung des Kohlenstreiks hören zu lassen; es war eine große Staatsaffäre, von der die ganze Welt sprach. Asquith gegen Balfour, besser gesagt: beide gegen die Arbeiterklasse Englands. Das war es, was der Kapitalismus unter Politik verstand, dieses Gemisch aus Anmaßung und Grausamkeit, eingehüllt in eine graue Wolke von Langeweile. Thyrsis saß auf einem Ehrenplatz, auf dem man keinen fremden Besucher vermutet hätte, er starrte auf diese Reihen von Wilden mit Zylinderhüten, die sich um das bißchen Blut, das noch in den Adern der halbverhungerten Kohlenarbeiterfamilien rann, tobend stritten.

Als der große Rechtsanwalt Asquith am Höhepunkt seiner Sophistereien angelangt war, konnte der junge Amerikaner nicht länger an sich halten! Halb sprang er von seinem Sitz auf, mit offenem Mund, um hinauszuschreien, was er über diese Blutsauger am englischen Arbeitsvolk dachte. Ein halbes Dutzend Male sprang er so auf, die Worte drängten fast aus seiner Kehle, ein halbes Dutzend Male sank er wieder auf seinen Stuhl zurück. Kein Zweifel, er wäre arretiert worden und die Welt hätte seinen Protest vernommen. Aber man hätte auch in Amsterdam darüber gesprochen, wo die liebenswürdigen Richter noch darüber zu entscheiden hatten, wer die Erziehungsgewalt über Thyrsis' Sohn erhielt!

Thyrsis stand auf und ging hinaus. Er besuchte die Westminster-Abtei, wo ein Sturm von Entsetzen und Verwünschung ihn durchraste. Er ging zwischen den Marmorgräbern und den Statuen regierender Klassenmörder hin, an den Denkmalen von Dichtern und genialen Künstlern vorbei, die ihre Muse um Mammon verkauft hatten. Hochgewölbte Bogendecken verschwammen im Zwielicht; Priester in juwelenbesetzten Gewändern und weißgekleidete Chöre sangen endlos von Unterwerfung; Kerzen glitzern, Weihrauchnebel, Sklaven des Geistes, die ihre Hände auf die Brust verschränkt hielten, – das war der lebendige Ausdruck jener gigantischen Angst, in deren Namen durch die Jahrhunderte wohlorganisierte Verbrechen begangen worden waren. Hier war die Erklärung für jene Menschenschwärme in Hampstead, die nichts Menschenähnliches mehr an sich hatten; hier offenbarte sich die Rolle jener erbärmlichen Rechtsanwälte, hochgeborenen Grafen und Wilden mit Zylindern, die nach dem Lebensblut hungernder Kohlenarbeiter brüllten; hier war wirklich Leib und Blut jener Gottheit, die sich Kapitalismus nennt.

6

Fräulein Mary Craig Kimbrough traf in London ein. Es war natürlich, daß eine junge Dame vom Mississippi die Kunstsammlungen Englands sehen und seine Denkwürdigkeiten studieren wollte. Wenn sie als Gast eines Grafen und einer Gräfin kam, so entsprach das zweifellos den Erwartungen ihrer vornehmen Gesellschaft in Mississippi. Nun traf es sich aber, daß der edle Graf ein bißchen radikal war und gerade einen eigenen Eheskandal hinter sich hatte; er war nach Reno in Newada gereist und hatte sich dort von den Fesseln einer unglücklichen Ehe befreit; als er dann nach England zurückgekehrt war und sich zum zweitenmal verheiratet hatte, war er vor das Gericht seiner Peers zitiert worden; sie hatten ihn der Bigamie schuldig befunden und zu sechs Monaten Gefängnis verurteilt.

Das war seinerzeit eine gewaltige Sensation gewesen, aber nun lag es schon viele Tage zurück; der englische Adel bildet eine sehr zahlreiche Familie, man konnte von Mississippi nicht verlangen, daß es immer auf dem Laufenden war. Craigs Vater teilte die allgemeine Ansicht der altmodischen Gentlemen des amerikanischen Südens, daß der englische Adel eine degenerierte Gesellschaft sei; andererseits wußte Craigs Mutter, daß er gesellschaftlich unwiderstehlich war. Das erprobte sie jedesmal wieder, wenn Damen der Stadt sich über ihre Tochter erkundigten. „Sie ist momentan bei der Gräfin Russell zu Gast? ..."

„Tante Molly" war eine rundliche, kleine irische Dame, die edelste Seele, die je einen schweren Titel zu tragen hatte. Auch hinter ihr lag eine Scheidungstragödie, ihr warmes irisches Herz fühlte mit Thyrsis. Sie hatte zwei oder drei Romane veröffentlicht. Wenn sie schrieb, zog sie sich in ein altes Landhaus zurück, das bei einem Dorf in der Nähe von Eton lag. Es war so niedrig gebaut, daß man sich bücken mußte, um eintreten zu können, sein Kamin rauchte seit mindestens dreihundert Jahren; aber die Räume waren frisch getüncht, mit Antiquitäten und Chintzstoffen ausgestattet. Dorthin brachte Tante Molly ihre Schutzbefohlene, und Thyrsis kam aus Holland, um Lokalkolorit für seinen neuen Roman „Sylvia" zu sammeln, den er nach Craigs Erzählungen über ihre Mädchenzeit im fernen Süden schrieb.

7

H. G. Wells kam nach London zu Tante Molly, und während die sechs langbeinigen weißen Hunde der Gräfin in Sprüngen um sie tollten, tauschten die beiden Sozialphilosophen ihre Ansichten über den Zustand der Welt aus. Wells hatte sich zu der Erkenntnis durchgerungen, es würde dreihundert Jahre dauern, ehe der Sozialismus siegte; für Thyrsis klang das so, als habe Wells sich zum Erzkonservativen gewandelt. Wells lud ihn zum Lunch in den Reformklub ein und zeigte ihm die Rückseite von Henry James, der gerade Hammelkoteletts aß; er stellte ihn Hilaire Belloc vor, der auf der Treppe stand und eine halbe Stunde lang sprach, wobei er sich erstaunlich vertraut mit der altmodischen Welt und ihren tausend Überflüssigkeiten zeigte. Das war wie ein ungeheueres Feuerwerk, bei dem für eine Million Dollars Sterne und Funken in die Nacht verpufft werden; wenn es vorbei ist, geht man mit leeren Händen fort.
Thyrsis lernte auch Frank Harris kennen, der eine wahrhaft goldene Zunge besaß. Er konnte über Jesus und Shakespeare in so wundervollen Worten sprechen, daß höchstens diese beiden Meister es ihm gleichgetan hätten; aber wenn er auf der Höhe seiner Beredsamkeit war, kam ihm plötzlich irgend ein Mensch in den Sinn, den er nicht leiden konnte, und dann brauste aus derselben Kehle ein solcher Strom von Unflat, daß selbst ein gefallener Erzengel erschrocken wäre. Harris lud den jungen Autor zum Lunch in ein teueres Restaurant ein und gab bei dieser Gelegenheit vier oder fünf Pfund aus;

die Höflichkeit verbot es Thyrsis, sein Bedauern über ein solches Auftreten auszudrücken. Er trank nicht von den kostbaren Weinen, und von dem Betrag dieser Zeche hätte er zwei Wochen lang leben können. Bald darauf veröffentlichte Harris in einem Monatsblatt seine Lösung aller Gesundheitsprobleme – sie bestand darin, daß man sich mittels einer Magenpumpe von allem befreit, was man gegessen hat.

Dann kam Bernard Shaw. Seit acht oder neun Jahren blickte Thyrsis mit Bewunderung auf unseren modernen Voltaire, aber auch mit einer gewissen Angst vor seiner scharfen Zunge. Als er ihn kennenlernte, entdeckte er den gütigsten und zartesten aller Menschen; auch den saubersten – er hatte das Gesicht eines gereiften Engels mit hellen, blauen Augen und einem rotgoldenen Bart, der sich grau zu färben begann. Der moderne Voltaire fuhr ihn zu seinem Landsitz hinaus, gab ihm ein Stück Hammelfleisch oder so etwas zu Mittag, während er selbst wie ein Asket Bohnen und Salat aß; er gab zu, daß seine periodisch auftretenden Kopfschmerzen vielleicht von übertriebenem Stärkegenuß kamen, wie Thyrsis behauptete. „G.B.S." bei Tische zuzuhören, war genau so, als ob man ihm in der Albert Hall bei einer Rede lauschte oder eines seiner Vorworte las; er sprach in einem endlosen Strom von Witz und Lachen, nie kam eine Pause oder ein toter Moment.

Nach dem Essen gingen sie aus, um die alte Kirche zu besichtigen. Nicht einmal ein moderner Voltaire konnte sich vorstellen, daß ein Gast aus Amerika kein Interesse daran hatte, die Ruinen einer alten Kirche zu besichtigen! Auf dem Wege sahen sie ein Signal, das den Autofahrern anzeigte, sie kämen an einer Schule vorbei. „Wo ist die Schule?“ fragte Thyrsis. Sein Wirt lachte: „So ist England. Die Schule ist vor Jahren schon verlegt worden, aber wir sind noch nicht so weit, das Signal zu versetzen. Die Autofahrer fahren langsam. Dann, wenn sie wieder in voller Geschwindigkeit sind, kommen sie wirklich an der Schule vorbei.“

Jahre zuvor hatte Thyrsis May Sinclair kennen gelernt, als sie einen Besuch in New York machte. Es waren die Tage des „Göttlichen Feuers“ – erinnert sich irgend jemand an diesen Roman? Thyrsis hatte ihn Jack London geschickt, der ihm mit den Worten dankte: wenn er nur eine einzige solche Geschichte geschrieben hätte, würde er gerne sterben. Jetzt besuchte Thyrsis May Sinclair in ihrem Studio, er hörte zu, während sie einen anderen Teegast empfing und ausfragte. Es war ein schüchtener junger Mensch, ein Londoner Kommis, den May Sinclair eingeladen hatte, weil sie ein Buch über Leute seines Standes schrieb; sie wollte wissen, wie viele Stunden er arbeitete, worin seine Pflichten bestanden usw. Es war wohl das erste und letzte Mal, daß der arme Junge in solche Gesellschaft kam.

Die Klassengrenzen sind auf dieser engen, kleinen Insel sehr streng gezogen. May Sinclair erzählte von einem gewissen englischen Schriftsteller, der seine Laufbahn als Ladenangestellter begonnen hatte; diesem Mann hatte sie von dem Roman erzählt, den sie schreiben wollte, und hatte ihm Fragen nach dem Dialekt des Ladenpersonals gestellt. Der große Schriftsteller war dunkelrot geworden und hatte gesagt: „Wie sollte ich das wissen?“ Thyrsis fand diese Geschichte schrecklich, so schrecklich, daß er sein Gesicht mit den Händen bedeckte, als er sie hörte. May Sinclair war erstaunt, sie hatte nicht klatschen wollen, sie hatte nicht geahnt, wie diese Anekdote auf einen amerikanischen Sozialisten wirken mußte.

8

Thyrsis fuhr nach Holland zurück, wo er als wohnhaft galt. Er betrog die ehrenwerten Richter des Amsterdamer Scheidungshofes nicht – er hatte wirklich die Absicht, in Holland zu bleiben. Dort war alle Welt so höflich, es war das einzige Land Europas, in dem man beim Geldwechseln weder zu wenig noch falsches Geld bekam. Es war ein ungewöhnlich regnerischer Sommer, – man erzählte sich, daß die Bauern in Frankreich von Booten aus ihr Heu ernteten. Thyrsis saß in einem kleinen Zimmer, arbeitete bei einem Holzfeuer und wartete vergeblich auf dic Sonne. Sein Freund van Eeden führte ihn spazieren, er wies auf die schönen Wolkenbildungen am Horizont und sagte: „Diese Wolken haben unsere holländischen Maler so berühmt gemacht!“ Aber Thyrsis wollte nicht Wolken malen, er wollte Wärme.
Craig kam nach Holland, Doktor van Eeden und seine Frau führten sie bei alten Familien ein, und dort war man ebenso erstaunt, die Enkelin eines amerikanischen Sklavenbesitzers kennen zu lernen, wie sie überrascht war, holländische Patrizier zu treffen. Van Eeden hatte

selbst einen Ehescheidungsskandal durchgemacht und konnte daher mit Thyrsis fühlen. Es war eine seltsame Tatsache, alle Freunde, die ihm während dieser schweren Tage treu blieben, -- die Herrons in Italien, die Wilshires und Russells in England, die van Eedens in Holland – alle waren sie durch dieselbe Mühle gegangen.

Frederik van Eeden stand damals in den Fünfzigern, er war der berühmteste Erzähler und Dichter seines Landes. Aber dies Land sei zu klein, sagte er – es sei entmutigend, für nur sieben Millionen Menschen zu schreiben! Hinter ihm lag ein bunter Lebensweg – er war Arzt gewesen, Vorkämpfer der Psychotherapie, Arbeiterführer und Gründer einer Kolonie wie Thyrsis. Er lebte auf einem kleinen Gut, das von dieser Kolonie übrig geblieben war, es hieß „Waldin“. Sein Bart färbte sich grau, aber sein Geist war immer noch für alles empfänglich, und in den Gesprächen mit seinem jungen amerikanischen Freunde wurde die ganze Welt in Ordnung gebracht.

Van Eedens Frau war still und angenehm, jung an Jahren, doch altmodisch, sie war die Heldin von van Eedens „Traumbraut“; sie saß da, machte ihre Näharbeit und schien ein bißchen indigniert, wenn die junge Dame aus Mississippi es wagte, mit den Gedanken ihres Herrn und Meisters Scherze zu treiben. Ihre beiden kleinen Kinder hatten absolut nichts von der lauten Aufdringlichkeit amerikanischer Kinder; ihr Äußerstes an Selbstsicherheit bestand darin, daß sie sich beim Nachtessen neben Thyrsis Stuhl aufpflanzten, ihn mit großen runden Augen anstarrten, während er eine Feige aß, und flüsterten: „Ick ook!“ – das heißt „mir auch!“ Thyrsis fand die holländische Sprache höchst amüsant, er bildete sich eine Regel, nach der er sie sprach; erst drückte er sich deutsch aus, wenn das nicht verstanden wurde, englisch, und wenn es auch damit nicht ging, mischte er diese beiden Sprachen.

Van Eeden fuhr mit Thyrsis nach Berlin, wo sie einen jungen deutschen Dichter besuchten, Erich Gutkind, der unter dem Pseudonym „Volker“ ein leidenschaftliches Buch geschrieben hatte, von dem van Eeden behauptete, es werde Nietzsche entthronen. Er und seine Frau waren ein entzückendes junges, jüdisches Paar – Thyrsis nannte sie „gute Kinder“, manchmal auch „Sternengucker“, weil sie ein großes Teleskop in ihrer Wohnung hatten. Van Eeden und Gutkind waren begeistert an der Arbeit, eine Gesellschaft von erlesenen Geistern zu gründen, deren Aufgabe es sein sollte, die Menschheit aus der Wildnis des Materialismus hinauszuführen. Thyrsis brachte den jungen Rhapsoden fast zum Weinen, weil er brutal darauf bestand, diese erlesene Schar müsse zunächst das Problem der sozialen Revolution lösen.

Alle drei sahen sie den Krieg kommen, und die Frage, wie sie sich zu ihm verhalten sollten, beherrschte ihre Gedanken. Thyrsis hatte ein Manifest gegen den Krieg geschrieben, in dem er alle sozialistischen Parteien der Welt aufrief, im Kriegsfall den Massenaufstand herbeizuführen. Unter den Sozialisten in England und Frankreich hatte er viel Beifall gefunden, aber wenig in Deutschland. Karl Kautsky hatte ihm geschrieben, die

Ausführung einer solchen Agitation sei in Deutschland ungesetzlich, – damit war für ihn und seine Partei die Frage offenbar erledigt. Thyrsis verbrachte einen Tag mit Kautsky, seiner Frau und ihrem Sohn – der „Heiligen Familie", wie ihre Feinde sie nannten. Er besprach das Problem mit Südekum, mit Fischer, Ledebour und Liebknecht. Liebknecht führte ihn in den Reichstag und lud ihn zum Mittagessen ein. Sie speisten in einem besonderen Zimmer, in dem nur sozialdemokratische Reichstagsabgeordnete saßen, getrennt von allen anderen! Ledebour und Liebknecht sympathisierten mit seinem Programm, aber irgend eine wirkliche Aktion konnten sie nicht versprechen, – was sie ihm erzählten, trug viel zu dem Entschluß Thyrsis' bei, 1917 die Alliierten zu unterstützen.

9

Ja, der Krieg war nicht mehr fern. Überall sah man Militärs mit aufgedrehten Schnurrbärten, die das gewöhnliche Volk vom Weg scheuchten, und über die Köpfe der Männer hinweg den Frauen ins Gesicht starrten. „Papa, warum zwirbeln sie ihre Schnurrbärte in solche Spitzen", fragte David, der jetzt elf Jahre alt war, und die Antwort lautete: „Sie wollen dir Angst einjagen." „Aber ich fürchte mich nicht vor ihnen", sagte der kleine Junge. Sein Vater aber fürchtete diese Leute, deshalb wollte er seinen Sohn nicht in der deutschen Schule lassen, sondern nahm ihn mit nach England.

Die „guten Kinder" machten mit ihren Gästen eine

Spazierfahrt zu allen Sehenswürdigkeiten von Berlin, darunter auch zu den fürchterlichen Statuen der Siegesallee. Es schien Thyrsis, er habe Zeit seines Lebens nie etwas ähnlich Lächerliches gesehen. Zu jeder Statue hatte er eine komische Bemerkung zu machen, bis sein Begleiter sich zu ihm neigte und bat, er möchte ruhig sein, der Droschkenkutscher spitze schon die Ohren. Es sei schon öfter als einmal passiert, daß ein respektloser Fremder, der es gewagt hatte, in der Gegenwart eines preußischen Ex-Soldaten Majestätsbeleidigungen auszusprechen, auf die Polizei gebracht und in den Arrest gesteckt wurde!

Thyrsis erhielt eine Einladung von Walter Rathenau. Er hatte diesen Namen nie gehört, aber seine Freunde erklärten ihm, das sei der junge Erbe des großen deutschen Elektrizitätstrusts, der sich mit Sozialreformen beschäftige und kühne Bücher schreibe. Man fuhr sie zum Kaiserlichen Automobil Club, einem protzigen Gebäude mit Lakaien in kurzen Hosen und seidenen Strümpfen. Sie bekamen in einem intimen Speisezimmer ein erlesenes Mahl, bei dem auch Kiebitzeier serviert wurden, ein Gericht, von dem Thyrsis nie gehört hatte, und das sich als sehr heikel erwies. Wenn man eine Schale aufschlug, wußte man nie, was man darin finden würde. Die respektlosen Gäste sprachen von Rathenau in Zukunft nie anders als vom „Kiebitzei".

Sie stimmten darin überein, ihn genial zu finden, aber ein wenig allzu selbstbewußt, – diese Eigenschaft findet sich häufig bei Männern, die über große Kapitalien verfügen und gezwungen sind, Entscheidungen von bedeutender Tragweite zu treffen. Van Eeden war ein viel älterer Mann, der sich auf mehr als einem Feld einen Namen gemacht hatte, aber nie war sein Urteil so absolut und apodiktisch wie das dieses jungen Herrschers über Elektrizität und Finanz. Dazu muß man freilich bemerken: Männer, die selbst wissen, was sie denken, sind es, die zu Handlungen fähig sind. Walter Rathenau würde zweifellos der deutschen Industrie allmählich eine sozialere und menschlichere Richtung gegeben haben, wenn die Reaktion ihn nicht hätte ermorden lassen.

10

Die holländische Scheidung wurde in der angenehmsten Form ausgesprochen, ohne daß Thyrsis bei Gericht zu erscheinen brauchte. Craig weilte noch unter den Flügeln ihres Grafen und ihrer Gräfin in England, sie wollte nach Mississippi zurückkehren, um ihre Eltern zu überzeugen, daß sie die Ehe mit einem geschiedenen Mann gestatten müßten; auch Thyrsis wünschte abzureisen, er hatte einen neuen Roman auf den Markt zu bringen. Es war die glückliche Zeit, in der man noch ohne Pässe reiste, so konnten sie inkognito fahren und in New York landen, ohne daß die Zeitungen in Aufruhr gerieten. Craig fuhr an Bord der „Lusitania“, einem Schiff, das ihr wie so vielen anderen, Unheil brachte: während eines Dezembersturms stürzte sie und brach die Rippen nahe dem Rückgrat, sie hatte viele Jahre lang an dem Unfall zu leiden; und harte Arbeit wurde für sie noch härter.
Die Auseinandersetzung mit der Familie begann. Der

Vater war Richter und kannte das Gesetz, – mindestens kannte er das Gesetz, nach dem er Recht sprach; aber keinen Eindruck machte auf ihn ein amtlich gestempeltes Papier aus Amsterdam, das er nicht einmal lesen konnte. „Einen verheirateten Mann kannst du nicht heiraten, Tochter!“ Mehr sagte er nicht; und die Antwort: „Papa, ich bin fest entschlossen, ihn zu heiraten!“ bedeutete ihm nichts. Sie verbrachte die Nächte mit Weinen, wie schon so oft in ihrem Leben. Sie war sein erstes Kind; ihr Porträt, ein schönes Ölgemälde, hing im Wohnzimmer; als sie wieder nach New York abreiste, drehte er dieses Bild gegen die Mauer.

Inzwischen verhandelte Thyrsis mit den Verlegern, wie schon so oft in *seinem* Leben. Mitchell Kennerley interessierte sich nicht für „Sylvia“, – das war kein modernes Buch. Es war Thyrsis Schicksal, von einem Verleger zum anderen zu wandern, weil er den Spielregeln nicht gehorchen wollte. Literarische Werke werden am laufenden Band hergestellt und mit einer Handelsmarke versehen, die Kundschaft verlangt ein neues Buch, das genau so ist wie das letzte. Ein neuer Verleger trat in die Erscheinung, ein altmodischer; aber anscheinend mißtrauten die Käufer altmodischer Romane der Firma Thyrsis. „Sylvia“ wurde nur schwach verkauft und ein nachfolgender Band, „Sylvias Ehe“, beinahe gar nicht. Zweitausend Exemplare in Amerika und hunderttausend in England – so viel galt der Prophet in seinem Vaterland!

Es war eine Zeit der Gärung unter den eingewanderten Arbeitern unseres Landes, und Thyrsis und andere Enthusiasten glaubten, es sei der Anfang der von ihnen gepredigten Umwälzung. Die Seidenarbeiter in Paterson im Staate New Jersey streikten, und die Intelligenz von Greenwich pilgerte allwöchentlich hinaus, um Streikhilfe zu leisten und Reden zu halten. Streikführer waren Bill Haywood, ein grimmiger, alter, einäugiger Kohlenarbeiter aus dem Gebirge; Elisabeth Gurley Flynn, die ihren revolutionären Weg als Hochschülerin in New York begonnen hatte; Carlo Tresca, dessen Gesicht und Körper von den Kugeln gezeichnet war, welche die Schützen seiner Zwingherren auf ihn abgefeuert hatten; Ettor und Giovannitti, die eben erst einer Mordanklage in Massachusetts entronnen waren. Ein paar tapfere junge Schriftsteller, wie Leroy Scott und Ernest Poole waren herbeigeeilt, um zu helfen und zugleich um soziale Studien zu treiben; ferner ein Dramatiker Thomson Buchanan, der später sein Wissen dazu verwandte, antibolschewistische Greuelgeschichten auszubrüten; John Reed, ein Kriegskorrespondent, der kaum zehn Jahre später an der Kremlmauer bestattet werden sollte.

Sie forderten Thyrsis auf, sich ihnen anzuschließen, er gab der Versuchung nach, und jetzt sah er wieder einmal die geschäftigen Bleistifte der Zeitungsreporter an der Arbeit. Erfanden sie die falschen Behauptungen selbst, oder wurden sie in den Redaktionen in ihre Berichte korrigiert? Es war nicht festzustellen; aber Thyrsis las jetzt, daß er einer der Rufer zur Gewalt sei, der er nie im Leben gewesen war. Er verwahrte die Zeitungsausschnitte in seinem Schreibtische und die Wut in seinem Herzen. Erst sechs Jahre später schrieb er den „Sündenlohn“.

Es war schrecklich, zu sehen, wie Zehntausende von Menschen mit Polizeiknüppeln und Zeitungslügen in einem Zustand elender Hungersklaverei gehalten wurden. Die jungen Parteigänger waren verzweifelt, und in der Hoffnung, das Herz New Yorks zu rühren, planten sie die „Paterson-Schau“. Sie wollten zweitausend Seidenarbeiter auf die Bühne von Madison Square Garden bringen, in einer Riesenvorstellung den ganzen Streik wiedergeben, Reden halten und Gesänge vortragen. Um diesen Plan auszuführen, schufteten zwanzig oder dreißig Männer und Frauen sechs Wochen lang Tag und Nacht und leerten ihre Taschen bis zum Grund. Dann lasen sie in den Neuyorker Zeitungen, daß sie den Streikenden ihr Geld gestohlen hatten! Zwei Dinge aus diesem Abenteuer werde ich nie im Leben vergessen; erstens den alten Warenspeicher, in dem die Proben abgehalten wurden, und wo John Reed in Hemdsärmeln Regie führte, durch ein Megaphon Befehle gab und die Massen lenkte; zweitens die Ankunft dieser Massen, zweitausend halbverhungerter Streikender, wie sie sich im Madison Square Garden auf Butterbrote und Kaffee stürzten!

11

Der alternde Richter in Mississippi dachte nicht daran, seinen Entschluß zu ändern; doch die Damen der Familie waren nachgiebiger. Als es Frühling wurde, fingen sie an zu begreifen, welch unzerreißbare Bande ihre Tochter an den schrecklichen sozialistischen Schmutzaufwirbler ketteten. Zwei von ihnen pilgerten nach New York, um zu sehen, was für eine Art Mann dieses teuflische Netz geworfen hatte. Die Mutter war eine Dame, der es schwer fiel, nicht immer wieder zu erzählen, daß sie im siebenten Glied von jener Lady Southworth abstamme, die den zweiten Kolonialgouverneur von Massachusetts geheiratet hatte; mit bescheidenem Stolz erwähnte sie, daß sie Gründerin einer Kirche in ihrer Heimatsstadt war und bei Gott weiß wieviel Denkmalsenthüllungen für die Helden des Bürgerkriegs der Südstaaten Pate gestanden hatte. Mit ihr kam eine Großtante, eine der wenigen „geistigen Frauen", die der Staat Mississippi hervorgebracht hatte. Sie war nach Californien ausgewandert und Lehrerin geworden, sie hatte einen Pionier geheiratet, der als „Vater der Wasserleitungen" berühmt war, und der ihr eine Zeitung hinterlassen hatte.

Diese beiden kamen in New York in einem Zustand von Erregung an, den respektlose Intellektuelle kaum begreifen dürften. Aber es war ein glücklicher Umstand, daß der sozialistische Schmutzaufwirbler nahe der Grenze zwischen Mason und Dixson geboren war, und daß er von so vielen Vorfahren in Virginia erzählen konnte! Zweifellos, es gab gemeinsame Vettern von Vettern ihrer Vettern! Von seiner Mutter hatte er gelernt, wie man korrekt mit Messer und Gabel umgeht; und seine zukünftige Braut hatte ihm beigebracht, daß man nicht Handschuhe zu Tennisschuhen trägt! Aus all diesen Gründen wurde endlich beschlossen, daß eine Hochzeit stattfinden sollte.

Aber nicht in New York, nicht in dieser von Reportern

verseuchten Stadt! Lieber in irgend einem anständigen Winkel der Welt, in dem Familie und gute Kinderstube etwas galten! Mississippi kam nicht in Betracht, weil der Richter es verbot. In Virginia aber gab es Vettern, die den Schutz ihres Namens und ihrer Häuser gewähren würden; so nahm die Gesellschaft einen Nachtzug, – ein lächelnder, aber sehr artiger Schmutzaufwirbler und drei Damen aus dem Süden, die einer Nervenkrise nahe waren, weil sie in jedem Schlafwagenabteil mindestens einen Reporter zu sehen glaubten. Oh, diese Reporter! Was würden die Reporter bringen! Thyrsis hörte das eine Woche lang, dann hielt er es nicht mehr aus, und plötzlich entfuhr ihm ein männlicher Ausruf: „Ach, diese verdammten Reporter!“ Es folgte ein entsetztes Schweigen, aber im innersten Herzen waren die alten Damen getröstet. Immerhin, das war ein wirklicher Mann!

Fredericksburg war einst der Schauplatz einer Schlacht, bei der etwa fünfzehntausend Yankees gefallen waren. Die altjüngferlichen Kusinen kannten Craig, sie hatte einmal zur Erholung nach einer anstrengenden Tanzsaison bei ihnen geweilt; jetzt begrüßten sie die romantische Expedition mit offenen Armen. Ihre Aufregung war groß, und die hochachtbare Mutter machte sich daran, den Pfarrer ihrer hochachtbaren Kirche zu überreden, daß er die Trauung übernähme. Aber da war das schreckliche Stigma einer Ehescheidung! Thyrsis mußte einen Pfarrer der bischöflichen Kirche ausfindig machen und ihn überreden. Er war selbst in den Lehren der bischöflichen Kirche erzogen worden und wußte, wie man mit einem solchen Pastor spricht; da er bei seiner Scheidung als der schuldlose Teil anerkannt worden war, hatte er das Recht, eine zweite Ehe einzugehen.

Der Mann der Kirche aber verlangte Beweise, daß Thyrsis wirklich der schuldlose Teil gewesen war; der angehende Bräutigam kam wieder ins Hotel, um das Scheidungsurteil zu holen. Wie es bei eiligem Packen geht, – er hatte das richtige Dokument vergessen; statt dessen fand er ein anderes, später datiertes Dokument, in dem ihm das Erziehungsrecht über seinen Sohn zugesprochen wurde. Es war in holländischer Sprache abgefaßt, und der Schriftsteller, der kein Holländer war, übersetzte es, während der ältliche Pfarrer ihm über die Schultern sah. Irgendwie verwirrten sich die gesetzlichen Redewendungen, das Zeugnis über Erziehungsrechte machte eine wunderbare Verwandlung durch und wurde zur Bestätigung einer Ehescheidung auf Grund erwiesener Untreue der Ehegattin.

Nachdem die Vorbehalte der bischöflichen Kirche dergestalt erledigt waren, legte der Pastor seine feierlichen Gewänder an, und nun wurde am Ufer des langsam fließenden Rappahannock, in einem alten Patriziergarten, im Duft von Veilchen und Krokus, das große Fest gefeiert. Eine Mutter, eine Großtante und eine der altjüngferlichen Kusinen wohnten der Feier bei und hatten das unsichere Gefühl, Gestalten einer mittelalterlichen Romanze zu sein. Was die Braut und den Bräutigam selbst betraf, – die Welt hatte so lange auf sie eingehämmert, daß sie kaum mehr eine Träne oder ein Lächeln hervorbringen konnten. Thyrsis hatte sogar den Ehering vergessen, und unter Tränen streifte seine Schwiegermutter den eigenen Ehering vom Finger und legte ihn ihm in die Hand. Abgesehen von diesem faux-pas und dem einmaligen „Verdammt..." hatte er seine Rolle vollendet gespielt. Er versprach, zu lieben, zu ehren und zu gehorchen, – und das hat er nun seit neunzehn Jahren gehalten.

In seinem Haus in Mississippi saß der alternde Richter, der von dem Ereignis wußte und den Sturm erwartete, der ausbrechen würde. Das Telephon läutete: die „Memphiser Handelszeitung" – oder war es die „Kleine Times von New Orleans"? – fragte an: „Richter Kimbrough, wir haben eine Meldung aus Fredericksburg in Virginia, Ihre Tochter soll Upton Sinclair geheiratet haben." „Ja, ich weiß es." „In unserer Meldung steht, daß der Gatte für Sozialismus, Frauenstimmrecht und Geburtenkontrolle eintritt. Teilt Ihre Tochter die diesbezüglichen Ansichten ihres Gatten?" Da sprach der Richter: „Meine Tochter teilt keine einzige der Ansichten ihres Gatten!" So ging das Interview in die Welt hinaus.

NACHKLANG

Von nun an würde meine Geschichte zur Geschichte Craigs, und die Zeit, sie zu erzählen, ist noch nicht gekommen. Es ist eine Geschichte treuer Liebe, die manchmal in hohen Wellen brauste und manchmal sanft dahinfloß. Craig und ihr Gatte sind zwei sehr verschiedene Naturen, und die Erzählung ihrer Verschiedenheiten, und wie man sich darüber einigte, würde in den Archiven Hymens ein interessantes Kapitel bilden. Aber wer sie zu lesen verlangt, müßte zuvor Craigs Wesen ändern. Als ein Kind mit goldblondem Haar wollte man sie einmal in Gesellschaft auf einen Stuhl stellen und Gedichte vortragen lassen; seitdem lief sie davon, so oft sie Gäste kommen sah, und versteckte sich unterm Bett. Heute, mit achtundvierzig Jahren, steht sie der Öffentlichkeit genau so gegenüber; das Schicksal hat ihr einen Mann zum Gatten gegeben, der alle Fehler seines Lebens aufschreiben möchte, damit eine kommende Generation lerne, was sie nicht tun soll. Ihre Überzeugungen einer emanzipierten Frau stehen im Gegensatz zu ihren alten Instinkten, – in den alten Südstaaten setzte man von einer wirklichen Dame voraus, daß ihr Name niemals in die Zeitung kam.

Einstweilen genüge es, festzustellen, daß Craig Schutz und Schirm bedeutet hat für das Schaffen von vierzehn Romanen, sieben Theaterstücken, einer Anthologie, einem Führer durch die Probleme des Lebens und sechs Schmutzaufwirbler-Bänden, die – nach Ansicht der Rechtsanwälte – Stoff genug für fünfzig Anklagen des Staatsanwalts und tausend Privatklagen pro Band enthalten. An einem halben Dutzend Kreuzzügen hat sie teilgenommen, in deren Verlauf ihr Gatte dreimal verhaftet wurde. In Kriegszeiten hat er eine Monatsschrift herausgegeben; er hat einen Film finanziert, hat eine halbe Million Bücher gedruckt und auf den Markt gebracht, mit einem Durchschnittsverlust von zehn Cents pro Band. Aber auch ihrer eigenen Unternehmungen muß hier gedacht werden: indem sie Sonette schrieb, machte sie den vergeblichen Versuch, den Krieg aufzuhalten; sie hat fünf alte Häuser gekauft und sie zu einem einzigen Haus für einen Schriftsteller und seine Bücher zusammengefügt; sie hat Gärten angelegt; sie hat Geld beschafft, um Schulden zu zahlen, indem sie verschiedene andere alte Häuser ummodeln ließ und Grundstücke kaufte und verkaufte.

Vor drei Jahren forderte die Natur dringend eine Ruhepause. Craig zog sich zurück, sie vereinte sich mit Doktor Faust und Mutter Eddy* in der Suche nach Gott. Wenn sie IHN auch nicht gefunden hat, so hat sie doch in der eigenen Seele ungeahnte Kräfte entdeckt; sie hat Telepathie und Hellsehen so beweiskräftig dargestellt, daß sie ihren Gatten überzeugen konnte,

* Mary Baker-Eddy, Begründerin der Christian Sience.

und auf diese Art ist er in einem neuen Sinne ein „Narr" geworden.

Während ich dieses Buch durchkorrigiere, läuft ein anderes Abenteuer, von dem ich unter dem Siegel des Geheimnisses erzählen will. Vor zwei Jahren kam Sergej Eisenstein, der russische Filmregisseur, nach Hollywood, um einen Film zu drehen. Da er nicht wußte, was unsere Filmherren brauchten, fiel er mit seinen Vorschlägen durch, und in der letzten Stunde seines Aufenthaltes in Amerika kam er zu uns mit einer wundervollen Idee: wenn irgendjemand das Geld aufbrächte, würde er nach Mexiko gehen und ganz unabhängig einen Film von den primitiven Indios machen, die er aus den Bildern Diego Riveras kannte. Wir waren empört zu sehen, wie ein Sowjetregisseur und großer Künstler bei uns gedemütigt wurde; so unternahmen wir es, das Geld aufzubringen.

Nun, die Art, wie unabhängige Filme hergestellt werden, ist folgende: der Leiter bekommt eine bestimmte Summe Geldes und belichtet eine gewisse Anzahl Meilen von Zelluloidstreifen; dann telegraphiert er seinen Geldgebern, der Film sei leider noch nicht fertig, er müsse mehr Geld und weitere Zelluloidstreifen haben, sonst würden die Geldgeber leider keinen Film bekommen. Darauf bringen die Geldgeber neues Geld auf, der Leiter exponiert weitere Meilen Zelluloid, dann telegraphiert er, der Film sei leider noch immer nicht vollendet, er brauche noch mehr Geld und weitere Meilen Zelluloidstreifen, sonst würden die Geldgeber leider keinen Film bekommen. In der Geschichte der Filmexpeditionen

mag es den einen oder anderen Fall gegeben haben, der anders verlief, aber in Hollywood habe ich von einem solchen Fall noch nicht gehört.
Eisenstein reiste mit seinem Stab in das tropische Land Tehuantepec und nahm Tehuana-Mädchen auf. Sie trugen über den Köpfen große gestärkte Krausen, und ihre nackten Füße klammerten sich wie Hände in die rauhen Felsspalten ihrer Berge, sie trugen Körbe, die aus Kürbisschalen geschnitzt und mit Rosen bemalt waren. Er reiste nach Oaxaca und nahm während eines Erdbebens die einstürzenden Häuser auf. Er fuhr nach Chichen-Itza und nahm Maya-Tempel auf, mit gefiederten Schlangen, steingesichtigen Männern und ihren lebenden Nachkommen, deren Typus sich in dreitausend Jahren nicht verändert hat. Er bestieg den Popocatepetl und photographierte Indio-Dörfer, die in vergessenen Tälern liegen. Meilen und Meilen Film exponierte er, und ganze Kisten voll verlöteten Zinnbüchsen mit Negativen kamen in Hollywood an.
Meine Frau und ich – wir waren inzwischen Geschäftsführer einer Gesellschaft geworden –, schrieben Werbebriefe, viele Seiten lang, an Freunde in Sowjetrußland, an Liebhaber der mexikanischen Kunst, an Schauspieler in der Filmkolonie – an jeden und jeden, den ein Meisterwerk von Kamerakunst und Schnitt betören könnte. Wir beratschlagten mit Rechtsanwälten und Bankiers, wir unterzeichneten Gesellschaftsverträge und gaben Anteilscheine aus. Wir besuchten die Konsuln von Mexiko und die Zollinspektoren der Vereinigten Staaten, wir veranstalteten Vorführungen für die Zensur.

Inzwischen reiste Eisenstein in die Hacienda Tetlapayac und nahm auf endlosen Filmmeilen die Pflanzungen auf, Arbeiter, die in prächtig gestreiften Kitteln, im Dämmerlicht, an alten Klostermauern standen und Arbeitslieder sangen, und die durch grausame Aufseher zur Revolte getrieben und durch wild galoppierende Cowboys zu Tode gehetzt wurden. Er reiste nach Merida und knipste Damen mit hohem, spitzen Kopfschmuck und gestickten Mantillen. Er nahm die Lebensgeschichte eines Stierkämpfers auf, seine Technik und sein Training, seine Fußarbeit, seine Mantelarbeit, sein Geplänkel mit den Damen der Gesellschaft, seine Flucht vor dem rachedürstenden Gatten, der gefährlicher war als irgend ein Stier von Piedras Negras. Das Wundervollste, was er herstellte, waren Aufnahmen von goldenem Sonnenlicht und dunklen Schatten; Traumszenen von schlichtester Herrlichkeit; Kompositionen, in denen die Wolken des Himmels selbst gezwungen wurden, mitzuspielen!

Ach, alle die endlosen Meilen Filmmaterial und die Zehntausende Dollars! Monate und Monate vergingen so, bis endlich Craig zu protestieren begann und ein Ende verlangte. Mexiko ist ein Land voll Tücken und Gefahren, ihr jüngerer Bruder machte als Manager die Expedition mit, und in ihrer Liebe sah sie die Mühen und Gefahren übergroß. „Bring sie zurück!" wurde ihr Feldgeschrei.

Inzwischen nahm Eisenstein in Chapala weiße Pelikane und graue Pumas auf; auch Nayarita-Dämchen, die in Kanoes über die Mangrovensümpfe paddeln. In Cholulu knipste er katholische Kirchen, in denen geschnitzte Menschenschädel hingen und Jesusbilder mit echten Haaren und Zähnen. In Guadalupe photographierte er Wunderheilungen und Büßer, die aus stachligem Kaktus gefügte Kreuze trugen und zu vielen Hunderten auf nackten Knien über die Felswände rutschten.

„Bring sie zurück!" verlangte Craig. Sie und ihr Gatte kamen über den Ausgang dieser Expedition in schweres Zerwürfnis. Ihr Mann sei verblendet, erklärte sie; er sei ebenso ein Narr wie der Sowjetregisseur. Tage und Nächte stritten sie; und während Eisenstein das Dach eines Tehuantepec-Hauses abriß, um einen Tanz im Inneren aufzunehmen, während er ein Stiergefecht veranstaltete, damit einer seiner Darsteller nicht nach Spanien abreiste, während er Anstalten traf, die ganze mexikanische Armee zu engagieren, schrie Craig unentwegt: „Bring sie zurück!" Den Streit der Eheleute beendete ein tödliches Fieber, Thyrsis wurde in einem Krankenwagen ins Spital gefahren und lag dort zwei Wochen lang.

Der Geldbedarf dauerte an. Frachtzüge ächzten unter der Last von Rohfilm, der nach Mexiko ging, und belichtetem Film, der zurückkam. Eisenstein knipste die stehenden Mumien von Michoacan und die Blumenfeste von Xochimilco, den „Totentag" in Amecameca, er ließ die mexikanische Armee in die Wüste marschieren und vor einem Hintergrund von zehn Meter hohen Organkaktussen eine Schlacht schlagen. Zu Beginn des fünfzehnten Monats dieser Sisyphus-Arbeit setzte Craig sich an die Spitze ihrer Kohorte von Verwandten und Rechtsanwälten und schlug die letzte Schlacht gegen ihren verzauberten Gatten. „Bring sie zurück!“ Diesmal dauerte der Wortkampf acht Tage und acht Nächte. Um nicht wieder ins Hospital zu müssen, fuhr der Gatte für drei Tage an den Strand; dann kam er zurück, und abermals folgten Tage und Nächte endloser Konferenzen mit der vereinten Schar seiner Widersacher. In solchen Zeiten können Eheleute feststellen, ob sie einander wirklich lieben!

Der Tag wird kommen, an dem dies Kolossalwerk vollendet ist! Mindestens ich, der Optimist, glaube das; Craig, die Pessimistin, beharrt darauf, daß Sergej Eisenstein und sein Stab auf dem Gipfel eines Vulkans stehen werden, um Schnee und Feuer unter dem Schatten des Himmelsgewölbes zu photographieren, wenn der Erzengel Gabriel seine Posaune zum jüngsten Gericht bläst. Angenommen aber, daß das Werk je vollendet wird, haben meine Leser die Möglichkeit, es anzusehen und selbst zu beurteilen, ob es so viel Opfer der Sinclairfamilie wert war.

Vielleicht werde ich einmal Geld damit verdienen, und da ich Phantasie habe, fühle ich jetzt schon, wie dieses Geld Löcher in meine Taschen brennt. Es gewinnbringend anzulegen, widerspräche allen Überzeugungen meines Lebens. So habe ich, den Gesetzen des Staates Kalifornien gemäß, die Sinclair-Stiftung begründet, ein Wohlfahrtsunternehmen, das nach dem Wortlaut seiner Statuten einer anderen, durch das höchste Staatsverwaltungsgericht schon approbierten Stiftung entspricht. Sollte der Film genügend Gewinn abwerfen, so hat die Stiftung je ein Exemplar meiner gesammelten Werke an jede öffentliche Bücherei der Welt zu verschenken; so werde ich in der Lage sein, den Gesuchen um Bücher nachzukommen, die mit jeder Post bei mir einlaufen, – vom Sekretariat einer Y.M.C.A. (Christliche Vereinigung junger Männer) in Shanghai, einem Staatsgefangenen in Finnland, einem Zuchthauskaplan in Ohio, einer Bergarbeitergenossenschaft in Westvirginia, einem Übersetzer in Ceylon, einem Redakteur in Island, einem Schulbibliothekar in Südafrika. Jedes Jahr gebe ich einige tausend Dollars meines hart verdienten Geldes aus, um solchen Gesuchen zu entsprechen; wenn ich wirklich Geld hätte – so wie man es mit Filmen verdient –, wie viele Millionen Menschen könnte ich erziehen!

Aber eigentlich wollte ich von Craig erzählen. Sie ist bei mir, wenn ich diesen Traum von Büchern träume; sie stand sogar zu meinem Traum von einem Film – bis sie zu der Überzeugung kam, daß Eisenstein nichts anderes vorhatte, als ihren Gatten in einer Mühle zu verarbeiten und Filmstreifen aus ihm zu machen. Sie glaubt, fünfundvierzig Meilen müßten für jeden Film genügen. Und jetzt steht sie da und sieht ihren Mann an, ihre Hände zittern und ihre Lippen beben; denn in dem letzten verzweifelten Kampf hat sie ihn geschlagen, und jetzt weiß sie nicht, ob ihr sein Herz das je vergeben kann. Ich beweise es ihr, indem ich alles hier niederlege; eines Tages werde ich ihr dies Buch bringen und es ihr in den Schoß legen, – und dann rasch weglaufen.